朝日キーワード

2024

JN027774

現代社会を知るために必須の「キーワード」を厳選しました。

原則として冒頭で最新時事用語をコンパクトに解説。本文で問題点や展望など、知識を深めることができます。「関連用語」と、別角度からのミニ情報を載せたコラム「PLUS ONE」を設け、キーワードの内容をいっそう深く理解できるように構成しました。本文中の図版や写真も豊富で、見やすく工夫してあります。

テーマは政治、経済、国際から、医療・福祉、環境・国土、労働、文化、スポーツ……と、あらゆる分野を扱っています。「政治」「国際」「経済」については分野の初めに「読むポイント」という解説コーナーをつけ、全体の流れと注目点がすんなり頭に入るように編集しました。

巻末には、最近のニュースの中から、今日の問題を理解するうえで、常識として知っておきたい基本用語を「ベーシックワード」として選びました。「重要ニュース月表」には関連するキーワードのページ数が記されています。

朝日新聞出版

目次 Contents

ウクライナの首都キーウ中心部の通りには撤退したロシア軍の戦車などが並ぶ＝22年８月

旅行支援などで観光地には賑わいが戻る。新型コロナの水際対策の緩和で、訪日外国人客も増え始めた＝22年９月、京都市

22年も世界各地で極端な気象現象が起こった。中国の長江流域では8月、深刻な干ばつに見舞われた

医療・福祉　122〜133

環境・国土　134〜147

タブレット端末を使用した授業。教育現場ではデジタル化が急速に進んでいる

スペイン戦の勝利で決勝トーナメント進出が決まり、円陣をつくって喜び合う日本代表の選手たち＝22年12月、ハリファ国際競技場

※本文記事中の肩書などは2022年12月16日現在のものです。

政治を読むポイント

2022年は7月の参院選を境に政治状況が一変した。長く自民党政治の重心だった安倍晋三元首相が、街頭演説中に銃撃されて死亡。岸田文雄首相が率いる自民党は選挙で大勝したものの、政権運営のバランスが大きく崩れた。銃撃事件を機に世界平和統一家庭連合（旧統一教会）と政治の関係に光があたり、自民党の根幹を揺るがす問題に発展している。岸田首相は国民の疑念に向き合い、内政・外交の課題に国民の理解を得ながら対処できるのか。23年は厳しい政権運営を迫られる。

■参院選勝利も旧統一教会問題で内閣支持率は最低水準に

21年秋に政権を発足させ、その勢いで衆院選に大勝した岸田首相は、22年夏の参院選も勝ち抜き、長期政権への足場を固めたい考えだった。参院選までの政権運営は超安全運転で臨んだ。金看板の「新しい資本主義」の分配政策として掲げた金融所得課税は、市場の受けが悪いとみるや早々に封印。通常国会では、野党と対立しそうな法案の提出はことごとく見送った。

参院選はウクライナ危機に端を発した防衛力の強化や、物価高が争点になった。改選124議席と補欠1議席の計125議席のうち、過半数の計63議席を得た自民党が大勝。首相は狙い通り、衆参両院で強固な基盤を手にした。

だが、安定は訪れなかった。投開票日2日前の7月8日、奈良市で演説中だった安倍氏が銃撃されて死亡。自民党最大派閥のトップで「保守派」の要である安倍氏がいなくなった政権に、逆風が吹き始めた。

首相は安倍氏の国葬を執り行うことを表明した。しかし、法的根拠があいまいで野党への説明も欠いたこと、生前の安倍氏への評価が分かれたことなどから、国葬の是非で世論は割れた。銃撃事件の容疑者は、動機として旧統一教会への恨みを口にし、教団と安倍氏の関係に注目が集まった。安倍氏が教団友好団体のイベントにビデオメッセージを寄せていたこと、国政選挙で「教団票」の差配に関与していた可能性があることなどが次々と報じられた。

自民党と教団の接点も明るみに出た。閣僚をはじめ多数の議員が、教団や関連団体の会合に出席したり、選挙で支援を受けたりしていたことが分かった。高まる批判を前に首相は「社会的に問題になっている団体との関係は、政治家の立場からそれぞれ丁寧に説明していくことは大事だ」と釈明。8月の内閣改造で接点のあった閣僚を交代させ、問題の沈

旧統一教会と自民党議員とのつながりが次々と明るみに出て対応に苦慮した岸田文雄首相＝22年8月、首相官邸

静化を図った。だが、人事後の内閣や党執行部にも次々と接点が判明し、逆に教団との関係の深さを印象づけた。

10月からの臨時国会の会期中には、教団との接点であいまいな説明を続けた山際大志郎経済再生相、死刑執行を命じる役割を軽んじる発言をした葉梨康弘法相、政治資金問題を問われた寺田稔総務相が次々と辞任に追い込まれた。内閣支持率は続落し、会期終盤には政権発足以来、最低水準に落ち込んだ。

教団の問題は、23年も引き続き問われる。安倍氏や自民党議員がどのような関係を築いていたのか、教団の主張が政策に影響を与えたのかどうかなど、いまもはっきりしていない。一方、政府は教団に対し、宗教法人法に基づく報告徴収・質問権を行使し調査を始めた。調査を受け解散命令の請求に踏み込むのか、判断が注目される。

防衛力強化を打ち出すが予算確保に向けて国民の理解が得られるかは不透明

23年の前半は、4月の統一地方選挙、5月中旬から広島である主要7カ国首脳会議（G7サミット）という政権の行方を左右する大きな政治イベントがある。局面を打開したい首相は、年明けから首脳外交に力を入れ、広島サミットに向けて「外交力」をアピールする構えだ。

自民党内では、統一地方選で結果を出し広島サミットを成功させれば、衆院解散・総選挙に踏み切って旧統一教会問題などをリセットできるといったシナリオも語られる。

ただ、統一地方選でも教団の問題は争点になりそうだ。首相が掲げる防衛力の強化には増税などの負担増が避けられず、国民の理解がどれだけ進むかも不透明。この間の様々な政治課題では、首相の判断の遅れやブレ、政権幹部らの意思疎通の悪さも目立った。今後、首相が内政・外交の難題に適切に対処し、国民の支持を取り戻せるかは見通せない。

対する野党は、22年秋の臨時国会で第1党の立憲民主党、第2党の日本維新の会が協力して教団問題の被害者救済法の修正協議にあたり、政府・与党から譲歩を引き出した。国会運営で主導権を握る場面も多く、新たな連携の可能性も示している。だが、憲法改正など党の姿勢が問われる課題での隔たりは小さくない。「対自民」でどの程度、足並みがそろうのか、選挙で協力関係が築けるかなど不透明な部分も多い。

（政治部・内田晃）

参院選、自民勝利

　第26回参院選は2022年7月10日投開票され、自民党が選挙区と比例で計63議席を獲得した。今回争われた計125議席の過半数を単独で確保した。公明党は選挙区と比例で計13議席を獲得。与党は非改選の70議席と合わせて参院定数248議席の過半数を維持した。与党に加え、国会での改憲論議に積極的な日本維新の会、国民民主党の4党で177議席となり、改憲発議に必要な3分の2（166議席）を上回った。

　今回の参院選では、選挙区（74議席）と比例区（50議席）の計124議席と、神奈川選挙区の欠員を補う「合併選挙」を合わせた計125の議席を争った。

　自民党は、ロシアによるウクライナ侵攻〔⊃38ページ〕によって、世界規模で物価高騰が起きたとして「有事の価格高騰」をアピール。ガソリン補助金や小麦の価格抑制などの施策によって、欧米と比べて物価高の水準は抑えられていると訴えた〔⊃72、76ページ〕。

　生活必需品で値上がり幅が大きく、低所得者への負担が重いとして、野党が消費税率の引き下げや廃止を掲げたのに対し、自民と公明は消費税率10％は維持すると主張した。

　選挙期間中は高い内閣支持率を維持したこともあり、自民党は、選挙区では、全国で32あり勝敗のカギを握る改選数1の「1人区」のうち28を制した。特にこれまで野党勢力が強かった東北と甲信越地方の9県を重点区に位置づけ、岸田文雄首相や党幹部らが相次いで応援に入り6勝3敗と勝ち越した。9県の近年の参院選の結果は19年が3勝6敗、16年は1勝8敗だった。今回は岩手では30年ぶりの勝利、新潟は16年に1人区になって初の当選となった。

　1人区をめぐっては、野党がバラバラに戦った13年は自民は29勝2敗

今回当選した参院議員は？

平均年齢は…
56・6歳 年齢は7月10日時点

女性議員の数は…
35人（28％）で最多

男性議員は…
90人（72％）

	当選者数	非改選含む議席数	改選前からの増減
自民党	63	119	+8
立憲民主党	17	39	-6
公明党	13	27	-1
日本維新の会	12	21	+6
共産党	4	11	-2
国民民主党	5	10	-2
れいわ新選組	3	5	+3
NHK党	1	2	+1
社民党	1	1	0
参政党	1	1	+1
無所属	5	12	-3
全体	125	248	

と圧勝したが、野党が候補者を一本化した16年は21勝11敗、19年は22勝10敗だった。そのため、自民党は野党の分裂と乱立に加え、２人の候補者を擁立した北海道や神奈川など複数区でも全員当選させたことが勝因と分析した。

一方、自民の比例票は19年に比べて約54万票増の約1826万票（得票率34％）。だが、得票率が下がり比例は前回より１議席を減らす18にとどまった。

ロシアのウクライナ侵攻を受け、外交・安全保障も争点の一つとなった。岸田首相が５月の日米首脳会談で、防衛力の抜本的強化〔●28ページ〕に向けた「防衛費の相当な増額」を約束するも、防衛費の具体的な増加額や内容、財源については示さなかった。

自民党は公約で、対GDP（国内総生産）比２％以上も念頭に、５年以内に防衛力を抜本的に強化すると明記した。日本維新の会もGDP比２％を主張。公明、立憲民主、国民民主の各党は防衛力強化の必要性は認めるが、数字先行の防衛費増額の議論には距離を置き、与野党でも対応が分かれた。

選挙終盤、街頭演説中に安倍晋三元首相が凶弾に倒れた〔●16ページ〕。参院選での勝利を受け、衆院を解散しない限り、３年間は国政通常選挙がない政権・与党にとっての「黄金の３年間」が始まるとみる向きもあったが、世界平和統一家庭連合（旧統一教会、●18ページ）と政治の関係に注目が集まった。安倍氏の国葬への批判や、自民党議員と教団の接点が次々と明るみに出たことで、参院選後に内閣支持率は低迷した。

（政治部・上地一姫）

当選確実の候補者の名前に花をつける自民党総裁の岸田文雄首相（右）＝22年7月、東京・永田町の自民党本部

関 連 用 語

◆宏池会

池田勇人元首相が結成し、「軽武装・経済重視」の政策で知られる名門派閥。2012年に古賀誠・元幹事長から岸田文雄氏が派閥会長の座を譲り受けた。21年の岸田氏の首相就任によって、宮沢喜一元首相以来、30年ぶりの宏池会政権が誕生した。

岸田派は党内第４派閥で、政権安定のためには他派閥の協力が欠かせない。首相は第２派閥の茂木敏充会長を幹事長に、第３派閥の麻生太郎会長を副総裁に据え連携を密にする。第１派閥の安倍派にも配慮するなど、派閥均衡型の人事をする傾向にある。

参院選、日本維新の会が躍進

　第26回参院選が2022年7月10日に投開票された。野党では日本維新の会が21年衆院選に続き躍進。比例票では立憲民主党を上回り、国会での存在感はさらに増した。とはいえ国会全体を見れば、与党が過半数を維持しており、「1強多弱」の構図は変わらない。巨大与党にどう対峙するのか——。岸田文雄政権の支持率低下を好機と見た維新と立憲は、「呉越同舟」とも言える国会協力に乗り出した。

　「最低目標は達成した。反省すべきところはしつつも、前向きに受けとめたい」

　参院選投開票日2日後の22年7月12日。日本維新の会の藤田文武幹事長は記者会見で選挙結果を評価した。改選議席数から倍増の12議席を獲得。選挙区では大阪を中心に4議席の獲得にとどまったものの、比例区では立憲民主党より100万票ほど多い約780万票を得た。

　21年10月の衆院選で、公示前勢力（11議席）から4倍近い41議席に躍進した維新。参院選では比例票での「野党第1党」を目標に掲げ、著名人や一定の地盤がある元国会議員らを次々に公認。比例票の掘り起こしにつなげ、目標を達成してみせた。

　一方、改選議席を割り込んだ立憲は、選挙の責任を取り、泉健太代表が党執行部を一新。これまでの「政策提案型」から、政権を厳しく追及する「対決型」の国会運営に転換する人事を行った。

◎

　21年秋以降、2度の国政選挙を経て野党をめぐる構図は大きく変わったが、国会全体を見れば、衆参ともに自民・公明両党で過半数を維持する状況に変わりはない。野党同士の争いは、巨大与党を利することにしかならない——。維新と立憲の両党が導き出したのは、「呉越同舟」の国会協力だった。

　これまで、国会運営をめぐり、立憲と維新の間には深い溝があった。旧民主党が源流の立憲は政権との対決姿勢を示すことで存在感を示してきた一方、維新は「是々非々」を掲げ、安倍、菅両政権では個人的な関係をてこに政策実現に動いてきた。

　だが、安倍晋三元首相の国葬や「世界平和統一家庭連合」（旧統一教会）をめぐる問題〔●16、18ページ〕で岸田政権への逆風が強まると、両党の姿勢に変化が生じた。維新との距離を縮めて政権への圧力を強めるべきだとする立憲と、政権とのパイプが

希薄になり、立憲との一定の連携が得策だとする維新の思惑が一致した。

そして両党は10月召集の臨時国会での「共闘」に乗り出す。旧統一教会問題をめぐる被害者救済の法案をまとめ、共同提出。臨時国会召集を要求した場合に内閣が20日以内に召集することを義務づける国会法改正案も提出した。部分的とはいえ、野

会見する日本維新の会の馬場伸幸新代表（右）と松井一郎氏＝22年8月、大阪市

党の第1党と第2党が連携して政権と対峙する環境が整った。

結果はすぐに表れる。内閣支持率が続落する中、政権運営への危機感から、与党が野党に協力を求める形で被害者救済の法律作成に向けた与野党協議が設置された〔→108ページ〕。過去には12年に民主党政権で消費増税と社会保障の一体改革に関連し、民自公3党で協議を重ねたケースがあるが、かなり異例と言える。

だが、立憲と維新の共闘が今後も続くかは不透明だ。憲法改正への立場で隔たりが大きく、警戒感が根強いからだ。両党関係は将来的な選挙協力にまでつながるのか。動向が注目される。　（政治部・小手川太朗）

関　連　用　語

◆野党共闘

野党は16年と19年の参院選で、すべての1人区で候補者を一本化させ一定の効果を出した。だが22年の選挙協力は11選挙区にとどまり、わずか4勝と共倒れした。野党の足並みが乱れたきっかけは21年衆院選。選挙協力した立憲民主と共産両党は、与党などから「立憲共産党」といった批判を受け、共に議席を減らした。一方、距離を置いた日本維新の会と国民民主党は議席を増やした。衆院選後に就任した立憲の泉健太代表は共産との協力に及び腰で、国民民主との候補者調整も折り合わないケースが相次ぎ、協力は限定的だった。

PLUS ONE
維新の会代表選

維新結党以来初となる代表選が22年8月27日に開票され、共同代表の馬場伸幸衆院議員が松井一郎代表（大阪市長）の後任に選出された。初代代表の橋下徹氏以来続いた「首長代表」に終止符が打たれ、本格的な「全国政党化」に乗り出す。だが、馬場氏の国会運営には、大阪の地方議員を中心に不信感がくすぶる。これまで大阪と東京をまとめ上げてきた松井氏は23年春での政界引退を表明。引退後は、国会議員と地方議員との間で溝が生まれる可能性もあり、馬場氏の手腕が問われる。

過去最多の区割り変更「10増10減」法成立

衆院選の一票の格差を是正するために、小選挙区を「10増10減」することなどを盛り込んだ改正公職選挙法が2022年11月、成立した。成立後1カ月の周知期間を経て改正法は施行され、次の衆院選から新しい区割りが適用される。過去最多となる25都道府県の140小選挙区で区割りが変わるため、現職の国会議員が多い自民党を中心に影響が大きい。与野党は候補者調整を本格化させるものの、難航が予想される。

改正法の目的は、20年の国勢調査結果をもとに、人口比で定数を増減させる「アダムズ方式」を初めて適用し、「一票の格差」を2倍未満の1.99倍に是正すること。今回の法改正の背景には、度重なる司法の求めがある。

一票の格差をめぐり、最高裁が09、12、14年の衆院選を、「2人以上で1票」の権利を持つ選挙区があるのは不平等だという考え方に基づき、「違憲状態」とした。その主な要因として、各都道府県にあらかじめ定数1を割り振る「1人別枠方式」の存在を指摘した。司法判断を受け、衆院は格差是正の議論を重ねた。

しかし、定数の見直しは各党の利害が絡むため、難航した。16年、安倍晋三首相（当時）は抜本改革を20年以降に見送ることを表明。「0増6減」を先に行い、当面の格差を2倍未満に抑えることを優先した。一方で、衆院選挙制度改革法を成立させ、20年の国勢調査からアダムズ方式による定数調整を行うことにした。

こうした経緯を受けて、政府の衆院議員選挙区画定審議会（区割り審）は22年6月、衆院小選挙区の新しい区割り案をまとめ、岸田文雄首相に勧告。政府は勧告を踏まえた公職選挙法改正案を10月召集の臨時国会に提出していた。

今回の法改正の結果、20年国勢調

「10増10減」によって、衆院小選挙区の定数が変わる15都県

宮城	6 →	5
福島	5 →	4
新潟	6 →	5
埼玉	15 →	16
東京	25 →	30
千葉	13 →	14
神奈川	18 →	20
愛知	15 →	16
滋賀	4 →	3
和歌山	3 →	2
岡山	5 →	4
広島	7 →	6
山口	4 →	3
愛媛	4 →	3
長崎	4 →	3

査で日本人の人口が最も少なかった鳥取2区と、最多の福岡2区との格差は1.999倍となった。

「10増10減」では、東京の選挙区を5増、神奈川を2増、埼玉、千葉、愛知がそれぞれ1増とする。一方、宮城、福島、新潟、滋賀、和歌山、岡山、広島、山口、愛媛、長崎はそれぞれ1減となる。

また、20年国勢調査で人口最少選挙区（鳥取2区）との一票の格差が2倍を超えた選挙区を抱える大阪や福岡のほか、21年の衆院選の当日有権者数で人口最少選挙区（鳥取1区）との一票の格差が2倍を超えた北海道、兵庫の選挙区の線引きも変更した。

さらに、選挙区が区域内で分割されている105市区町のうち75市区町を解消。これにより、茨城、栃木、群馬、静岡、岐阜、島根の6県も対象となり、見直した選挙区は全体で過去最多の140に広がった。

見直しは全289選挙区の半数近くにのぼる。特に、すべての選挙区で自民党が議席を持っている山口、滋賀、岡山、愛媛は党内で難しい調整が迫られる。一方、定数が増える東京や埼玉など都市部では、連立政権を組む公明党も候補者擁立の意向を示しており、与党間でも調整が難航しそうだ。　　（政治部・磯部佳孝）

関 連 用 語

◆アダムズ方式

議員定数を割り振る方法の一つで、第6代米国大統領アダムズの発案とされる。各都道府県の人口をある数「X」で割り、商の小数点以下を切り上げて、整数にする。その整数を各都道府県の定数とするため、定数が極端に減りにくく、地方にも配慮した仕組みといわれる。定数の合計が、小選挙区の総数である289になるようにXを調整する。

一票の格差を「違憲状態」とする最高裁判断を受け、16年に与党が提案した衆院選挙制度改革の改正関連法の成立により導入が決まった。以前は各都道府県に必ず1議席を割り振る「1人別枠方式」だった。

PLUS ONE
自民に根強い「地方軽視」の声

「10増10減」をめぐっては、自民党の地方選出国会議員を中心に「地方軽視」との批判が根強い。

22年2月、衆院選挙制度の見直しを求める自民の衆院議員約30人が趣意書をまとめ、国会内で集会を開いた。趣意書では「人口変動を踏まえた適切な見直しと一定評価する声がある一方、地方の議員数減少による地方軽視との批判、東日本大震災の被災地域への配慮を求める声が各界において根強くある」と指摘した。

こうした声などを踏まえ、党内に選挙制度の抜本的な見直しを議論する場をつくることになった。

安倍元首相銃撃と国葬

　歴代最長の計8年8カ月にわたって政権を担った安倍晋三元首相（67）が、2022年7月8日、奈良市で参院選の街頭演説中に背後から近づいた男に銃で撃たれて死亡した。政界きっての実力者である安倍氏の非業の死は国内外に衝撃を与えた。岸田文雄内閣は首相経験者としては1967年の吉田茂氏以来、戦後2例目となる安倍氏の国葬を決定。9月27日に日本武道館（東京）で執り行われ、国内外から4170人が参列した。

　銃撃事件は参院選の投開票を2日後に控えた7月8日午前11時31分ごろ、奈良市西大寺東町2丁目の近鉄大和西大寺駅前の路上で起きた。安倍氏はドクターヘリで奈良県橿原市の県立医科大学付属病院に搬送されたが、同日午後5時3分に死亡が確認された。首に2カ所の傷があり、死因は失血死だった。

　銃撃したのは奈良市の無職、山上徹也容疑者で、現場で警察官に現行犯逮捕された。その後、殺人容疑で取り調べを受けた容疑者は宗教法人「世界平和統一家庭連合」（旧統一教会、●18㌻）への恨みを動機として供述。「母親が献金して生活が苦しくなり恨んでいた」「安倍元首相が統一教会と近いので殺そうと思った」などと語ったとされる。犯行に使われた銃は容疑者が動画サイトを参考に作った手製のもので、自宅からも銃や火薬が押収された。

　事件後、警護警備の問題点が明らかになり、警察庁は再発防止のため

の改善策を報告書にまとめ、運用を抜本的に見直した。また、事件の責任をとり、警察庁長官と奈良県警本部長が辞任した。

　安倍氏の死は政界に大きな衝撃を与えた。安倍氏は12年末の自民党の政権復帰から7年8カ月間、首相を務めた。「安倍1強」と呼ばれた官邸主導政治のもと、国政選挙で連勝。在任中、日米同盟を基軸とした外交・安全保障政策のほか、経済政策「アベノミクス」などに取り組んだ。また、「戦後レジームからの脱却」を掲げ、憲法の改正にも力を入れた。20年9月に持病の悪化を理由に辞任。銃撃時は90人を超す自民党最大派閥・安倍派の会長を務め、党内外の「保守」勢力の中核として様々な議論をリードした。

◎

　安倍氏の実績や選挙演説中に凶弾に倒れたことを踏まえ、岸田首相は6日後の記者会見で、安倍氏の国葬を行うことを表明。理由について、

「安倍元首相を追悼するとともに、我が国は暴力に屈せず、民主主義を断固として守り抜くという決意を示していく」とした。また、国内外から幅広い哀悼・追悼の意が寄せられたことも挙げた。

だが、安倍氏の政治的な評価が割れていることや実施の法的根拠、決定プロセスの拙速さなどから国葬へ

日本武道館で行われた安倍元首相の国葬＝22年9月、東京都千代田区

の賛否は割れた。朝日新聞社が9月の国葬前に行った世論調査では「賛成38％・反対56％」だった。

国論が二分される中で迎えた当日、会場となった東京都千代田区の日本武道館には、海外からの734人を含む4170人が参列。弔辞は、葬儀委員長の岸田首相、衆参両院議長、最高裁判所長官の「三権の長」のほか、友人代表として菅義偉前首相が述べた。武道館近くの九段坂公園には一般向けの献花台が設けられ2万5889人が訪れた。一方、国会正門前や東京の日比谷公園などでは国葬に反対する集会が開かれた。大阪や名古屋などでも集会やデモがあった。

（政治部・楢崎貴司）

関　連　用　語

◆国葬

国葬は全額が国費で賄われる葬儀で、国の儀式。戦前は伊藤博文氏ら首相経験者の国葬が行われた。戦前は国葬令があったが、1947年に失効し、現在は対象や形式を定めた法令はない。政府は安倍元首相の国葬について、閣議決定と、国の儀式は内閣府が行う事務だと定めた内閣府設置法を根拠に挙げた。

戦後の首相経験者では、吉田茂氏の葬儀が唯一国葬で行われた。佐藤栄作氏は、政府、自民党、国民有志主催の「国民葬」。80年に死去した大平正芳氏以降は「内閣・自民党合同葬」が慣例となっている。

PLUS ONE
安倍派後継が不在

安倍元首相の死去を受けて、自民党最大派閥の安倍派（清和政策研究会、90人以上）は、閣僚経験者ら実力者による合議制で派閥の方針を決めることとなった。焦点だった空席の会長人事については、安倍氏の国葬後に、塩谷立会長代理（当選10期）が一時は有力視された。だが、総裁候補ではないうえに、安倍氏が自民党総裁として政権復帰した2012年衆院選で初当選した4期生などから「安倍派の名称を残すべきだ」という異論が噴出。分裂回避のために当面は会長を決めないこととなった。

政治家と結びついた旧統一教会

世界平和統一家庭連合（旧統一教会）と自民党を中心とした政治家のつながりが次々と明らかになった。教団は過去に霊感商法など、反社会的な活動が問題視されていた団体だ。閣僚が辞任に追い込まれるなど、政府の後手後手の対応も相まって岸田政権の支持率急落の要因ともなった。教団側と自民党議員の選挙における「政策協定」が明らかになるなど、問題の収束は見通せない。

旧統一教会と政治家の接点がクローズアップされた発端は、2022年7月の参院選中に起きた安倍晋三元首相の銃撃事件だった〔●10、16ᵍ〕。容疑者が犯行動機として、教団の名前を挙げ、安倍氏と教団の接点を問題視した趣旨の供述をしたためである。

この事件をきっかけに、安倍氏が教団の関連団体のイベントにビデオメッセージを送っていたことや、22

年夏の参院選で教団票を差配していた可能性が明らかになった。実際に安倍氏の首相秘書官を務め、教団の賛同会員（後に退会と説明）だった自民党の井上義行氏が教団側の支援を受けて当選した。

安倍氏と教団の関係は祖父の岸信介元首相の時代にさかのぼる。冷戦下の当時、強い反共色を持った教団の教義と岸氏の政治思想が一致したことなどから、政界と教団の関係が始まったとされる。教団の友好団体「国際勝共連合」が中心となり、自民党など保守系議員の選挙を支えてきた。岸氏の死去後、教団の人脈は義理の息子の安倍晋太郎元外相へと引き継がれていった。

◎

1990年ごろから、教団の霊感商法や合同結婚式などの活動が社会問題化したことなどで教団の活動は目立たなくなっていたが、安倍氏銃撃事件

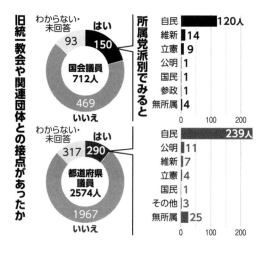

で自民党と教団の関係が改めてクローズアップされた。

政治家が運動員の派遣など選挙支援を受けたり、教団関連のイベントに出席したりしていた接点が次々に発覚。朝日新聞が22年夏に実施したアンケートでは国会議員150人、都道府県議290人が教団側との接点を認めた。そのうち自民党議員が大半を占めた。

いつしか教団と政治家の関係は、冷戦下とは異なり、政治家に広告塔としての役割を期待する教団と持ちつ持たれつの間柄に変遷していた。

教団は過去に霊感商法などが社会問題化しただけに、政権を担う自民党議員が幅広く関係を築いていたことに世論は反発。自民党は所属国会議員と教団の接点について、自己申告制の調査を行った。

しかし、その後も報道などで新たな接点が続々と発覚し、調査の信憑性が疑われる事態に。国会で教団との接点を「記憶がない」などと繰り返した山際大志郎経済再生相は辞任に追い込まれた。

10月には朝日新聞の報道で、国政選挙で教団の友好団体が自民党議員に事実上の政策協定となる「推薦確認書」の署名を求めていたことが明らかになる。副大臣を含め少なくとも4議員が署名したことを実名で明らかにした。

自民党は所属議員と教団の関係を断絶する方針を示すが、次々に接点が発覚する中、事態収拾は見通せない状況だ。

（社会部・笹山大志）

関連用語

◆国際勝共連合

共産主義を打倒し、世界平和を実現するという趣旨で、1968年に旧統一教会の創始者・文鮮明氏が設立した政治組織。

名誉会長には笹川良一氏が、他に岸信介元首相が発起人になった。70年代後半には旧ソ連など共産主義国家との対峙のためにスパイ防止法の制定をめざした。反共の思想に共鳴した自民党など保守系議員と結びつき、国政選挙や地方選挙では、事務所に運動員を派遣するなど選挙支援を行ってきた。

◆霊感商法

人の悩みごとにつけ込み、高額の「印鑑」「壺」「多宝塔」などを売りつける商法で、1980〜90年代に日本国内で被害を訴える声が相次いだ。全国霊感商法対策弁護士連絡会などは「販売員に旧統一教会の信者が入っている」など教団の組織性を指摘。90年代には民事訴訟で、霊感商法の違法性が認められ、旧統一教会の責任と認定する判決が下された。

22年12月には、高額献金や霊感商法の被害者救済に向けた新法が成立、23年1月に施行される〔→108ページ〕。

骨太の方針から消えたPB黒字化目標年限

政府は2022年6月に閣議決定した「経済財政運営と改革の基本方針」（骨太の方針）で、国と地方の基礎的財政収支（プライマリーバランス＝PB）の黒字化目標の年限を削除した。「財政健全化の『旗』を下ろさず、これまでの財政健全化目標に取り組む」としつつも、自民党内の積極財政派に配慮して書きぶりを弱めた。防衛や子育て、グリーン（脱炭素）などの分野で大規模な財政支出圧力が強まる中、財政規律の在り方が問われそうだ。

PBは社会保障などの政策経費を新たな借金に頼らず賄えるかを示す指標で、政府は18年に黒字化の目標年限を従来より5年遅い25年度に設定した。新型コロナウイルスの感染が拡大した20年を除き、骨太の方針で年限を毎年記載してきた。ところが、22年6月に閣議決定した骨太の方針には、25年度という財政健全化の年限は盛り込まれなかった。

政府は「これまでの類似の決定などにより明確なので、既定のこととして特に記載はしていない」（松野博一官房長官）と強調した。とはいえ、「カレンダーベースで目標を置くべきではない」と異を唱えてきた安倍晋三元首相ら積極財政派への配慮がにじむ。「21年の骨太の方針に基づいて歳出削減努力を継続する」という趣旨の記述もあり、自民党内の一部からはこれを削除するよう求める声も上がったが、「重要な政策の選択肢をせばめることがあってはならない」との文言を追加することで折り合った。

健全化目標の年限が削られた背景には、安倍元首相ら自民党の積極財政派と財政再建派の路線対立があった。党内では、財政健全化をめぐり二つの組織が立ち上げられた。一つは、安倍元首相が最高顧問を務めた「財政政策検討本部」だ。積極財政派の拠点として、成長による財政再建の実現を主張。機動的な財政出動を重んじ、PB黒字化の目標にはこだわらない姿勢を鮮明にした。一方、財政再建派も「財政健全化推進本部」を立ち上げた。最高顧問には麻生太郎元首相を据え、初会合には岸田文雄首相も出席。「秩序ある財政運営、

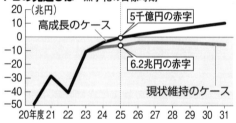

PBの見通しは 黒字化の目標時期

- 高成長のケース
- 5千億円の赤字
- 6.2兆円の赤字
- 現状維持のケース

（兆円）
20 / 10 / 0 / -10 / -20 / -30 / -40 / -50
20年度 21 22 23 24 25 26 27 28 29 30 31

信用とモラルで成り立つ経済」など と主張した。

◎

　日本はGDP（国内総生産）の2 倍の1千兆円にのぼる借金を抱え、 巨額のコロナ対策費で悪化の一途を たどる。こうした中、岸田首相が拡 充に意欲を示す防衛、少子化対策、 脱炭素の3分野を中心に今後の予算 の膨張が懸念されている〔➡28、 208㌻〕。

　では、PBの黒字化は実現できる のか。内閣府は年2回、経済成長率 の見通しを踏まえてPBの試算結果 を公表している。22年7月の試算で は、25年度の収支は高い経済成長が 実現した場合に5千億円の赤字とな った。赤字幅は1月の前回試算より

1兆2千億円改善した。21年度の税 収見通しが3兆円上ぶれするなどし たからだ。毎年1兆3千億円程度の 歳出削減を続けると、目標の25年度 の黒字化も視野に入るという。

　だが、この試算は24年度以降の実 質成長率が2％超、名目成長率が 3％超という高成長を見込んでおり、 楽観的との見方は根強い。名目成長 率が3％を超えたのは過去20年間で 1度だけだ。過去10年ほどの経済成 長の実績に基づいて試算すると、赤 字が続く計算だ。また、これらの試 算には防衛費など今後の歳出拡大も 織り込まれていない。政府内からも 「25年度の黒字化はほとんど非現実 的だ」との声が上がっている。

（経済部・北川慧一）

関 連 用 語

◆骨太の方針

　政府の経済財政運営や予算案の基 本となるもので、01年に小泉純一郎 内閣が始めた。首相をトップとする 経済財政諮問会議で議論され、例年 6月ごろに閣議決定する。かつての 予算案作りは、各省庁や業界を代表 する自民党の「族議員」の力が大き かった。政策に首相の意向を反映さ せるため、諮問会議で予算の全体像 をつくるやり方に変えた。しかし、 近年は各省庁や与党がやりたい政策 を全部載せるようになり、「骨太の 議論を」という本来の意義は薄れて いる。

◆基礎的財政収支

　政府が財政の立て直し目標に使っ ている指標で、25年度の黒字化をめ ざしている。道路をつくったりお年 寄りに年金を払ったりといった様々 な行政サービスでかかる経費を、税 収など借金以外の収入でどれだけ賄 えているかを示している。

　21年度の国の一般会計では、税収 などが約89兆円に対し、政策経費は 約120兆円にのぼる。地方も含めた PBの赤字額は28兆6千億円で、名 目GDP比でマイナス5.3％にのぼる。 収入より支出が多く、借金は増え続 けている。

国会改革

　2022年の通常国会では、国会議員に月100万円支給される旧・文書通信交通滞在費（文通費）について、在職日数に応じて日割り支給とする改正法が成立した。一方、使い道を公開する法改正については先送りされた。新型コロナの感染拡大をきっかけに、国会でインターネットを利用して審議や採決を行う「オンライン国会」についても検討されたが、憲法に関わる問題でもあり、具体的な結論は出ていない。

　国会議員の給与にあたる歳費とは別に、月額100万円支給される旧・文通費は、使途が各議員にゆだねられており、使途の公開義務もないため、「第2の財布」といわれている。

　21年10月の衆院選で当選した新人議員に、在職日数が1日にもかかわらず月額100万円が満額支払われたことが問題視され、議論が始まった。22年の通常国会で与野党は協議会をつくり、法改正に向けて議論した。

　日割り支給と、名称を「調査研究広報滞在費」として目的を大幅に広げて事実上使途を拡大する「名称変更」については与野党が合意し、法改正が実現した。一方、使途の公開については、合意できず法改正は先送りになっている。

◎

　新型コロナの感染拡大を受け、インターネットを利用して審議や採決を行う「オンライン国会」についても、議論が行われた。憲法では国会の本会議を開く要件として、「総議員の3分の1以上の出席」が必要だと定められている。「出席」とは議員が実際に本会議場にいる必要があると解釈されてきた。しかし、緊急事態で多くの国会議員が議場に集まれないような状況になっても、国会の機能を維持するため、議員本人が議場外からインターネットを通じて審議や採決に参加できる環境が整えば、「出席」とみなすことができないか検討が進んだ。

　衆院憲法審査会は、憲法の「出席」は原則的には「物理的な出席」とみなすべきだが、緊急事態の場合は「オンライン審議」も含まれると解釈されるとする意見が大勢だとする報告書をまとめた。しかし、実際にオンライン審議を導入するにあたり、オンラインでの出席議員が自由な意思表示ができるか、公開の原則を守れるか、オンラインでの出席議員に表決権や発言権などをどこまで認めるか、オンライン出席の場所を限定する必要があるかどうかなど議論す

べき課題は多い。

オンライン上での本人確認も課題だ。本会議場に「押しボタン」式投票が導入されている参議院では10年、採決で、離席していた隣席の議員の投票ボタンを代わりに押した議員が責任をとって議員辞職する事態も起きている。

報告書を受け、国会運営について議論する衆院議院運営委員会では、緊急事態の定義や範囲をどう認定すべきか、出産や病気などの場合に個々の議員の権限行使を保証するかなどについて議論されたが、具体的な結論は出ていない。

衆院では今後、委員会の視察や勉強会など、法規制を受けない委員会活動において、オンライン会議などを活用し、導入に向けた検討を進める。

（政治部・櫃場勇太）

「オンライン国会」をめぐる論点

憲法56条
総議員の3分の1以上の出席がなければ、議事を開き議決することができない。議事は出席議員の過半数で決す

解釈

議場に実際に議員がいる「物理的出席」が必要	オンラインを通じて審議に参加するなどの「機能的出席」で良い
オンライン国会開催には憲法改正が必要	衆院規則の改正でオンライン国会の開催可

開催する場合
- 出産や病気などの場合もオンライン出席ができるようにするか
- 自由な傍聴により担保される「議事の公開」を、オンラインでどう確保するか

関　連　用　語

◆旧・文書通信交通滞在費

1947年、「通信費」（月額125円）や「滞在雑費」（日額40円）という名称で国会議員に支給が始まった。名前や金額の変更が繰り返され、93年に「文書通信交通滞在費」の名称で月額100万円となった。

2021年の衆院選後、在職日数が1日の新人議員にも月額が満額支給されたことが問題となり、22年の法改正で日割り支給となり、名称も「調査研究広報滞在費」に改められた。事実上、使途は各議員にゆだねられており、使途の公開義務もない。与野党は使途公開に向けた法改正について国会で議論するとしている。

PLUS ONE
オンライン国会、設備面でも課題

オンライン国会の導入には設備面でも課題がある。22年3月、ウクライナのゼレンスキー大統領が行った日本の国会での「リモート演説」では、本会議場ではなく、国会内の会議室が使われた。議場外の参加者を映し出す大型テレビがないことや、ネット環境の悪さが一因だった。

衆院は議場外からリモート参加する議員の表情が鮮明に確認できるような設備の導入には数十億円、既存の会議システムを活用した場合は数百万円以下の費用がかかると試算している。

[政治]

デジタル庁発足から1年

新しい中央省庁であるデジタル庁が2021年9月に発足して1年が経った。「日本のデジタル化の司令塔」や「霞が関の縦割り打破」を掲げて、高い理想のもとに行政や民間の専門家が結集し、異例のスピードで巨大組織が立ち上がった。しかし、難事業である主要プロジェクトや組織の混乱もあり、1年間で明らかになったのは「理想と現実」のギャップだった。

デジタル庁で事務方のトップを務める浅沼尚・デジタル監は、発足1年の節目の会見で「デジタル庁は何をしているのかわかりにくいという声もいただいた」と話した。この1年を率直に振り返った言葉だった。

官庁や地方自治体の出身者など約600人の職員で発足したデジ庁。民間の人材も3割を占め、当時の菅義偉政権の後押しもあって、硬直した霞が関の文化を打破することを期待された。しかし、期待された存在感を発揮できたとは言いがたい。

他省庁の施策についてもデジタル化の推進を阻害すると判断した場合は、「勧告権」を行使できる強い権限も与えられた。

ただ、勧告権が1年の間で使われたことはない。オンラインの行政手続きの浸透に重要なマイナンバーカードの普及〔➡90ジ〕をめぐっても、一部省庁との間で足並みの乱れが見られ、リーダーシップは見えにくかった。

目標とするのは「すべての行政手続きがスマートフォンで60秒以内に完結する」社会の実現。そのために主要な業務として取り組むのが、行政のDX（デジタルトランスフォーメーション）という年単位の時間がかかる仕事だ。

たとえば、省庁や地方自治体が利用するインターネット上の政府のクラウド環境「ガバメントクラウド」の構築。各省が個別にサーバーを用意して情報システムを管理するのではなく、共通のシステム基盤を作る

デジタル庁発足からの1年

2021年 9月	デジタル庁発足。平井卓也デジタル相、石倉洋子デジタル監が就任
10月	岸田政権が発足。デジタル相は牧島かれん氏に。政権の看板政策「デジタル田園都市国家構想」や「デジタル臨時行政調査会」にデジタル庁も関わるように
12月	新型コロナワクチン接種を証明するアプリを公開。政府のデジタル施策全体を取りまとめた「重点計画」を策定
22年 4月	石倉デジタル監が突如交代。後任に浅沼尚氏が就任
5月	G7ドイツ・デジタル大臣会合。日本から牧島デジタル相が初めて出席
8月	内閣改造で河野太郎氏がデジタル相に就任

ことでコストの削減が期待される。

ほかに地方自治体の情報システムの「標準仕様」を整備する「自治体システム標準化」も担う。これまでは市町村が独自にシステムを構築してきたためムダも多かった。

どちらも各行政機関への影響が大きく、慎重に意見を集約するために進捗が遅れがちとなっている。

こうした様々な業務は25年を目標年限に掲げるものが多く、1年で成果が出ないからといってデジ庁を責めるべきものではない。民間人材のスピード感が入ったことによる実績もある。新型コロナワクチンの接種を証明するアプリを3カ月という短期間で開発した。

ただ、巨大組織の立ち上げ時の混乱もあって機能を十分に発揮できなかったことも確かだ。役所にありがちな縦割りを避けるために、デジ庁は局や課を置かず、プロジェクトごとにチームを組む体制にしたことも当初の混乱に拍車をかけた。

混乱ぶりとして象徴的だったのは、発足時にデジタル監に就任した経営学者の石倉洋子氏が8カ月足らずで退任したこと。民間の工業デザイナーの経歴を持つ浅沼氏が後任として、組織や多すぎるプロジェクトの整理に当たっている。行政、そして日本社会のDXという大仕事をやり遂げられるか。真価が問われるのはこれからだ。　　　（経済部・女屋泰之）

関 連 用 語

◆キャッシュレス法

現金を使わないクレジットカードなどのキャッシュレス決済。行政への支払い手続きでも活用できるように成立したのが、デジタル庁が所管する「キャッシュレス法」だ。22年11月に施行された。

車検の手数料やパスポートの発給手数料、交通反則金などが順次、役所に行かずクレジットカードで払えるようになる見通し。対象の手続きも今後拡充していく。平日、仕事の合間に行政の窓口に行って収入印紙を購入して納付する。これまでは当たり前だった「非効率」が見直されてきている。

PLUS ONE
アナログ規制の見直し

岸田文雄政権が発足時に掲げた看板施策の一つに、政府の「デジタル臨時行政調査会」（デジ臨）の発足がある。河川やトンネルなどの安全性を点検するのに、人の目視を義務づけるような「アナログ」な規制が、法令に約9千条項残っている。

このうちの99％の条項について、ドローンや水中ロボットなどの新しいデジタル技術で代替ができると整理した。24年6月までを集中改革期間とし、デジ庁を中心に一括して法改正をしていく。非効率な古い規制を一掃する方針だ。

経済安全保障推進法の成立

　2022年5月、高度な技術の流出防止や生活に欠かせない物資の安定的な確保を定めた「経済安全保障推進法」が成立した。政府は巨額の補助金で企業を支援する一方で、企業活動を審査するほか、先端分野の研究や情報管理にも関与するなど企業への介入を強める。米中対立やロシアのウクライナ侵攻による情勢不安を背景に、さらなる規制の強化も検討されているが、公正で透明な運用をどう担保するかなどの課題は残されたままだ。

　経済安保法は、医薬品（抗菌薬）や半導体などを安定的に確保するサプライチェーン（供給網）の強化、サイバー攻撃〔➡158ᵍᵉ〕に備えた基幹インフラの事前審査、AI（人工知能）や量子暗号など軍事転用可能な先端技術に関する官民協力、原子力や高度な武器に関する技術の特許非公開——の4本柱からなる。違反した企業や研究者には最大で「2年以下の懲役か100万円以下の罰金」が科される。22年8月以降、段階的に運用が始まっている。

　運用面ではあいまいな点が残る。支援や規制の具体的な対象は、国会審議を経ずに政府が改廃できる「政省令」で指定されるため、恣意的な運用を懸念する声もある。経済界が政治家に対して、規制を緩めるよう働きかけたり、業界支援を求めたりする可能性もある。

　経済安保は、「安全保障」と「経済」を組み合わせて、国際社会で影響力を行使する外交戦略だ。他国より優れた先端技術を磨いて抑止力とする「攻め」と、自国の経済活動を維持し、技術や情報の流出を防ぐ「守り」の両面がある。

　法整備の機運が高まった背景には米中対立〔➡44ᵍᵉ〕がある。「軍民融合」を掲げる中国は、民間企業の高度な技術を軍事面に応用している。これに危機感を抱いた米国は、中国の通信大手・華為技術が軍のために情報を集めているとして、

経済安保推進法に残るあいまいさ

項目	国の関与	民間への主な罰則
サプライチェーン（供給網）の強化 特定重要物資の対象は「11分野」を22年内に指定する	工場整備や備蓄をする際に国が財政支援。企業への調査権限も	❶ 30万円以下の罰金
基幹インフラの事前審査 対象事業者は「真に必要なものに絞る」。中小事業者は対象外だが、例外もあり得る	国が企業の重要設備を審査し、勧告・命令	❶ 2年以下の懲役または100万円以下の罰金
先端技術の官民協力 AI、量子の研究を想定。防衛技術との結びつき懸念も「用途の予断は難しい」	官民協議会で先端技術の開発を促し、国が財政支援。参加者には守秘義務も	❶ 1年以下の懲役または50万円以下の罰金
特許非公開 産業への影響を考慮し、対象の発明は「十分絞り込む」	国民の安全に関わる技術の特許出願を非公開に	❶ 2年以下の懲役または100万円以下の罰金

輸出規制を強化してファーウェイとの取引に制限をかけた。22年に入ってからも、米国内での半導体の生産や研究開発に総額527億ドル（約7兆円）の補助金を出す新法をつくったり、中国向けの輸出規制の対象の幅を広げたりするなど、中国の「デカップリング」（切り離し）は激化している。米国は同盟国にも足並みをそろえるよう求めており、日本もいや応なく巻き込まれる構図だ。

政府は新たな制度の導入も検討している。高市早苗経済安全保障担当相は8月の会見で、先端技術を取り扱う民間人らに対し、政府が身辺調査を実施する「セキュリティークリアランス」（適性評価）を導入する必要があるとの考えを示した。先端技術をめぐる欧米との共同研究に参画するために必要と訴えるが、プライバシーにも関わる問題だけに、慎重な検討を求める意見も多い。

ロシアのウクライナ侵攻〔→38ページ〕もあって経済安保の重要性は高まっているが、デカップリングには痛みを伴うことを忘れてはいけない。戦後の自由貿易体制のもとで、各企業は経済合理性を追求してサプライチェーンをつくり上げてきた。世界経済の相互依存は複雑に絡み合っており、過度な分断は経済の衰退につながりかねない。（経済部・若井琢水）

関 連 用 語

◆特許非公開制度

原子力や兵器など国の安全保障に関わる特許は、外国への出願を禁じ、一定期間非公開にする制度。先端技術が他国に漏れるのを防ぐのが目的で、出願者には本来得られるはずだった特許料収入を補償する。一方、非公開の特許情報を漏洩するなどした場合は「2年以下の懲役もしくは100万円以下の罰金」を科す。

これまでは軍事転用可能な先端技術の特許出願でも原則公開されている。指定するのは年間約29万件ある国内の特許出願のうち、「極めて機微な技術」だけを対象にする方針だが、具体的な選定基準は明らかにしていない。

PLUS ONE 経済的な威圧

他国との交渉で優位に立つために、貿易やサプライチェーンを通じて圧力をかけること。中国は2010年、尖閣諸島周辺で日本側が中国漁船船長を逮捕したことへの報復として、ハイテク製品に欠かせないレアアースの対日輸出を規制。20年には、豪州が中国の新型コロナ対応に国際的な調査を要求したことに対して、豪州産のワインや大麦の輸入に追加関税をかけるなど、自国が握る重要な物資と14億人の巨大市場を「武器化」した。自由貿易体制を守る世界貿易機関（WTO）は機能不全で実効的な抑止力がない状態が続いている。

防衛費の見直し、GDP比2%へ

岸田文雄首相は日本の防衛力を5年以内に抜本的に強化し、その裏付けとなる防衛費の「相当な増額」を確保すると表明した。国内総生産（GDP）比でおおむね1%以内に抑えてきた防衛費について、北大西洋条約機構（NATO）の目標であるGDP比2%以上も念頭に置きながら、増額する方針だ。安全保障環境が悪化していることを理由としているが、財源を含めて課題も多い。

2022年度当初予算の防衛費は過去最大の5兆1788億円。10年連続の増加となったが、GDP比では0.95%だ。

日本は1976年に当時の三木武夫内閣が防衛費の上限を国民総生産（GNP）比で1%以内とする方針を閣議決定した。憲法に基づき「専守防衛」を掲げてきただけに、防衛費の総額を抑制的に見せたいという政治的な意図もあった。その後、この方針は撤廃されたが、歴代政権はおおむねGDP比1%以内にとどめてきた。10年連続の増加といっても、ほぼ横ばいの状態が続く。

一方、他国は日本よりも高水準の国が多い。防衛白書によると、21年度の国防費のGDP比は米国3.12%、英国1.99%、ロシア2.73%など。中国はGDP比こそ1.2%と低いものの、92年度からの30年間で約39倍に増やした。22年度の国防予算は約1兆4505億元。1元を17円で換算すると、約24兆6577億円と日本の5倍近い水準だ。

さらに、日本をとりまく安全保障環境は厳しさを増している。北朝鮮は核・ミサイル開発を活発化させ、大陸間弾道ミサイル（ICBM）を含めた弾道ミサイルの発射を繰り返している。中国も軍備増強を進め、台湾などへの軍事的圧力を強めている〔➡44ページ〕。北方領土問題を抱えるロ

防衛費の推移と対GDP比

前年度補正予算は当初予算と同時期に編成したものが対象

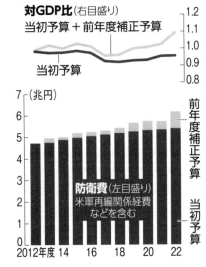

シアからは、ウクライナ侵攻後に「非友好国」に指定された〔→30、38ページ〕。

こうした状況を踏まえ、岸田首相は22年5月の日米首脳会談で、防衛力の抜本的強化に向けた防衛費の「相当な増額」を約束。自民党は7月の参院選の公約に「NATO諸国の国防予算の対GDP比目標（2％以上）も念頭に、23年度から5年以内に防衛力の抜本的強化に必要な予算水準の達成をめざす」と明記した。

防衛省は、ミサイルなどの弾薬や装備品の維持整備費などを中心に増やしたい考えだ。

政府は9月に「国力としての防衛力を総合的に考える有識者会議」を立ち上げ、財源を含めた議論を本格的に始めた。防衛省以外の他省庁の予算でも安全保障に資する取り組みを強化する狙いがある。自衛隊が使う可能性のある港湾や空港などの公共インフラ、研究開発、海上保安庁などの予算も合算した新しい安全保障関連の予算の枠組みの創設もめざしている。

岸田首相は12月に入ると、23〜27年度の5年間の防衛費について、総額約43兆円とするように指示した。現行計画の1.5倍以上の歴史的な増額となる。公共インフラなどの予算をあわせ、27年度にはGDP比2％としたい考えだ。

（政治部・松山尚幹）

関 連 用 語

◆敵基地攻撃能力

政府は相手領域内のミサイル発射拠点などを直接攻撃する「敵基地攻撃能力」（反撃能力）の保有を決めた。専守防衛との関係から国会でも議論となりそうだ。

政府は1956年の答弁以来、「他に手段がない」場合にミサイル基地などを攻撃することは「法理的には可能」としてきた。一方で政策判断として保有はしてこなかった。

だが、日本周辺国が多様なミサイルを開発し、迎撃だけでは難しいとの判断から、岸田首相は国会で保有を検討する必要性を表明。自民・公明両党が協議し保有で合意した。

PLUS ONE
ウクライナへの装備品提供

政府は22年3月、ロシアの侵攻が続くウクライナに自衛隊の防弾チョッキを無償提供するため、条件付きで武器輸出を認める「防衛装備移転三原則」の運用指針を変更した。「国際法違反の侵略を受けているウクライナ」に移転できるとの規定を加えた上でウクライナに譲渡した。政府・自民党内にはウクライナ以外に装備品を提供したり、現在は「救難、輸送、警戒、監視、掃海」に限っている完成品の輸出について、護衛艦や戦闘機も対象に加えたりできるよう運用指針を見直す動きもある。

厳しさを増す領土問題

日本の領土問題をめぐる状況が厳しさを増している。2022年2月24日のロシアによるウクライナ侵攻を受け、日本政府は主要7カ国（G7）などで足並みをそろえてロシアへの制裁に踏み切り、北方領土問題の解決を含む平和条約締結交渉は暗礁に乗り上げた。日本が「固有の領土」としている島根県の竹島や沖縄県の尖閣諸島をめぐっても、韓国や中国がそれぞれ領有権を主張しており、周辺海域での船舶の航行などが常態化している。

ロシアがウクライナ侵攻〔◯38ページ〕を開始した3日後、岸田文雄首相は「ロシアとの関係をこれまで通りにしていくことは、もはやできない」と述べ、プーチン大統領らに対する制裁を発表した。

日本はロシアとの間で北方領土の返還を含む平和条約締結交渉を抱えており、プーチン氏個人への制裁決定はこれまでの対ロシア外交の転換を意味した。首相は「この状況に鑑みて展望について申し上げられる状況にはない」とも述べ、交渉の進展は厳しいとの認識を示した。ロシア外務省は翌月、交渉について「現状では継続する意思はない」との声明を発表した。

「戦後外交の総決算」を掲げた安倍晋三首相（当時）は北方領土問題の解決に意欲を示し、在任中にプーチン氏との間で計27回の会談を重ねた。14年にロシアがクリミア半島を併合した際もロシアへの外交的配慮を優先し、経済協力を加速させた経緯が

ある。国会答弁などでも北方領土問題に関して日本政府がこれまで用いていた「固有の領土」といった表現を避け、ロシアを刺激しないよう配慮した。18年にシンガポールで行わ

安倍政権以降の日ロ関係をめぐる主な動き

（肩書は当時）

14年	3月	ロシアがウクライナのクリミア半島を併合
16年	9月	安倍政権が「ロシア経済分野協力担当相」を新設
	12月	安倍首相とプーチン大統領が山口・東京で会談。北方四島での共同経済活動の協議入りで合意
18年	11月	安倍首相とプーチン大統領がシンガポールで会談。日ソ共同宣言を基礎にした交渉加速で合意。2島返還に転じる
20年	7月	ロシアが憲法改正、領土割譲を禁じる条項
21年	9月	プーチン大統領が北方領土に経済特区を創設する構想を打ち出す。日本政府は「遺憾」表明
	10月	岸田首相がプーチン大統領と電話協議。シンガポール合意などを踏まえ「平和条約交渉に取り組んでいく」
22年	2月24日	ロシアがウクライナへの侵攻を開始
	27日	岸田首相がプーチン大統領らへの資産凍結など制裁表明。「ロシアとの関係をこれまで通りにしていくことは、もはやできない」
	3月17日	岸田首相が北方領土を「ロシアに不法占拠されている」と発言
	21日	ロシア外務省、日本との平和条約交渉「継続する意思はない」

れた会談では、1956年の日ソ共同宣言を基礎に交渉を加速させることで合意。従来の４島返還から歯舞群島と色丹島の２島返還をめざす方針に転じ、局面の打開を図ったが進展はみられなかった。

その後、ウクライナ侵攻が発生し、外務省が毎年発表している「外交青書」の22年版では、「国際秩序の根幹を揺るがす暴挙であり、決して許されない」と厳しく非難。21年版で「ロシアと安定的な関係を構築することは、日本の国益のみならず、地域の安定と発展にとっても極めて重要」と記していた箇所は削除された。

ロシアは欧米などとともに日本を「非友好国」に指定したほか、北方領土の元島民らによる「ビザなし渡航」についても一方的に日本との合意を破棄すると通告した。また、北方領土で軍事演習を実施するなど対抗姿勢を鮮明にしており、領土問題の解決に向けた道筋は見通せない状況が続いている。

また、島根県の竹島をめぐっては韓国が領有権を主張しているが、日本は「歴史的事実に照らしても、かつ国際法上も明らかに日本固有の領土」との立場だ。韓国は竹島周辺の日本の排他的経済水域（EEZ）内で海洋調査を繰り返しており、日本政府はそのたびに韓国側に抗議するなど、両国関係の悪化の一因になっている。　（政治部・野平悠一）

関連用語

◆EEZ

EEZとは､排他的経済水域(Exclusive Economic Zone）の頭文字を取った言葉。沿岸から200カイリ（約370㎞）までの範囲で設定でき、沿岸国はEEZで天然資源を優先的に開発したり、探査したりする権利を持つ。島国である日本の領海と排他的経済水域を合わせた面積は、国土の約12倍にあたる約447万㎢にも及ぶ。22年８月にペロシ米下院議長が台湾を訪問〔➡44㌻〕したことに中国が反発し、対抗措置として実施した軍事演習では、弾道ミサイル５発が日本のEEZ内に落下し、日本は強く非難した。

PLUS ONE

尖閣諸島国有化10年

日本政府が沖縄県の尖閣諸島を国有化してから22年９月で10年が経った。尖閣周辺では、10年９月に中国漁船が海上保安庁の巡視船２隻と衝突する事件が発生。海保が逮捕した中国人船長を那覇地検は「日中関係への考慮」を理由に釈放したが、海保の保安官が衝突時の映像を流出させたことで波紋が広がった。12年４月に東京都知事（当時）の石原慎太郎氏が購入計画を表明したことに端を発し、当時の野田佳彦政権が同９月に国有化に踏み切ったが、中国各地で反日デモが過熱化した。

[政治]

復帰50年の年の沖縄県知事選

2022年は、沖縄が日本に復帰して50年になった。この年に迎えた沖縄県知事選は、米軍普天間飛行場（宜野湾市）の名護市辺野古移設の是非が改めて争点となり、移設ノーを訴える玉城デニー知事が再選した。移設ノーを旗印として「オール沖縄」を掲げた超党派の政治勢力ができて8年になる。自民党政権が推す候補に3連勝しているが、日米に計画見直しの動きはない。

辺野古の海への土砂投入が始まったのは、玉城知事が初当選した前回18年知事選の2カ月半後。19年2月には埋め立ての是非を問う県民投票があり7割が反対となったが、この4年で埋め立て予定区域の4分の1が陸地化された。ただ、埋め立て予定海域で見つかった軟弱地盤の存在により、工期の大幅遅れや予算増が判明。さらに政府は地盤改良のための設計変更を申請したが、玉城知事が不承認としたため、残り4分の3の区域で埋め立てが進められない状態となった。

一方、コロナ禍の中、経済が疲弊。基地問題の解決よりも経済対策の重

当選を決め、喜ぶ玉城デニー氏（中央）＝22年9月、那覇市

視を、という意識も高まった。また、「オール沖縄」から経済界の重鎮らが離れ、弱体化も指摘された。そうした中で迎えたのが今回の知事選だった。

立候補したのは、現職の玉城デニー、前宜野湾市長の佐喜真淳、元郵政民営化担当相の下地幹郎の3氏。事実上、「オール沖縄」勢力が支える玉城知事と、岸田文雄政権が推す佐喜真氏という、前回と同じ候補者による一騎打ちの構図となった。

玉城氏が前回同様「辺野古に新しい基地を造らせない」と訴えたのに対し、佐喜真氏は埋め立てが進み、県民のあきらめ感が広がったとみて、移設「容認」を明言。「工期の短縮」「30年までの普天間返還」を公約に掲げた。

◎

投開票は9月11日。結果は、玉城氏が33万9767票を獲得し、再選を果たした。当選後、玉城氏は「（移設ノーという）県民の思いが1ミリもぶ

32

れていないという結果だ」と語った。

復帰から半世紀が経ったが、国土面積0.6％の沖縄にはなお、在日米軍専用施設の約70％が集中している。政府は「辺野古移設が唯一の解決策」と繰り返してきたが、「なぜ、沖縄の基地負担を減らすために、沖縄で新たな基地を造るのか。認められない」という県民の底堅い民意が、玉城氏を押し上げる結果となった。

玉城氏は「根本的な問題がないがしろにされたままの状況を、国民がぜひ真剣に考えていただきたい」とも呼びかける。沖縄への基地集中の固定化は、政府だけでなく国民世論が動く必要がある、との訴えだ。

玉城氏の2期目にはいばらの道が待ち受ける。日米政府に移設計画を見直す動きは見られない。政府の設計変更申請を不承認としたことに対して政府は対抗措置を次々と打ち出し、国と県の争いは複数の裁判闘争に発展している。不承認は玉城知事にとって「最大にして最後のカード」といわれ、仮にすべての裁判で県側が敗訴すれば、玉城知事は厳しい立場に立たされる。

玉城知事は辺野古阻止を含めて今後は、国連など国際社会にも沖縄の基地問題を訴えていく考えを示している。

（那覇総局・光墨祥吾）

関 連 用 語

◆オール沖縄

13年、普天間飛行場の県内移設断念を求めた「建白書」に県内全41市町村の首長らが署名したのがオール沖縄の原点といわれる。その後、仲井真弘多知事（当時）が政府の埋め立て申請を承認。保守系の那覇市長だった翁長雄志氏が「移設反対」を旗印に経済界、共産や社民などをまとめ、「オール沖縄」を掲げて知事選に出馬し初当選した。18年に急逝した翁長氏を玉城氏が継いだが、オール沖縄から経済界などが離脱。22年の那覇市長選では、玉城氏を支えた現職市長が引退表明とともに、自民が推す候補を支援するなどして分裂。あり方を見直す声が高まっている。

PLUS ONE
普天間移設計画

1995年、米兵による少女暴行事件が発生した。翌年、日米政府は普天間飛行場の「5～7年以内」の返還で合意。しかし、県内移設の条件つきで、名護市辺野古が移設先とされた。政府は18年末から埋め立て土砂を投入。22年8月末までに、必要な土砂量の1割強が投入された。一方、辺野古の海底で「マヨネーズ並み」ともいわれる軟弱地盤の存在が判明し、総工費は当初の予定の2.7倍となった。改良工事のため、政府が設計変更を申請したが、沖縄県が21年11月に不承認とし、4分の3の区域で埋め立てができない状態にある。

過疎地域、全国の自治体の半数超に

人口減少率などをもとに、総務省が「過疎地域」とする自治体が2022年4月の指定で、制度発足以来初めて、全国の市町村の半数を超えた。政府は「まち・ひと・しごと創生」や「デジタル田園都市国家構想」を掲げ、「東京一極集中」の是正に取り組んできたが、地方の少子高齢化は止まらない。新型コロナウイルスの感染拡大に伴うテレワークの普及などで、地方移住に注目が集まっているが、東京からの転出はなお限定的だ。

総務省は20年の国勢調査を受け、過疎地域持続的発展支援特別措置法（過疎法）に基づいて、「過疎地域」に指定される自治体への通知を行った。

22年度から自治体の全域または一部が過疎地域に指定されたのは、全国1718市町村（東京23区を除く）の51.5％にあたる885市町村。半数を超えたのは1970年の制度開始以降初めてだ。

新規指定は27道府県の計65市町村で、全域が過疎地域となる「全部過疎」は北海道富良野市、新潟県加茂市、熊本県人吉市など36市町村。平成の大合併（1999〜2010年）前の旧市町村を過疎地域とみなす「一部過疎」は福島県白河市や、千葉県香取市、徳島県阿波市など29市町。過疎指定から外れる「卒業団体」はなかった。

過疎法は人口減少率や高齢者比率、財政力指数などに基づき、過疎地域を指定。政府が返済の7割を負担して自治体を支援する過疎対策事業債や、各種交付金により支援すると定める。21年の改正では支援の充実を求める地方自治体の声を受けて、過疎地域の指定要件が長期の人口減少率などで緩和され、目的も地域の「自立促進支援」から「持続的発展の支援」に変わった。

過疎地域は面積でみると国土の6割超で、47都道府県のすべてにわたり、年々増えている。都道府県別では北海道が152市町村と最多で、島根県は全19市町村が指定された。

安倍政権は14年から「東京一極集中の是正」を掲げ、地方創生担当相を新設。20年に東京圏（東京、神奈川、埼玉、千葉）の転入超を是正する方針だったが、かなわなかった。

岸田政権はこの路線を踏襲したうえで、21年から「デジタル田園都市国家構想」を掲げる。少子高齢化と労働人口の転出による地域社会の担い手不足を、情報通信技術（ICT）や人工知能（AI）の活用で補うのが狙いだ。

一方、全国知事会は22年7月、「デジタルを有力なツールとして活用しつつも、それのみを全ての処方箋とは考えない」とする提言をまとめた。20年の出生数は前年比2万4千人減の84万人と過去最少を記録〔→208ページ〕。就職や進学を機に大都市圏に転出する若年層が多く、地方の人手不足は依然として深刻だ。提言では、多様な「人材の確保」や「就業機会の創出」が、過疎地域にとってますます重要性を増している、とした。

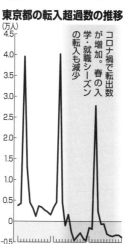

東京都の転入超過数の推移

（万人）

コロナ禍で転出数が増加。春の入学・就職シーズンの転入も減少

今後、全国的に人口の自然減は避けられない。過疎地域の一部には移住促進による人口の社会増に解決を求める動きがある。島根大学の作野広和教授は「地方へのIターンは限定的。東京一極集中の是正には経済的豊かさのみを求める価値観からの転換が必要だ」と指摘。「過疎地域は役職や行事を減らすなど村の減築に取り組み、小規模なりの幸せを目指そう」と提案する。

（ネットワーク報道本部・
阿久沢悦子）

関 連 用 語

◆過疎交付金

総務省の「過疎地域持続的発展支援交付金」はICTの活用に重点を置く。22年度の予算額は8億円。

このうち「集落ネットワーク圏形成支援事業」では、生活支援やしごと創出を幅広く支援。限度額は1500万円で、観光振興、移住定住促進などに専門人材を活用すれば500万円を上乗せする。さらにドローンを活用した買い物支援や、センサーを用いた鳥獣被害対策、対話型アプリを利用した高齢者見守りなどICTを活用すれば1千万円が上乗せとなる。「持続的発展支援事業」でも、テレワーク環境整備やオンラインでの健康相談などに補助金をつけた。

PLUS ONE
東京23区が転出超過

住民基本台帳に基づく21年の人口移動報告で、東京23区は転出が転入を1万4828人上回り、外国人を含む集計を始めた14年以降で初めて「転出超過」になった。それ以前の統計でも「転出超過」は1996年以来、25年ぶりだ。

20年から、新型コロナウイルスの感染拡大防止のため、リモートワークが普及したことなどによって、地方への転出者が増加したことが要因の一つとみられる。23区からの転出先は首都圏周辺に広がっている。21年は茨城県、山梨県、群馬県が転入超過に転じた。

国際情勢を読むポイント

ロシアのウクライナ侵攻の衝撃
世界でエネルギー価格が高騰
問われる国連の役割

ウクライナ首都近郊の激戦地で警備につくウクライナ軍兵士＝22年4月

2022年はロシアがウクライナに侵攻した年として記憶されるだろう。北大西洋条約機構（NATO）の拡大停止などを求めていたロシアのプーチン大統領は2月24日、ウクライナでの「特別軍事作戦」の開始を宣言。国境沿いに集まっていたロシア軍がなだれ込んだ。

当初、ロシア軍は首都キーウの制圧を狙ったが、ウクライナ側は徹底抗戦。苦戦を強いられるロシアは、ミサイルや無人機（ドローン）による都市への無差別攻撃や、インフラ施設の破壊などを繰り返し、停戦のめどはつかない状態が続く。

戦争の行方は、ウクライナへの国際社会の支援のあり方が大きく左右するだろう。米国やNATO諸国はウクライナを軍事支援し、ロシアが戦争を続けられないように大規模な経済制裁にも踏み切った。しかし、戦火がウクライナ領外に広がれば、核保有国であるロシアとの直接対決となるリスクをはらむ。

ロシアのウクライナ侵攻は、新型コロナウイルスからの経済回復で需要が高まっていたエネルギー市場を混乱させ、世界的な価格高騰の一因になった。特に大きな影響を受けるのは、ロシアからの天然ガスや原油の輸入に頼っていた欧州諸国だ。脱ロシア依存をめざすが、戦争が長期化すれば、市民生活への影響も大きくなる。対ロ制裁への反発が強くなり、ウクライナ支援への各国の足並みが乱れるかもしれない。

一方で、資源価格の高騰は産油国の立場を強めた。18年にトルコで起きたジャーナリスト殺害への関与が取りざたされたサウジアラビアの実力者ムハンマド皇太子は、米国のバイデン大統領やフランスのマクロン大統領らと相次いで会談を実現。失墜した国際的なイメージの回復と国際舞台への復帰に動いた。

国際法違反の侵略行為に対し、国連が有効に対処できたとは言い難い。安全保障理事会は、常任理事国のロシアに拒否権があるため、この問題では機能不全に陥っている。

深まる米中対立
緊張高まる台湾海峡
習総書記は異例の３期目に突入

ウクライナの衝撃は、米中対立の最前線とも言える台湾海峡情勢にも波及した。「米国は非NATO加盟国のウクライナを守るのか」という問いは、「米国は国交すらない台湾を中国の武力侵攻から守るのか」との疑問を想起させるからだ。

この不安を打ち消すように、バイデン大統領は、中国が台湾に軍事侵攻すれば、米国は軍事介入するとの発言を繰り返す。８月にペロシ米下院議長が台湾を訪問すると、中国は強く反発し、台湾を囲むように大規模な軍事演習を実施した。

中国では、慣例を破る形で習近平・共産党総書記が３期目続投を決め、腹心で周囲を固める「１強体制」を完成させた。台湾問題を「核心的利益の中の核心」として米国の関与を牽制しており、台湾海峡情勢は予断を許さない。

インド太平洋地域では、日米豪印の「QUAD」や、米国が主導する新たな経済圏構想「インド太平洋経済枠組み（IPEF）」など、中国への対抗を意識した連携の動きも進む。ただ、東南アジア諸国や太平洋島嶼国は、経済的な結びつきの強い中国との関係悪化を望んでおらず、大国間競争の間で難しい舵取りを迫られるだろう。

首脳会談で握手する岸田文雄首相（右）とバイデン米大統領。台湾問題をめぐり、中国への警戒と日米の結束を確認し合った＝22年５月

ミサイル発射繰り返す北朝鮮
尹政権発足、日韓関係に
改善の兆し

北朝鮮は３月、米国全土を射程に収めるとされる大陸間弾道ミサイル（ICBM）「火星17」の発射実験をした。北朝鮮がICBM発射を発表したのは17年以来で、10月には日本上空を通過する形で太平洋上に弾道ミサイルを着弾させた。武器開発を進め、米国に核攻撃能力を認めさせる狙いがあるとみられる。７回目の核実験を強行する恐れもある。

韓国では５月に尹錫悦氏が大統領に就任し、５年ぶりの保守政権が発足した。「戦後最悪」ともされる日韓関係だが、11月には３年ぶりに首脳が会談し、関係改善の兆しも出てきた。両国間の最大の懸案である戦時中の元徴用工らの訴訟をめぐる問題の解決は、北朝鮮の脅威に対して日米韓での連携を強めていけるかどうかのカギになるだろう。

（国際報道部・其山史晃）

ロシアのウクライナ侵攻

ロシアは2022年2月24日、旧ソ連の隣国ウクライナへの侵攻を開始した。プーチン大統領は同国東部の住民保護や「ネオナチ」との戦いなどを理由にしたが、その根拠は乏しく、欧米や日本は厳しい制裁を科した。ロシアは短期で決着させ、傀儡政権を樹立する計画だったが、欧米の軍事支援を受けるウクライナに苦戦。同国はゼレンスキー大統領を中心に士気が高く、東・南部で占領地を奪還するなど反転攻勢を強めている。

ロシアは21年から、軍事演習の名目で同盟国ベラルーシを含むウクライナ国境付近に最大で19万人とみられる兵力を集結させた。欧米は対話を模索したが、2月24日早朝、プーチン氏がテレビ演説で、ウクライナ政府による東部住民の「集団殺害」や北大西洋条約機構（NATO、➡40ジ）の脅威などを理由に攻撃開始を宣言。同国の「非武装化」や「非ナチ化」を進めるとした。

ロシア軍は首都キーウ（キエフ）などウクライナ全土をミサイルなどで激しく空爆し、地上軍は東部、南部、北部の3方向から進軍。ドネツク州、ルハンスク州全域の支配をめざしたほか、南部ヘルソン州や中南部ザポリージャ州の一部を占領。キーウ近郊にも迫った。

ただ、ウクライナ軍は欧米の軍事支援で息を吹き返す。携行型の対戦車ミサイル「ジャベリン」などによる奇襲攻撃で大きな打撃を与え、ロシア軍は3月末、キーウ近郊からの撤退に追い込まれた。ブチャなどではロシア兵が殺害したとみられる多数の住民の遺体が見つかり、批判がさらに強まった。

◎

欧米や日本はロシアに対し、在外金融資産の凍結や国際決済システムからの大手銀行の排除、ロシア産の石油や石炭の禁輸、といった厳しい制裁を発動。1千社超の外国企業も営業停止や撤退を決めた。3月の国連総会のロシア非難決議には141カ国が賛成。国際的な孤立が深まる。

一方、プーチン政権は国内の反戦デモやメディアへの弾圧を強めて国内の異論を封じ、一時混乱した国内経済も、政府主導で表向きは持ち直した。欧州向け天然ガス供給を絞るなど、エネルギー価格の上昇に苦しむ欧米への揺さぶりも続けている。

ロシアは7月、ルハンスク州全域を制圧するなど一時は攻勢を強めたが、9月以降は占領地を次々に奪還され、劣勢が鮮明となっている。

プーチン政権は30万人規模の動員を実施し、一部占領したウクライナ4州の一方的な併合を宣言。国内での戦時体制づくりを進め、長期戦への構えを強めている。

エネルギー価格高騰に苦しむ欧米の市民の不満が冬場に強まり、ウクライナ支援の動きが弱まるとの期待がある。ただ、ロシアはハイテク部品の輸入が止まり、ミサイルや戦車などの生産にも支障が出ているとされる。どこまで長期戦に耐えられるかはわからない。

ロシアが併合を強行したウクライナの4州（■）と原発・核関連施設（●）

プーチン氏は「ロシアは最強の核保有国の一つ」と警告しており、核兵器を使いかねないとの懸念も強まっている。（モスクワ支局・中川仁樹）

関 連 用 語

◆フェイクから始まった戦争

今回の戦争は「フェイク」から始まった。発端は2014年、ウクライナで政変が起き、親ロシア路線の政権が倒れた。反発するロシアが主導して、東部で親ロシア派の「ドネツク人民共和国」と「ルガンスク人民共和国」が独立を宣言した。「民意」とはほど遠いのが実態だ。

ロシアはウクライナ政府が東部の住民を「集団殺害」していると主張するが、国際機関は否定している。ロシア国内では侵攻を「特別軍事作戦」と呼ばせ、悲惨な戦争被害もすべてウクライナ側の責任だと報道。「ウクライナの政権はネオナチを支持」「ウクライナが欧米の支援で核開発をしている」といった根拠のない主張を続けている。

◆核惨事への懸念

侵攻後、懸念が深まっているのが「核の惨事」だ。ロシア軍はチェルノブイリ原発を占拠（22年3月末で撤退）したほか、中南部にある欧州最大級のザポリージャ原発を支配下に置き、「国有化」した。

ウクライナや欧米は、ロシアが同原発内に軍や兵器を配備していると批判。原発を「核の盾」にしているとの指摘もある。原発周辺では激しい砲撃が続き、双方が相手を非難する。冷却に重要な外部電源をたびたび喪失しているほか、原子炉や核燃料貯蔵庫に被害が出れば、放射能汚染が欧州にも広がる恐れがある。

国際原子力機関（IAEA）が周辺に「安全保護地帯」の設置を提案したが、ロシアは応じていない。

[国際]

拡大するNATO

北大西洋条約機構（NATO）は2022年6月、マドリードでの首脳会議で、北欧のスウェーデンとフィンランドを加盟国とすることで合意した。両国ともロシアによるウクライナ侵攻で危機感を強め、軍事的中立の立場からの歴史的転換を決断し、加盟を申請していた。手続きが終われば、欧州の安全保障体制の大きな転換点となる。一方、ロシアのプーチン大統領はNATOの拡大を批判してきたが、自ら決めたウクライナ侵攻で逆に拡大を加速させる結果となった。

スウェーデン、フィンランド両国では、2月24日に始まったロシアによるウクライナ軍事侵攻〔◯38ペ〕を機に、NATO加盟を望む世論が高まり、長年保ってきた軍事的中立の立場からの歴史的転換に至った。

加盟申請を表明した際、スウェーデンは「私たちは一つの時代を終え、新たな時代に入る。加盟はスウェーデンの安全を高める」（アンデション首相）、フィンランドも「新しい時代が始まろうとしている」（ニーニスト大統領）と歴史的な意義を強調した。

NATOの側も、両国の申請を歓迎した。両国の軍事力には定評があり、1994年にNATOとパートナー関係を締結。NATOとともに軍事演習やアフガニスタンなどでの活動を重ねるなど実績があったからだ。

また、ロシアと1300km以上の国境を接するフィンランドと、ロシアとバルト海を挟んで向かい合うスウェーデンが加われば、NATOの対ロシア防衛ラインが増強されるという利点もある。バルト海に浮かぶスウェーデンのゴットランド島は、「不沈の空母」とも呼ばれる要衝で、NATOの情報収集の拠点ともなり得る。

両国の加盟には「障壁」が残っている。

30加盟国による全会一致の承認が必要な中、トルコが難色を示したからだ。トルコは、自国で分離独立をめざすクルド人らの武装組織を「テロ組織」と位置づけて非難しているが、この関係者らに居場所を与えるなど支援してきたとして、フィンランドとスウェーデン両国の姿勢を問題視。トルコのエルドアン大統領は「テロ組織のゲストハウスのようだ」と強い言葉で牽制していた。

この問題をめぐっては、両国が6月、トルコの求めていた「テロ対策」に協力することで合意。これを受け

てトルコが両国の加盟容認に転じ、必要な全会一致の条件がおおむね整った。

残る手続きは、全30加盟国の国内での批准手続きとなる。2022年11月8日時点で手続きを終えたのは28カ国で、残るトルコとハンガリーの2カ国が批准すれば、スウェーデンとフィンランドの正式加盟となる。トルコは、合意の履行が不十分と不満を示している。

NATO加盟国（■）
他に米国・カナダ・アイスランド
加盟を申請（▨）

NATOとロシアの国境線は長くなる
ロシア
モスクワ
フィンランド
スウェーデン
バルト海
NATO本部（ブリュッセル）
キーウ（キエフ）
ウクライナ
黒海
トルコ

◎

NATOの拡大は、12カ国で始まった1949年の創設以来、繰り返されてきた。今回は、旧ソ連を盟主としたワルシャワ条約機構の構成国だったポーランドやハンガリーが加盟した99年、旧ソ連から独立したバルト3国やルーマニアなどが続いた04年以来の大きな転換点といえる。

NATOは6月の首脳会議で、今後の行動指針となる新たな「戦略概念」を採択し、ロシアと中国への警戒感を示した。改訂は2010年以来。

当時はロシアをパートナーと位置づけたが、今回は「（もはや）パートナーとは見なせない」と明言し、「最大かつ直接的な脅威」とした。中国については、「威圧的な政策」で欧米各国が重んじる民主主義の価値や安全保障に挑んでいるとの警戒感を示した。さらにロシアと中国が戦略的な関係を深め、法の支配に基づく国際秩序を揺るがそうと協力し合っているとの危機感を表明した。

（ヨーロッパ総局・金成隆一）

関 連 用 語

◆プーチン氏、NATO拡大を牽制

ロシアのプーチン大統領は6月、NATOが北欧のフィンランドとスウェーデンの加盟で合意したことについて、「軍事施設を設けた場合、相応の対抗措置を取る必要がある」と牽制した。両国との関係について、プーチン氏は「ウクライナのような問題はなく、NATO加盟について

も心配はない」と述べながらも、「いままで問題はなかったのに、脅威がつくられれば、緊張が生まれるのは明らかだ」と不快感を示した。

ロシアは5月には、両国の加盟申請などへの対抗措置として、フィンランドとの国境などと接する西部軍管区に部隊を増強する方針を明らかにした。

国際

米中間選挙

　米国政治の行方を左右する中間選挙が2022年11月８日に実施された。バイデン政権の民主党が連邦議会の上院で多数派の立場を守ったが、下院では共和党に４年ぶりに過半数を奪われた。下院の過半数を失ったことで、バイデン政権は残り２年の任期中に法案や予算を成立させることが困難な状況に追い込まれた。一方、共和党も事前に期待したほど議席を伸ばせず、党内では不満が残る結果となった。

　４年ごとにある大統領選のちょうど中間の年にあるのが、米国の中間選挙だ。連邦議会の上下院議員だけでなく、州知事や州務長官など各地の地方選挙も一斉に実施する。

　最も注目される連邦議会選挙では、上院（定数100、任期６年）の３分の１と、下院（定数435、任期２年）のすべての議席が改選される。大統領選ほど重要ではないが、議会の多数派が入れ替わることが多く、米政治の行方を左右する重要な選挙といえる。

　中間選挙は現職大統領にとっての信任投票とも言われる。現状への不満を持った有権者が投票に行きやすい傾向があるため、歴史的に見ても現政権の政党が議席を減らすことが多いのが特徴だ。

◎

　22年の中間選挙も、現職のバイデン政権にとっては逆風が予想された。バイデン大統領は、一時は支持率が30％台にまで低迷。40年ぶりの物価高（インフレ）にも見舞われ、上下両院ともに共和党に過半数を奪われる可能性もあるとみられていた。

　しかし、実際には民主党が予想を

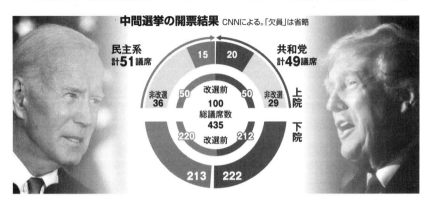

中間選挙の開票結果 CNNによる。「欠員」は省略

民主系 計**51**議席　15　20　共和党 計**49**議席

非改選 **36**　50　改選前 **100** 総議席数 **435**　50　非改選 **29**　上院

220　改選前　212　下院

213　222

超える善戦を見せる結果となった。

上院では民主党が過半数の51議席を獲得し、多数派を維持することに成功した。下院では共和党に過半数を奪われたが、小差にとどまった。

民主党が善戦できた要因の一つは、人工妊娠中絶をめぐる議論だ。連邦最高裁は22年6月、中絶の権利を認めない判決を出し、国民の間で大きな反発が起きた。トランプ前政権時代に保守派の判事が多く指名されたことが背景にあり、警戒心を抱いた女性や若者などが民主党に投票したとみられている。

一方の共和党は、ガソリン高などにより生活を圧迫するインフレや、都市部を中心に悪化する治安、メキシコとの国境から入国する移民の問題などに焦点を当て、バイデン政権への批判を展開した。

共和党内からは、苦戦した責任がトランプ前大統領にあるとの批判も出た。特に上院選でカギを握った接戦州において、トランプ氏の推薦を受けた候補が軒並み敗れたためだ。政治経験の乏しさや極端な主張が目立ったことで、熱烈なトランプ支持者の限られた支持は得られても、無党派層から反発を受けた。逆に、トランプ氏と距離をとる候補の健闘が目立ち、次期大統領選に向けてトランプ氏の求心力に疑問符がつく結果となった。

（アメリカ総局・高野遼）

関 連 用 語

◆選挙否定派の共和党候補

今回の中間選挙で注目を集めたのが、「選挙否定派」と呼ばれる共和党候補たちの存在だ。20年の大統領選でトランプ氏が敗れた事実を認めず、根拠なく選挙不正を主張する候補者が各地で立候補した。特に大統領選でカギを握る接戦州の要職を否定派が奪えば、将来的に選挙結果を覆そうと試みるなど、大きな混乱を招くことが懸念された。

結果的には、接戦州では否定派の多くが敗れ、有権者がトランプ派の増長に歯止めをかけた。ただ全体では、州レベルの選挙を含めると170人以上の否定派が当選した。

◆激化する文化戦争

米国では近年、国民の間で「文化戦争（カルチャー・ウォー）」が激化している。人種や性、宗教、人権などをめぐって個人の信条や価値観が二分し、互いに敵視し合って、政治的な二極化にもつながっている。

人工妊娠中絶、銃規制や新型コロナ対策、同性愛や学校教育に至るまでテーマは幅広い。人権や多様性を重視する「リベラル派」は非宗教的で、都市部や高学歴層に多く、民主党を支持する傾向にある。一方、宗教や伝統的な価値観を重視する「保守派」は地方部や非大卒層に多く、共和党の支持基盤となっている。

溝埋まらぬ米中対立

　米中両国の対立が深まっている。対立の焦点となっているのが台湾問題だ。2022年8月には、ナンシー・ペロシ氏が下院議長として25年ぶりに台湾を訪問。台湾問題を重視する中国は猛反発し、台湾周辺で大規模な軍事演習を行った。米国は、軍事力や経済力を増す中国を「唯一の競争相手」と位置づけ、警戒感を強めている。米中両国の立場の隔たりは大きく、今後の世界情勢を左右しかねない対立の行方に注目が集まる。

　22年8月上旬、ペロシ米下院議長（民主党）が台湾を訪問し、台湾を支持する姿勢を改めて打ち出した。下院議長は大統領継承順位が副大統領に次ぐ2位。中国側は猛反発し、台湾周辺で大規模な軍事演習を行ったほか、米中両軍の幹部同士の電話協議を行わないなどの対抗措置を発表した。

　ペロシ氏訪台の背景には、米国内で将来の統一を視野に台湾への圧力を強める中国への警戒感が高まっている事情がある。特に米議会は超党派で、台湾支持の姿勢を強めている。

　バイデン政権は22年10月に公表した外交・安全保障分野の基本方針となる「国家安全保障戦略」で、中国を「国際秩序を塗り替える意図と能力を持つ唯一の競争相手」と規定した。ロシアのウクライナ侵攻〔→38ページ〕が続く中でも、中国を最優先の課題として長期的に対応する考えを示している。

　米国は従来、民主主義体制を確立

中国の軍事演習区域
防衛省資料による

中国
台湾海峡
台湾
日本のEEZ
南シナ海
太平洋

ペロシ米下院議長

した台湾の「現状維持」を望み、台湾有事の際に、台湾を防衛するかどうかを明らかにしない「あいまい戦略」を取ってきた。バイデン政権は、こうした米国の従来の台湾政策に変更はない、と説明している。だがバイデン大統領自身が、台湾有事の際に米軍が軍事的に関与する意思がある、との発言を繰り返している。従来の公式見解は維持しつつも、中国を牽制する狙いがあるとみられている。

　中国は米中対立の根本は「（中国

を脅威とみる）米国の誤った対中認識にある」（王毅〈ワンイー〉・共産党政治局員）として対決の長期化を覚悟している。

22年10月の党大会〔●60ページ〕では「中国式現代化」を掲げ、欧米の価値観や制度と決別して独自の発展モデルをめざすと宣言。米中対立は、かつて資本主義陣営と社会主義陣営が対立した旧冷戦をほうふつさせるイデオロギー対立の様相も帯び始めた。

中国は日米欧が軍事・経済などでの連携を深め、「中国包囲網」の構築をめざしていると警戒。これに対抗するため、ウクライナに侵攻したロシアとも戦略的協調関係を保ち、アジアやアフリカの途上国の取り込みを強化している〔●67ページ〕。その成果は国連外交にも表れ、新疆ウイグル自治区の人権状況などへの米欧の批判をはねつける場面も目立つ。

長期政権を視野に入れる習近平〈シーチンピン〉国家主席は、「中華民族の偉大な復興」という目標達成への強い意欲を示している。そのための欠かせないピースである中台統一について、今回党大会では、「平和統一」をめざしつつも「武力行使の選択肢を放棄しない」と強調した。ペロシ氏訪台への強い反発が示すように、習指導部は台湾問題に日米欧がどのように関与してくるかを注視しており、今後、世界と地域の大きな火種になりそうだ。

（アメリカ総局・清宮涼
中国総局・林望）

国際

関　連　用　語

◆QUAD

バイデン政権は同盟国・友好国と連携し、インド太平洋地域で影響力を増す中国に対抗する方針を鮮明にしている。その中核をなすのが、米国が主導する日米豪印４カ国の協力枠組みであるQUAD〈クアッド〉だ。22年５月には東京で日米豪印の首脳会合が行われた。中国の巨大経済圏構想「一帯一路」を念頭に、４カ国でインド太平洋地域でのインフラ支援や投資を進める方針を打ち出した。また米国が主導するインド太平洋地域の新たな経済枠組み（IPEF）も同月に発足し、日米豪印や韓国、東南アジア諸国など14カ国が参加する。

◆台湾問題

日中戦争後、中国では共産党と国民党の内戦の末、1949年に共産党が中華人民共和国を成立させた一方、国民党は台湾に逃れ中華民国を存続させた。以来、双方が中国の正統な政権だと主張したが、71年、ソ連の脅威を背景に米国が共産党政権に急接近し、79年に国交を正常化。中国はこの際、台湾は中国の一部であるとの意味を含む「一つの中国」の受け入れを要求し、米側は大筋で受け入れた。その後、米国は政府高官の台湾派遣を控えるなど中国への配慮を続ける一方、武器供与や経済協力などの形で台湾支援を続けてきた。

NPT再検討会議

　ロシアがウクライナに侵攻し、核兵器を使う懸念が高まっている。そんな中、米ニューヨークの国連本部で2022年8月、核不拡散条約（NPT）の再検討会議が開かれた。会議では、条約の履行状況や今後の行動指針を記した「最終文書」の採択をめざしたが、ロシアが最終日にかたくなに反対して決裂した。23年はウィーンで、次回の再検討会議に向けた「第1回準備委員会」が開かれる予定だ。

　NPTは1970年に発効し、191カ国・地域が締約している。ただ、核保有国のパキスタンやインド、事実上の核保有国とされるイスラエルは入っておらず、北朝鮮も一方的に脱退を宣言している。

　NPTでは米国、ロシア、英国、フランス、中国の5カ国が「核保有国」として認められている。それ以外への核兵器の拡散を防ぐ「核不拡散」、誠実な交渉による「核軍縮」、さらに「原子力の平和利用」を三つの柱とする。

　再検討会議は5年に1度開かれ、当初は2020年に10回目の会議が催される予定だった。だが、新型コロナウイルスの影響で4度にわたって延期され、22年8月にようやく開催されることになった。

　米ロ英仏中の5カ国は会議に先立つ22年1月、「核戦争に勝者はおらず、決して戦ってはならない」とする共同声明を発表した。この文言は冷戦下の1985年、米国のレーガン大統領とソ連のゴルバチョフ書記長（いずれも当時）が初めての首脳会談で共同声明に記したものだ。

　核軍縮が進むのではないかという楽観を打ち砕くかのように、22年2月、ロシアはウクライナに侵攻を開始した〔●38ﾍﾟ〕。プーチン大統領はそれ以降、核兵器の使用をちらつかせるような発言を繰り返してきた。

　8月のNPT再検討会議では、ロシアによるウクライナ侵攻が大きな議題の一つとなった。「最終文書」は前回15年の会議でも採択されておらず、2回連続で不採択となってNPT体制の軽視へとつながることに危機感を持った各国は、なんとかして全会一致で文書をまとめようと交渉を続けた。その過程では、ロシアを刺激するような文言を削る配慮もなされた。

　4週間続いた会議の終盤、3日間の非公開協議と2度の修正を経てできあがった最終文書案に対し、ロシアは反対を表明した。ロシアが占拠

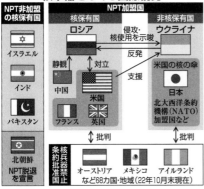

核軍縮をめぐる国際情勢

NPT非加盟の核保有国	NPT加盟国		
	核保有国	非核保有国	

- NPT非加盟の核保有国
  - イスラエル
  - インド
  - パキスタン
  - 北朝鮮 NPT脱退を宣言

- NPT加盟国
  - 核保有国
    - ロシア ←侵攻・核使用を示唆→ ウクライナ（非核保有国）
    - ロシア ←反発
    - 静観／対立 — 中国
    - 米国 — 支援 → 米国の核の傘：日本、北大西洋条約機構（NATO）加盟国など
    - フランス、英国
  - 批判 ↕
  - 核兵器禁止条約批准国：オーストリア、メキシコ、アイルランドなど68カ国・地域（22年10月末現在）

するザポリージャ原発や、ウクライナに核を放棄させる代わりに安全を保証する1994年のブダペスト覚書に関する言及への不満は強く、結局、最終文書案を採択することはできなかった。

◎

半世紀以上にわたって核軍縮体制の礎となってきたNPTが、簡単に形骸化するわけではない。国連幹部や専門家、外交官からも「NPTの重要性を確認し、議論を深めたという点では意義があった」などと強調する声が聞かれた。

一方、安全保障環境が厳しくなる中、核保有国が核軍縮を進め、「核兵器なき世界」を本気で実現しようとする気配は見られない。21年に発効した「核兵器禁止条約」の推進国はそのことに不満を募らせており、核軍縮をめぐる国際社会の溝は今後も容易には埋まらないとみられる。

次回の再検討会議は、26年に開かれる。　　（国際報道部・藤原学思）

関 連 用 語

◆核兵器禁止条約

核兵器の開発、実験、保有、使用のほか、使用をちらつかせる威嚇も禁じる。2021年1月に発効し、22年10月末までに68カ国・地域が批准した。

22年6月には、ウィーンで初めてとなる「締約国会議」を開催。ロシアを念頭に「核の脅し」を非難し、核抑止論を否定する政治宣言のほかに、今後の指針を具体的に記した50項目の「行動計画」を採択した。

核保有国や日本など「核の傘」の下にある国々は、核禁条約に対して否定的な姿勢を崩していない。ただ、核禁条約の推進国は「NPTを補完するものだ」と訴え続けている。

PLUS ONE
国連事務総長、広島の式典に出席

国連のグテーレス事務総長は2017年の就任以来、核軍縮を最重要課題の一つと位置づけてきた。18年に現職事務総長として初めて長崎の平和祈念式典に参列し、22年には広島の平和記念式典にも出席した。

グテーレス氏がそこで核保有国に求めたのは、核兵器の「先制不使用」と、非核保有国には核兵器を使わないと約束する「消極的安全保証」、「透明性の確保」だった。いずれも核兵器なき世界に向けてクリアすべき重要な点だが、米国とロシアの関係が冷え切る中、実現は厳しい。

英国、2度の首相交代

2022年は、英国の首相による辞任表明が3カ月ほどの間に2回繰り返された。ウクライナへの積極支援などで国際的な知名度が高かったボリス・ジョンソン首相は、不祥事への対応などで失敗し辞任。後任のリズ・トラス首相は、財政の舵取りで市場の混乱を招き、わずか在任1カ月半ほどで辞任表明に追い込まれた。この年の3人目の首相となったのは、元財務相のリシ・スナク氏。両親がインド系で、初のアジア系の英首相となった。

ウクライナへの積極支援などで国際的な知名度が高かったジョンソン首相だが、国内では新型コロナ下の官邸で開かれたパーティーなどに出席していた不祥事などへの不誠実な対応を追及され、7月に辞任表明した。ぎりぎりまで続投するつもりだったが、当時の財務相スナク氏ら政権幹部が「辞任ドミノ」の流れをつくり、閣僚ら幹部50人超が政権を去る事態となって辞任に追い込まれた。

後任を選ぶ与党・保守党の党首選では、ジョンソン政権で外相だったトラス氏が勝利。9月6日、エリザベス女王の任命を受け、首相に就いた。サッチャー（在任1979〜90年）、メイ（2016〜19年）両氏に続く、英国史上3人目の女性首相となった。

トラス政権は9月23日、総額450億ポンド（約7.5兆円）規模の大型減税を柱とした経済政策を発表。しかし、財源の裏付けに乏しかったことなどから、英通貨と国債が急落するなど市場が混乱した。

トラス氏は、減税案の撤回や側近の財務相の更迭など迷走し、10月20日に辞任を表明。就任から1カ月半での辞意表明となり、英史上最短の任期となった。

後任には元財務相スナク氏が選ばれ、10月25日、首相に就いた。スナク氏の42歳での首相就任は、いずれも43歳だったブレア、キャメロン両氏を抜き、過去200年あまりで最年少となった。

（ヨーロッパ総局・金成隆一）

PLUS ONE
エリザベス女王死去

英国のエリザベス女王が9月8日、96歳で死去した。死因は老衰。第2次世界大戦後の大英帝国の衰退や、英国の欧州連合（EU）からの離脱など激動の1世紀を見届け、英国の君主として最長となる70年と7カ月あまりの在位を全うした。長男チャールズ新国王が73歳で女王の後を継ぎ、「チャールズ3世」を名乗ることが決まった。

ドイツ・ショルツ政権の１年

　ドイツで2021年12月に発足したオラフ・ショルツ首相率いる３党連立政権にとって、22年は多難な滑り出しとなった。ロシアのウクライナ侵攻に対し、ショルツ氏は「時代の転換点」と述べ、紛争地への武器輸出や国防費の増額を決めた。これらは国内外から支持されたが、ロシアから天然ガス供給の停止という報復を受けた。休止中の石炭火力発電所の再開や原発の稼働延長など、想定外の政策も打ち出さざるを得なくなった。

　「時代の転換点」の議会演説はロシアの侵攻〔◯38ページ〕から３日後。「紛争地には武器を輸出しない」との方針を覆し、ウクライナへの武器支援を決めた。国防費は国内総生産（GDP）の約1.5％だったが、２％以上とした。軍装備の充実のため、１千億ユーロ（約14兆円）の特別基金も設けた。

ドイツのオラフ・
ショルツ首相

　ショルツ氏の所属する社会民主党（SPD）は伝統的にロシアとの関係を重視してきた。方針転換は、ロシアの侵攻が欧州の安全保障を脅かすとの考えからだ。同盟国からは歓迎され、政権支持率も一時的に上がった。だが、その後、「武器供給が遅くて少ない」との批判も浴びた。

　他の欧州連合（EU）加盟国と歩調を合わせ、ロシアからの石油や石炭の禁輸も進めた。だが、輸入の半分以上をロシアに頼ってきた天然ガスは、すぐには代替がきかない。ロシアからは足元を見られるようにパイプラインによるガス供給を止めら

れた。電気代やガス代が高騰するとともに安定供給への不安が広がった。

　政府は休止中の石炭火力発電所を再開。22年中に止める予定だった残る３基の原発も、23年４月半ばまで稼働できるようにした。連立する緑の党にとっては、看板の環境対策に逆行しかねない苦渋の選択だ。政策の決定過程では、自由民主党（FDP）が産業への影響の観点から原発稼働の数年の延長を主張するなど、連立内で足並みの乱れも見られた。

　自国の産業や家計への影響を抑えつつ、ウクライナ支援を続けられるかが引き続き試されている。

（ベルリン支局・野島淳）

フランス・マクロン大統領再選

　フランスのエマニュエル・マクロン氏（当時44）が2022年4月の大統領選で、再選を決めた。強い欧州連合（EU）の実現を掲げた中道のマクロン氏は、「自国第一」が持論で、EUや北大西洋条約機構（NATO）を批判した右翼のマリーヌ・ルペン氏（同53）を退けた。ロシアによるウクライナ侵攻後、主要7カ国（G7）で初めての本格選挙となり、ロシアへの制裁やウクライナ支援をめぐる欧米の結束は保たれた。

　選挙は、ウクライナ危機〔→38ページ〕で拍車がかかったエネルギーなどの価格高騰のさなかに行われ、侵攻が論戦にも濃い影を落とした。

仏大統領選決選投票の開票結果（確定）
投票率は71.99％
仏内務省の集計

マクロン氏　ルペン氏
1877万9641票　1329万7760票
（有効投票での得票率58.54％）　（41.46％）

白票・無効票　301万8990票（投票数に占める割合8.6％）

　EUの戦略づくりで主導的な役割を果たしてきたマクロン氏は、ロシアへの経済制裁やウクライナへの支援などで、欧米や日本と協調を続けることを訴えた。

　一方、右翼「国民連合」下院議員のルペン氏は、庶民がインフレに苦しむ中、基礎食料品やおむつなどの生活必需品100品目の消費税をゼロにすると公約。「生活が第一」の訴えを一貫させた。

　ルペン氏はもともと、移民規制やEU批判などを繰り広げてきたが、そうした「右翼色」は封印。「脱悪魔化」と呼ばれる戦略を取り、「責任政党」だと国民に印象づけることに徹した。

　マクロン氏は決選投票でルペン氏を下したものの、ルペン氏との差は5年前の32.2ポイントから17.1ポイントへと縮まった。地方ほどルペン氏が健闘しており、高いガソリン代を払って車を使わざるを得ない地方の庶民の怒りをルペン氏が吸収した。投票率は71.99％で史上2番目の低さとなり、政治不信も浮き彫りとなった。

　欧州ではその後、イタリアや英国で政権や首相の交代が起きた〔→48、51ページ〕。フランス大統領選は、ウクライナ侵攻を背景としたインフレが政権を揺るがし、とがった主張を掲げる政治家や政党が支持を得るという政治的傾向の前触れともなった。

（国際報道部・疋田多揚）

戦後初のイタリア「極右」首相

右翼政党「イタリアの同胞」（FDI）のジョルジャ・メローニ党首が2022年10月、女性として初めてイタリアの新首相に就任した。FDIは独裁者ムソリーニの精神を受け継いだネオファシスト政党の流れをくむ。イタリアで「極右」と称される政治家が首相になるのは戦後初めて。メローニ氏は「ファシズムとの決別」を公言しているが、移民や性的少数者に対する排他的な過去の発言から政策に懸念を抱く見方も根強い。

メローニ氏の首相就任は22年9月下旬に実施された上下両院の総選挙の結果を受けたものだ。FDIは18年の前回総選挙で4％だった得票率を26％に伸ばし、第1党に躍進した。

サルビーニ党首率いる右翼「同盟」とベルルスコーニ元首相の中道右派「フォルツァ・イタリア」と右派連合を組んで選挙戦を展開。「国益と祖国の保護」を共通公約に掲げ、不法移民への対応強化やウクライナ侵攻〔➡38ペ〕の影響による物価高対策のための大規模減税を訴えた。

FDIが支持を伸ばした要因は、政策の中身そのものよりもメローニ氏に対する国民の期待が大きい。

イタリアでは21年2月、新型コロナの感染拡大防止と経済復興策の両立が急務になる中、欧州中央銀行（ECB）の前総裁だったドラギ氏が首相に就任。左右両派の主要政党が参加する「挙国一致内閣」が成立した。しかし、物価高対策をめぐって連立与党内で対立が深まり、ドラギ氏は結局1年半で辞任した。

FDIはこの連立政権に加わらなかった。ドラギ前政権下、主要政党で唯一の野党として存在感を増したことが総選挙の勝利につながった。

メローニ氏は過去に欧州連合（EU）に懐疑的な発言をしていたが、今は親EU路線を掲げている。ウクライナ支援の継続も明言しているが、右派連合の「同盟」と「フォルツァ」はロシア寄りの立場で知られ、政権運営には不安が残る。

（パリ支局・宋光祐）

PLUS ONE
メローニ首相

メローニ氏は15歳でネオファシスト政党の青年組織に加わった。29歳で下院議員に初当選。08年に、ベルルスコーニ政権に史上最年少の31歳で初入閣した。

モットーは「神、祖国、家族」。「脱悪魔化」の戦略で極右の印象を薄めているとの見方もあり、政策に対する懸念は根強い。

アフガン政変１年

　イスラム主義勢力タリバンがアフガニスタンの首都カブールを制圧し、ガニ政権を崩壊させてから2022年８月15日で１年がたった。国際社会からの支援が大幅に減ったことで、失業者は増加。タリバンは、女子教育や女性の就労を制限しており、欧米諸国を中心に国際社会から批判を浴びている。国内の治安は一定の改善も見られるが、モスクや人だかりを狙った武装勢力による爆発事案は散発的に起きている。

　過去にテロを繰り返してきたタリバンが復権したことを受け、多くの国の大使館や国際機関は撤退したままだ。

　国連によると、国家予算の約半分を支えてきた国際援助が減り、アフガニスタン国内で50万人以上が失業。全人口の約半分が十分な食事をとれず、支援を必要としているという。

　干ばつや世界的な食料価格の高騰も追い打ちをかける。国連は22年５月、年末までに５歳未満の子ども約110万人が急性栄養不良に陥ると推定。医療機関では、栄養失調や感染症を患う子どもたちの姿が目立つ。自分の臓器や幼子を売って借金を返済する人や、路上で野菜や果物を売る子どもたちも少なくない。

　タリバンは暫定政権の主要閣僚のポストを独占し、国連が制裁対象とする幹部も名を連ねる。報道への締め付けも強めており、国内に623あった報道機関のうち、半数を超える318が22年２月までに閉鎖された。

政権崩壊後のアフガニスタンの構図

女性リポーターの多くも職を追われ、抗議デモを報じた記者が拘束される事例も起きている。

　カブールの政府庁舎前などには装甲車が止まり、武装したタリバン戦闘員が巡回している。戦闘や爆発の件数は減り、タリバンは「治安は改善した」と主張している。

　ただ、過激派組織「イスラム国」（IS）による攻撃は散発的に発生。IS以外にもタリバンの支配に反対する勢力もある。

◎

欧米諸国や国連から大きな批判を浴びたのが、タリバンが決めた女子教育や女性の就労の制限だ。

100万人を超える女子中高生は1年以上、通学を認められていない。教育省の幹部は「地方の有力者の一部に女子教育に反発する声がある」と説明する。女性は学校に行かずに結婚し、家事や育児を担うべきだとの考えが根強いのだという。

タリバンは1996～2001年の旧政権下でも、女性の権利を厳しく制限。その後、米国などが支援した政権が発足し、女子児童の就学率は18年には約8割まで増え、中高生年代の女子生徒も40%まで改善した。

日本を含めた各国は、少数民族の権利尊重や女子教育の再開に応じていないタリバン暫定政権を、正当な政府としては承認していない。一方で、この地域をテロ組織の温床にしないため、暫定政権との協議は継続し、国連を通じた人道支援も実施している。日本は22年10月、大使館の業務を一部再開したと発表した。

ただ、2月に起きたロシアによるウクライナ侵攻〔➡38ページ〕後、アフガニスタンに対する国際社会の関心は低下しており、国民生活のさらなる悪化が懸念されている。

（ニューデリー支局・石原孝）

関 連 用 語

◆アルカイダ指導者殺害

米国は22年8月1日、アフガニスタンの首都カブールで、国際テロ組織アルカイダの指導者、アイマン・ザワヒリ容疑者（当時71）を殺害したと発表した。住居のバルコニーにいたところを、ドローンからミサイルを2発撃って殺害したという。

タリバン暫定政権の報道担当幹部は「米国は我々の領土を侵した」と非難。だが、タリバン治安部門の幹部は「（タリバン内の強硬派の）ハッカーニ派が、ザワヒリの保護やカブール滞在に関わっていた」と証言する。欧米諸国の中には、テロ組織がアフガニスタン国内を拠点にしているとの懸念が大きい。

◆バーミヤン仏教遺跡で盗難相次ぐ

世界遺産に登録されているアフガニスタンの中部バーミヤンにある仏教遺跡群で、壁画などの盗難被害が確認されている。

文化財保護に詳しい現地の専門家によると、保存状態が良くて鮮明な壁画は石窟にドアを設置して鍵をかけていたが、少なくとも5点がはぎ取られたという。

さらに、タリバンの暫定政権高官も「保管庫にあった仏像の破片やお経が綴られた史料、調査用の機材などが盗まれた」と打ち明ける。

いずれも、タリバンが復権した前後の混乱で、警備が弱まった際に被害に遭ったとみられている。

イランのヒジャブ問題

イランで22歳の女性が2022年9月13日、髪の毛を隠すヒジャブと呼ばれるスカーフの着用が「不適切」という理由で警察に逮捕された。警察当局によると、女性は移送先の警察署内で急に意識を失い、16日に死亡した。「心臓発作」を起こし、死因は「病死」と説明された。だが、警察官の暴行を疑う声が強まり、政府を批判する抗議デモが全国に広がった。これまで蓄積した不満も噴き出し、治安部隊による弾圧で死傷者が出た。

死亡したマフサ・アミニさんは逮捕当時、出身地の西部クルディスタン州から家族と一緒に、首都テヘランを訪れていた。

SNSでは、マフサさんが病院のベッドで横たわり、耳から血が流れたような痕を確認できる写真が広まった。マフサさんの父アムジャドさんはメディアを通じて、娘は逮捕前まで健康で、警察官による殴打が死亡の原因だと訴えた。

9月17日にマフサさんの地元で営まれた葬儀を境に、政府や最高指導者ハメネイ師を非難する抗議集会は一気に全国へと広がった。

デモでは「女性、命、自由」というかけ声が主流となり、高校生や大学生の女性たちの姿が目立つ。男性も含めた大勢の人が加わった背景には、米国の制裁の影響で長引く不況に対する不満もあった。

ハメネイ師は10月3日、今回の抗議行動は「暴動」で、事前に米国やイスラエルが計画したと主張した。

治安部隊の締め付けは厳しくなり、在外の人権団体は11月29日、少なくとも計448人が殺害され、うち60人は18歳未満の子どもだったと発表した。

米欧各国は弾圧を非難し、イランの治安部隊の幹部らに制裁を科した。世界各地でも市民の抗議集会が開かれた。　（テヘラン支局・飯島健太）

関 連 用 語

◆ヒジャブ

イランでは1983年に制定された法律で、すべての女性にヒジャブの着用が義務づけられた。根拠とされるのが、イスラム教の聖典コーランにある「外部に出ている部分は仕方がないが、そのほかの美しいところは人に見せぬよう」という記述だ。トルコやエジプト、サウジアラビア、インドネシアといったイスラム教徒が多い他の国では、スカーフの名称や形、着用義務の有無といった違いがそれぞれある。

スリランカ経済危機

「インド洋の真珠」と呼ばれる南アジアの島国、スリランカが深刻な経済危機に陥った。政府は経済成長をめざして海外からの借金を重ね、空港や港、道路などのインフラ整備を進めてきたが、コロナ禍で財政が悪化し、輸入品を買う外貨が極端に不足してしまった。長時間の停電やガソリン不足などに怒った人々は、政府に対する抗議デモを実施。大統領や首相が辞任に追い込まれる政変につながった。

きっかけは、新型コロナウイルスの世界的な流行だった。主要産業の観光業や海外の出稼ぎ労働者からの送金が低迷し、財政が急激に悪化。燃料や日用品が輸入できなくなり、2022年に入ると、1日最大10時間もの停電が発生した。ウクライナ情勢〔➡38ページ〕による燃料価格の高騰なども追い打ちをかけ、最大都市コロンボを中心に政府に対する抗議デモが拡大した。

政府は4月、海外金融市場や他国からの借金が返せなくなったとして、「対外債務の大半の返済を停止する」と発表し、事実上のデフォルト（債務不履行）に陥った。

デモ隊の一部は7月、大統領公邸などを占拠。ラジャパクサ大統領が辞任に追い込まれた。後任に就いたウィクラマシンハ氏は、スリランカの経済状況について「破産国家」と表現し、日本や中国などと債務の再編について話し合っている。

今回の経済危機をめぐっては、政府による失政や汚職のほか、「中国による債務のわな」が要因の一つと報じるメディアもある。

中国が融資してきた港や空港などの大規模プロジェクトは多額の費用がかかる一方で、利用者が少なく、産業の発展になかなか結びつかなかったと批判されている。中国からの借金の返済に行き詰まり、スリランカ南部のハンバントタ港の運営権を99年間、中国側に譲渡した事例もある。　（ニューデリー支局・石原孝）

混乱が続くスリランカ

コロンボでラジャパクサ大統領らの辞任を求める人たち

3月	各地で政府への抗議活動が拡大
4月	首相を除く全閣僚が辞任
5月	首相が辞任。後任にウィクラマシンハ元首相が就任
7月	コロンボで大規模デモ。一部が暴徒化。ラジャパクサ大統領が辞任。議会がウィクラマシンハ首相を新大統領に選出

タイ・政変8年、首相職務一時停止

　2014年にクーデターを起こして実権を握り、民政移管後は正式に首相となったタイのプラユット首相の職務が5週間余りも停止に追い込まれた。憲法が最長8年と規定する首相任期は22年8月で切れるはずだと主張する野党が訴え、憲法裁判所が職務停止の仮処分を出したためだ。憲法裁は最終的に首相任期は継続しているとの判決を出し、プラユット氏は首相職務に復帰した。ただ、その地位は必ずしも安泰とはいえない。

　陸軍司令官だったプラユット氏は14年5月22日にクーデターを実行。軍政が議員を任命した国民立法議会の選出で同8月25日に暫定首相となった。民政移管に向けた19年の総選挙では、軍寄りの連立政権ができて首相に選出された。

　首相任期は最長8年、と定めたのは17年4月に施行された新憲法。野党は、プラユット氏の任期は暫定首相時代も含み、22年8月24日までだと主張し憲法裁に訴えを申し立てた。憲法裁は同日に首相を職務停止とする仮処分を出した。プラユット氏は国防相も兼務しており、首相職務停止中も閣内には残ったが、副首相が首相代行を務めた。

　首相任期については、憲法施行時を起点に25年までとする解釈と、19年に正式に首相に就任した日を起点に27年まで続くとする解釈もあった。

　憲法裁は9月30日、首相任期は新憲法が施行された17年4月から始まるとする判決を出し、プラユット氏

クーデター以降のタイの主な出来事		
2014年5月	タイ軍がクーデターを決行
8月	プラユット陸軍司令官が暫定首相に就任
16年8月	新憲法案、国民投票で賛成多数で承認
17年4月	国王が新憲法案に署名
19年3月	下院で総選挙実施
6月	国会がプラユット氏を首相に選出
7月	新政権発足
22年8月	憲法裁判所がプラユット首相に職務停止の仮処分
9月	憲法裁が首相任期は継続と判決

は首相職務に復帰した。

　プラユット氏は23年春までに実施される総選挙後も首相を続投する意欲があるとされるが、同氏の支持率や求心力は低下している。連立与党もまとまりに欠けている。

　22年5月のバンコク知事選で、最大野党タイ貢献党の元幹部で無所属のチャチャート氏が次点候補と113万票以上の差をつけて圧勝した。タイ貢献党はこれを追い風に次の総選挙での地滑り的な勝利による政権獲得を狙っている。

　　　　　（アジア総局・翁長忠雄）

ミャンマー・国軍の民主派弾圧

　国軍が2021年2月にクーデターを起こし、権力を握ったミャンマーでは、国軍の統治に抵抗する民主派の市民への弾圧が続いている。現地の人権団体「政治犯支援協会」によると、22年11月7日までに国軍に殺害された市民は2420人にのぼり、1万2890人が拘束されている。情勢の混乱で経済は悪化し、現地通貨チャットは暴落。多くの若者が安全や職を求めて国外に流出する状況だ。

　国軍は21年2月、国のトップだったアウンサンスーチー氏や、スーチー氏率いる国民民主連盟（NLD）政権の幹部を拘束し、クーデターを起こした。国軍はNLDが圧勝した前年の総選挙で不正があったとし、国軍の統治の下で23年8月にやり直しの総選挙を実施するとしている。

　市民はクーデター直後から国軍に反発し、全国で大規模な抗議デモが続いた。国軍はデモ参加者を銃撃したり拘束したりした。

　大勢の市民が犠牲になり、市民の一部は武器を持って国軍に抵抗を始めた。スーチー氏を支持する民主派が立ち上げた「統一政府」は、自分たちこそが正統なミャンマーの政府だと主張。21年5月には、国軍から自衛するための組織「国民防衛隊」の設立を発表し、統一政府に賛同した市民が各地で国民防衛隊を立ち上げた。一方の国軍は、統一政府や国民防衛隊をテロリストだとして反発。散発的な武力衝突も起きている。

　国軍は民主派の弾圧を強め、22年7月には、著名な民主化指導者として知られたチョーミンユ氏や、スーチー氏の側近だったピョーゼヤート氏らの死刑を執行。翌8月には、現地で人権保護などを訴える活動をしていた元駐ミャンマー英国大使のビッキー・ボウマン氏を出入国管理法違反の疑いで逮捕した。

（ヤンゴン支局・福山亜希）

関 連 用 語

◆スーチー氏に禁錮刑

　国軍は拘束したスーチー氏を汚職など複数の罪で訴追した。22年10月までに14の罪で有罪判決を下し、刑期は計26年にのぼった。スーチー氏の拘束を長期化し、政治生命を奪う狙いがあるとみられる。

　裁判は非公開で弁護士には箝口令（かんこうれい）が敷かれている。スーチー氏はネピドーの刑務所に移送され、劣悪な環境の建物に一人で収容されているとみられる。

フィリピン大統領にマルコス氏

フィリピンで2022年6月、フェルディナンド・マルコス氏が大統領に就任した。同氏は、1965〜86年に大統領を務め、独裁体制を敷いたことで知られる故マルコス元大統領の長男。5月の大統領選挙では父の知名度を背景に、SNSを駆使して圧勝した。ドゥテルテ前大統領の時代には米国と距離を置いたフィリピンだが、米国と中国の対立が深まる中でマルコス氏がどのような舵取りを見せるのか、改めて注目されている。

「ボンボン」の愛称で知られるマルコス氏は1957年生まれ。80年に北イロコス州の副知事に就き、政治の道に入った。父の独裁政権が倒れた86年の民衆革命では両親らと米国に亡命し、91年に帰国。州知事や国会議員を務めた後、2016年には副大統領選に出て敗れていた。

フェルディナンド・マルコス新大統領

父は政敵の弾圧や、不正蓄財などでも知られる。マルコス氏自身にも相続税未払いなどの疑惑がある。だが、今回の大統領選ではこうした批判には答えず、SNSなどでもっぱらインフラ整備などの父の功績を強調し、人気を集めていった。

中央政府での行政経験はほぼなく、内政、外交ともに手腕は未知数。外交では、対立を深める米国と中国にどう向き合うかが課題になる。

　　　◎

米国と軍事同盟を結ぶフィリピンだが、16年に就任したドゥテルテ大統領（当時）は、同氏の強権的な政治手法を問題視した米国に反発。任期中は一度も米国を訪れず、代わりに中国と関係を深めた。

一方で、フィリピンは南シナ海の岩礁などをめぐって中国と領有権を争っており、関係は複雑だ。

就任後、米中双方から訪問の誘いを受けたマルコス氏は22年9月、国連総会への出席を理由に米ニューヨークを訪問。バイデン米大統領との個別会談にも臨み、東南アジアへの米国の関与への謝意を伝えた。

前政権よりは米国寄りの姿勢を見せた形だが、中国にも配慮し、双方から実利を引き出す方針とみられている。（シンガポール支局・西村宏治）

香港返還25年、「高度な自治」は崩壊

　香港は2022年7月1日、英国から中国に返還されて25年を迎えた。「一国二制度」の下、高度な自治が保障された50年の折り返し。しかしこの間、民主派は弾圧され、多くの議員や活動家らが投獄された。少しずつ民主化を進展させるという中国共産党の約束は破られ、政府に忠誠を誓う愛国者しか選挙に出られない社会になった。言論や集会の自由もなくなり、50年の半分を待たずして香港の高度な自治は事実上、崩壊した。

　香港の社会を根本的に変えたのは、20年6月末に施行された香港国家安全維持法（国安法）だった。

　19年、香港では市民によるデモが起きた。香港人であっても容疑者を中国本土に移送できる逃亡犯条例の改正案を政府が通そうとしたためだった。一時は200万人の市民が街頭に出て反発。警察と衝突し、催涙弾や火炎瓶が飛び交う事態となった。

　中国共産党はこれを許さなかった。

　中国側は、香港の頭越しに国安法を制定。①国家分裂②国家政権転覆③テロ活動④外国勢力との結託、の四つを禁止した。しかし現実は、民主派が予備選挙で政府トップの行政長官の退陣を主張したことなどが「国家政権転覆」に問われるなど、幅広く適用。これまでに200人以上の元議員や活動家らが逮捕され、「リンゴ日報」など民主派寄りのメディアは相次いで廃刊に追い込まれた。

　選挙制度も改変され、政府に忠誠を誓う愛国者しか立候補できなくなった。22年5月の行政長官選挙では、中国側が指名した警察出身の李家超（ジョン・リー）氏以外の立候補は認められず、親中派が占める選挙委員が承認するだけで、香港の選挙は完全に形骸化した。

　「中央（政府）による全面的な統治権を堅持する」。習近平国家主席は返還25周年式典で演説し、共産党の指導が高度な自治に優先することを明確にした。　（香港支局・奥寺淳）

PLUS ONE

止まらない移民

　香港は1997年の返還前以来の、「第2の移民ラッシュ」を迎えている。旧宗主国の英国政府は、21年1月からの約1年半で約13万人に移民の特別ビザを発給。カナダやオーストラリアも人権を守る観点から積極的に受け入れている。子どもに中国式愛国教育を受けさせたくないと考える30〜40代の働き盛り世代が相次いで出国。19年に750万人だった人口は約3年間で21万人も減った。

国際

中国共産党大会、習氏３期目スタート

中国共産党が2022年10月、５年に１度の党大会を開いた。強固な権力を築いた習近平氏は「総書記の任期は２期10年」という党の慣例を破って３期目続投を決め、新しい指導部には習氏の側近たちが顔をそろえた。一方、指導部にとどまるとみられていた李克強首相らは引退。習氏は党主席制の復活などには踏み込まなかったものの、「１強」の加速が鮮明となり、４期目以降の長期政権も視野に入ってきた。

中国で実質的な一党支配を続ける中国共産党の第20回党大会が北京で開かれた。党大会は、党の中長期的な政策や路線、新しい指導部メンバーを決める中国で最も重要な政治イベントだ。米中対立〔➡44ぺ〕や少子高齢化、経済減速など内外に課題を抱える中、国際的な影響力を強める中国が、今後どのような道を進むのか世界の注目が集まった。

9671万人の党員から選ばれた約2300人の代表が出席した今回の党大会の最大の関心は、指導部人事、とりわけ習氏の去就だった。

中国共産党は、カリスマ指導者だった毛沢東が1960年代に発動した文化大革命で社会や経済が荒廃した教訓から、80年代以降、指導者の終身制を廃止。政治局常務委員らが権限を分け合い、合議で重要な政治判断を下す集団指導体制をとってきた。明文化はされていないものの、総書記の任期を２期10年までとし、党大会の年に68歳に達した指導者は引退

共産党大会で何が決まった？

人事

総書記
最高指導部
政治局常務委員 7人
政治局員 24人
中央委員 205人
中央委員候補 171人

大会後の1中全会で選出

党大会で選出

党規約（党の憲法）改正

「中国式現代化による中華民族の偉大な復興」を明記

習氏の権威を高める文言を追加

するという慣習も、権力肥大の歯止めとして受け継がれてきた。

しかし、習指導部は20年に達成を宣言した脱貧困の取り組みのほか、科学技術の発展、国際的な影響力の拡大などの成果を「歴史的」とアピール。世界が「過去100年になかった大変革期」を迎える今、強いリーダーシップが必要だとして、22年に69歳になった習氏の前例破りの３期目続投に踏み切った。

新たな政治局常務委員には習氏の地方指導者時代の部下である李強

氏、蔡奇氏ら腹心4人が昇格した。一方、経済運営などをめぐり確執も伝えられた李克強首相や、次の首相候補だった汪洋・全国政治協商会議主席が常務委員から退任。党最高指導部は習氏の側近で固められた。

政治局常務委員の下の政治局員にも習氏の下で台頭した地方幹部らが多数昇格した一方、李克強氏と同じ共産主義青年団（共青団）出身で、将来の指導者候補と言われた胡春華副首相が中央委員に降格するなど、習氏1強体制の完成を強く印象づける布陣となった。

5年後の党大会で習氏の後継となり得る有力な次世代指導者も見当たらないことから、習氏の4期目以降の続投も現実味を帯びてきたとの指摘が内外の専門家から出ている。

党大会では党の憲法にあたる党規約の改正も行われた。習氏が毛沢東の代名詞である「党主席」や「領袖」などのポストや呼称を得るとの観測もあったが、習氏の党内の権威を守るよう求める文言が加わるだけにとどまった。

党大会で習氏は「中国式現代化」をめざすと宣言。他国を模範とはせずに独自の発展モデルをめざすとして、米欧の制度や価値観とは一線を画す姿勢を鮮明にした。

（中国総局・林望）

関 連 用 語

◆文化大革命と集団指導体制

毛沢東が1966年に発動した文化大革命では、階級闘争の名のもと、毛を妄信する紅衛兵らにより罪のない多くの人が迫害され、社会と経済が荒廃した。76年に毛が死去した後、実権を握った鄧小平らは毛への権力集中の反省から、指導部メンバー間で権限を分散させる集団指導体制を導入。集団指導体制は改革開放時代を支える政治的な枠組みとなった。しかし、各指導者の権限が強まりすぎて党の団結が乱れ、派閥争いが深刻化したなどとして、習氏は反腐敗キャンペーンを通して多くの元幹部を粛清。自身を党の「核心」と位置づけ、権威の集中を進めた。

PLUS ONE
強まる習氏人脈の影響力

習近平総書記は河北省、福建省、浙江省、上海市で25年間、地方指導者としてキャリアを積んだ。2012年に総書記に就くと、かつての部下たちが党中央に登用されて大きな勢力を築くようになった。彼らは、習氏が浙江省で連載したコラムの題名にちなんで「之江新軍」などとも呼ばれる。今回発足した党指導部には李強氏、蔡奇氏、丁薛祥氏、何立峰氏ら習氏が引き上げた幹部が多数昇格。一方、かつて党内で影響力を誇った共青団出身者の派閥は、李克強首相や胡春華副首相が指導部から外れ、退潮が決定的となった。

韓国で５年ぶりに保守政権

　韓国で2022年３月に大統領選が行われ、５年ぶりに政権が交代した。同５月に就任した保守系の尹錫悦（ユンソンニョル）大統領は、核開発を続ける北朝鮮に融和的だった進歩（革新）系の文在寅（ムンジェイン）前政権を批判。米国との同盟関係を強化し、北朝鮮に対峙する姿勢を鮮明にした。日本とは、歴史問題で悪化した関係の改善に意欲的だ。ただ、国内では政治経験の不足や「お友達人事」などが批判され、１年目から苦しい政権運営が続く。

　22年３月の韓国大統領選は、前検事総長の尹氏が、文前大統領の後継をめざした進歩系候補を0.73ポイントの僅差（きんさ）で制した。有権者は朴槿恵（パククネ）大統領以来、５年ぶりに保守系の大統領を選択した。

　17年５月の前回大統領選では、贈収賄事件をめぐって弾劾（だんがい）訴追により罷免（ひめん）された朴氏への批判票の受け皿に文氏がなった。だが、文氏が政権を担った５年間は、側近や与党政治家の不祥事が相次いだ。首都圏の不動産高騰や若者の就職難などにも有権者の不満は強まり、政権交代につながった。

　ただ、尹氏も有権者から厚い信任を得たとは言えず、22年５月の政権発足当初の支持率は40％台。国会は議席の６割を野党が占め、歴代の大統領に比べて厳しい船出となった。

　尹氏は就任から10日余りで、訪韓したバイデン米大統領との首脳会談に臨んだ。尹氏は半導体などのサプライチェーン（供給網）強化など経

尹錫悦新大統領

済安全保障で連携を深めることを約束。米国主導の対中戦略に協力する姿勢を示した〔→44ページ〕。バイデン氏は北朝鮮の脅威を念頭に、米国の核の傘を含む「拡大抑止」を韓国側に提供することを確認した。拡大抑止とは、同盟国への攻撃に対しても、核兵器や通常兵器で報復する意思を示して、敵国に攻撃を思いとどまらせることを指す。北朝鮮に融和的な姿勢を取ったトランプ、文両前大統領の路線を転換し、米韓合同軍事演習を拡大する方針でも一致した。

　９月には、４年ぶりに米原子力空母が韓国に寄港し、朝鮮半島周辺で

米韓や日米韓による海上演習が行われた。北朝鮮は強く反発し、弾道ミサイルの発射を繰り返すなど、軍事的な挑発を強めていった。

◎

日本との関係では、尹氏は文前政権が歴史問題を国内政治に利用したと批判。日本統治からの解放を記念する8月15日の「光復節」の演説では、厳しさを増す安全保障環境を念頭に、日本を「自由を脅かす挑戦」に対して力を合わせる「隣人」と語った。歴代大統領に比べ際立って友好的なメッセージだ。

尹氏は、日本との協力が安全保障や経済で双方の利益になるとの考えを示す。戦後最悪と言われる関係の立て直しに向け、喫緊の懸案である徴用工問題などの解決を急ぐ。

ただ、韓国内では尹氏の姿勢に対し、「日本に低姿勢」と批判する向きもある。政権要職の「お友達人事」や、政治経験不足や失言などが嫌われ、支持率は就任から5カ月が経過した時点で、20%台にまで落ち込んだ。1987年の民主化後、経済政策のつまずきなどを批判された李明博大統領（在任08〜13年）を除けば、歴代大統領は、おおむね50%を上回っていた。政権浮揚策は見つからず、今後も低支持率で推移しそうだ。対日関係でも世論の動向に敏感にならざるを得ないだろう。

（ソウル支局・鈴木拓也）

関 連 用 語

◆韓国の元徴用工

戦時中に朝鮮半島から日本の工場や炭鉱に労働力として、募集や国民徴用令などに基づいて動員された人たち。韓国政府が認定した元徴用工は約14万9千人。

補償問題について、日本政府は1965年の日韓請求権協定で解決したとの立場。韓国政府も2005年に同様の見解を示したが、元徴用工や遺族が日韓で日本企業を相手取った訴訟を起こし、争ってきた。

韓国大法院（最高裁）は18年秋に日本製鉄（旧新日鉄住金）と三菱重工業に賠償を命令。企業側は支払いを拒否し、外交問題に発展した。

PLUS ONE
BTS 兵役問題

男性に兵役義務がある韓国で、世界的な人気アイドルグループ・BTSが活動を続けられるように、「特例」を認めるべきかについて議論が続いた。スポーツや伝統芸能で好成績を収め、国の評価を高めたと認められた場合、短期間の軍事訓練などで義務を果たしたことになる特例制度がある。対象外であるBTSのような「大衆芸能」も含める法改正案が議員立法で韓国国会に提出された。ただ、BTS側は22年10月、全員が兵役に就くと発表した。7人全員でのグループ活動は25年の再開をめざす。

オーストラリア政権交代

2022年5月のオーストラリアの総選挙では、最大野党の労働党が与党の保守連合（自由党、国民党）に勝利し、9年ぶりに政権が交代した。首相に就任した労働党のアンソニー・アルバニージー党首は、保守連合が消極的だった気候変動への取り組みを強化すると表明。さらに太平洋島嶼国などとの関係を深める方針を打ち出し、積極的な外交を仕掛けている。保守政権下で関係が悪化してきた中国とも大臣間の対話を再開した。

5月21日の総選挙では、政権の行方を決める下院（定数151）選で、労働党が過半数の77議席を得た。

争点の一つが、気候変動対策だった。産業界への配慮から消極的だった保守連合に対し、労働党はより前向きな姿勢をアピール。度重なる森林火災や洪水などから高まっていた有権者の危機意識に応えた。

アルバニージー首相は、立場の違いを超えた気候変動への取り組みを加速すると訴えている。ただ、石炭や天然ガスの輸出に支えられている豪州の産業界には、急進的な気候変動対策への懸念も強く、政権のバランス感覚が問われている。

外交面では、東南アジアや太平洋島嶼国といった周辺国との関係を重視。中華系でマレーシア出身のペニー・ウォン上院議員を外相に起用し、各国との対話に力を入れている。

課題は最大の貿易相手、中国との関係だ。前政権下では、豪州が中国の新型コロナウイルス対策を批判し

アンソニー・アルバニージー新首相

たことなどから関係悪化に拍車がかかり、中国が豪州産品に高額の関税をかける事態にもなった〔➡27ページ〕。

一方、労働党政権は「関係を安定化させる」として対話を再開。貿易面などでは譲らない姿勢を見せつつ、関係改善の糸口を探っている。

中国に向き合うためにも重要とみるのが米国、日本、インドとの4カ国協力QUAD〔➡45ページ〕だ。アルバニージー首相は、就任直後に東京で開かれたクアッド首脳会合にも出席。積極的に関与する姿勢を示している。（シンガポール支局・西村宏治）

チュニジア独裁回帰

　チュニジアは2011年に民衆革命で独裁政権が倒れ、中東全域に広がる民主化運動「アラブの春」の先駆けとなった。しかし、政党の対立が続き、経済状況は悪化。国民の不満が高まる中、サイード大統領が議会を解散し、22年7月、大統領に権限を集中する新憲法案を国民投票にかけた。ほとんどの政党は「大統領によるクーデターだ」として投票をボイコットしたが、賛成多数で可決。独裁回帰の恐れが強まっている。

　国の代表的な花にちなんで「ジャスミン革命」と呼ばれた政変の後に制定された14年の憲法は、大統領と議会、司法の権力分散を徹底し、「アラブ圏で最も民主的」と評価された。

　対照的に新憲法は、閣僚や司法の人事を大統領が握り、議会による大統領罷免（ひめん）の条項がなくなるなど、大統領の権力はノーチェックとなる。国民投票は投票率30.5％、賛成94.6％で可決された。

　サイード氏は憲法学者出身。各政党は「新憲法を自分のために自分で書いた」と反発した。

　民主化が挫折した背景には、政治の混乱がある。国民の信仰心に訴える穏健イスラム主義政党「ナハダ」（覚醒）と、世俗派政党との対立が続き、10年間で8人の首相が入れ替わる不安定な状況が続いた。省庁は旧体制の影をひきずり、汚職や縁故主義が拡大した。

　アラブ圏の専制国家は、民主化が自国に波及するのを警戒。湾岸産油国からの投資は激減した。世界銀行によると、革命前の10年と21年を比べると、失業率は13.1％から16.8％に上昇。1人あたりの国内総生産（GDP）は9.7％も下落した。

　経済悪化への国民の不満は、既存政治を全否定するサイード氏のポピュリスト的な訴えを後押しした。

（中東アフリカ総局・武石英史郎）

関 連 用 語

◆「アラブの春」とその後

　チュニジアの革命をきっかけに10年から12年にかけ、民主化を求める民衆デモがアラブ圏全域に拡大。専制や独裁がほとんどだった各国の体制を揺さぶり、エジプト、リビア、イエメンでは長期政権が倒れた。しかし、エジプトで13年、革命後の政権が事実上のクーデターで倒され、強権体制が復活。リビア、イエメン、シリアは内戦や分裂状態に陥った。チュニジアは民主化の「最後の砦」とみられていた。

岐路の TICAD

　日本政府は2022年８月27、28の両日、チュニジアの首都チュニスで第
８回アフリカ開発会議（TICAD ８）を開いた。岸田文雄首相は、「官民合
わせて今後３年間で総額300億ドル規模の資金を投入する」と宣言した。
近年はビジネスが主要テーマとなっている TICAD だが、日本の対アフリ
カ直接投資残高は13年を境に減少傾向に転じており、存在意義さえ問われ
る事態になっている。

　TICAD ８の開催直前に新型コ
ロナウイルスに感染した岸田首相
は、日本からオンラインでの参加
となった。首相不在の影響もあり、
今回アフリカ諸国から参加した48
カ国のうち首脳級が20人と、前回
の42人から半減した。
　TICAD は1993年以降、日本が
国際機関などとともに開いてきた。
冷戦が終わり、日本が米国追従で
はない、積極的な外交の一環とし
てアフリカの首脳を集めて開発や
援助について多国間で協議できる場
を設けた。
　そんな TICAD も、03年の第３回
の後からビジネス路線へとシフトし
ていく。アフリカ側からも「援助よ
りも投資を」という声が高まり、
TICAD のビジネス傾向は加速。13
年の第５回では、５年間で320億ドル
の官民投資が約束された。さらに、３
年ごとに開かれていた中国の同種の
会議を意識し、日本もそれまでの５
年おき開催を３年おきへと短縮した。

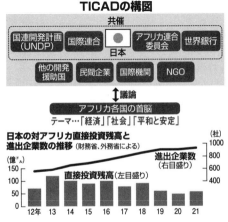

TICADの構図

日本の対アフリカ直接投資残高と
進出企業数の推移（財務省、外務省による）

　16年の第６回は初めてアフリカで
開催。当時の安倍晋三首相は、開催
地ケニアに日本企業約70社と経済団
体の幹部を集結させ、日本の本気度
を示した。
　「最後のフロンティア」とも呼ばれ
る経済成長著しいアフリカ市場に対
し、積極的な投資意欲をアピールし
ている日本だが、現実には日本の対
アフリカ直接投資残高は13年の120
億ドルをピークに減少傾向にあり、
21年には半分以下の57億ドルまで落

ち込んでいる。

岸田首相の演説でも、TICAD 7で目標とした200億ドルの民間投資の達成は明言されず、「おおむね実現した」との表現にとどまった。投資を増やす欧米や関与を強める中国やロシアの陰で、アフリカでの日本の存在感は確実に小さくなりつつある。

◎

こうした日本の消極的な姿勢には、TICAD 8でもアフリカ側から注文が出された。

アフリカ開発銀行のアキンウミ・アデシナ総裁は出席したTICAD 8のビジネス・フォーラムで、日本の対外投資に占めるアフリカの割合が0.3％にとどまることを指摘。直接投資残高の減少についても「この流れを逆回転させなければならない」と訴えた。

日本貿易振興機構（JETRO）アジア経済研究所の上席主任調査研究員、平野克己氏も「日本の投資は世界各地にバランスよく配分されていない。世界の成長力に幅広く『賭けて』いかなければならない。アフリカへの投資配分額は、倍になってもおかしくない」と主張。「対アフリカ投資の停滞は、アフリカの問題ではなく日本の問題、日本企業の問題だ。アフリカという熾烈な市場で自社が耐えきれるかどうかを、シミュレーションしてみてほしい」と訴えた。

（ヨハネスブルク支局・遠藤雄司）

関 連 用 語

◆深刻化する食糧危機

アフリカ北東部のソマリア、エチオピア南部、ケニア北部は過去40年で最悪といわれる干ばつにあえいでいる。国連によると、22年8月現在で、2千万人以上が食料不足に直面しており、栄養不足に陥っている子どもは460万人にものぼる。牛やヤギなどの家畜も890万頭が死に、家畜を現金収入と食料の源としている牧畜民たちは生活基盤が破壊されたため、避難民キャンプなどで援助に頼らざるをえなくなった。ロシアによるウクライナ侵攻〔→38ページ〕により、食料価格が上昇したことも食料不足に拍車をかけている。

◆中国アフリカ協力フォーラム

中国がアフリカ諸国との経済分野での関係強化を狙う国際会議として00年に始めた。3年おきに開催しており、中国版のTICADともいえる。21年にアフリカ西部セネガルで開かれた直近の会議では、習近平国家主席が今後3年間でアフリカから計3千億ドル分を輸入することや、計10億回分の新型コロナワクチンを提供することもオンライン演説で表明した。習氏はまた、企業による100億ドル以上の対アフリカ投資を促すほか、アフリカの金融機関に100億ドルの融資枠を設けることなども表明した。

コロンビア、初の左派政権誕生

　南米コロンビアで2022年6月、大統領選の決選投票が行われ、首都ボゴタの元市長で左翼ゲリラ出身のグスタボ・ペトロ氏が当選した。同国では近年、政界の主要勢力として影響力を保った右派、中道右派の政権が続いてきたが、治安悪化や格差の広がりで支持率は低迷。多くの反政権票が投じられ、史上初めての左派政権が誕生した。また、同国初の黒人女性副大統領として、元家政婦でシングルマザーのフランシア・マルケス氏が就いた。

　コロンビアでは16年、政府と左翼ゲリラ・コロンビア革命軍（FARC）が結んだ和平合意で、半世紀に及んだ内戦が終結した。しかし、その後も他の左翼ゲリラや麻薬組織による抗争などで一般市民が誘拐、殺害され、治安の悪化が深刻化。国連によると、国内避難民の総数は500万人に及び、世界で3番目に多い。

　コロンビアではまた、新型コロナウイルスの影響で約360万人が貧困層に転落し、失業率は過去20年間にわたって10%を突破。政界の主要勢力からなるドゥケ大統領の支持率は20%ほどに低迷していた。5月末の大統領選の1回目の投票では、ドゥケ氏の流れをくむ候補が3位に終わり、決選投票にすら残れなかった。

　ペトロ氏は、1970〜80年代に活動した左翼ゲリラ「4月19日運動」（M19）の元メンバー。死者約100人を出した85年の最高裁占拠事件を起こした組織だ。同年には武器を隠し持っていた罪で逮捕され、18カ月間服役。その後は政治家として、ボゴタ市長や上院議員を務めた。

　大統領選への挑戦は3度目で、対立候補は毎回、「元左翼ゲリラ」というレッテルを貼った。だが今回の選挙戦で国民は、抵抗感の強いそのレッテルよりも、不信感が増幅した現政権からの変革を望んだ形になる。

（サンパウロ支局・軽部理人）

関　連　用　語

◆コロンビア革命軍（FARC）

　キューバ革命をきっかけに、社会主義に基づく国家建設をめざした地方農民らによって1964年に結成された。一時は国土の3分の1を支配。コカインの生産・密売、要人誘拐の身代金を主な資金源とし、最盛期は約2万人を擁した。政府との和平合意を結ぶまで、半世紀にわたる内戦で死者・行方不明者は25万人にのぼる。現在は合法政党に移行しているが、合意に反対する残党が数千人いるとみられている。

ブラジル、左派・ルラ氏が大統領に返り咲き

南米ブラジルで2022年10月、大統領選があり、ルイス・イナシオ・ルラ・ダシルバ元大統領が、現職のジャイル・ボルソナーロ大統領を破って当選した。再選をめざした現職の大統領が敗れたのは、1985年の民政移管後初めてだった。ボルソナーロ氏は以前からブラジルの選挙制度が「不正」だと主張しており、支持者による政治的暴力の激化が懸念されている。

国際

大統領選でのルラ氏の得票率は50.9％、ボルソナーロ氏は49.1％だった。近年の大統領選ではまれに見る大接戦となった。

コロナ禍やロシアのウクライナ侵攻〔→38ジ〕による世界的な経済の混乱でブラジルも大きな打撃を受け、選挙戦は景気の安定が最大の争点だった。03年から2期8年間大統領を務めたルラ氏は、富裕層への課税強化や貧困層への給付金の拡充などを訴えた。

ボルソナーロ氏は19年の就任以降、国有企業の民営化や税制改革などに取り組み、経済界や富裕層から一定の支持を獲得。だが新型コロナを「ただの風邪」と述べるなど奔放な言動を続けたことも手伝い、再選を逃した。

ボルソナーロ氏は選挙で使われた電子投票が「不正」だとして、結果を認めない可能性を選挙前から示唆していた。結果確定後も沈黙を続け、声明を発表したのは選挙から2日後。自身の敗北には触れなかったが、政府高官には政権移行の準備に取りかかるよう指示しており、事実上、敗北を認めた。

一方、ボルソナーロ氏の主張に賛同し、選挙が「不正」だったと訴える支持者はブラジル各地で高速道路を封鎖。その影響で空港では欠航便が相次ぎ、スーパーやガソリンスタンドには食料や燃料が届かなくなった。　（サンパウロ支局・軽部理人）

関連用語

◆中南米で相次ぐ左派政権

中南米では近年、貧困層対策を重んじる左派政権が相次いで誕生している。メキシコやペルー、チリに加え、22年6月にはコロンビアで史上初めて、左派が大統領選で勝った。左派政権は、中南米で存在感を強めている中国との結びつきをより重視するため、中国の域内での外交・経済活動がさらに活発化する可能性がある。「米国の裏庭」と呼ばれる中南米だが、米国の立場は困難さを増している。

経済を読むポイント

上場企業の2022年9月中間決算は業績を伸ばす企業が相次いだ。最終的なもうけを示す純利益は前年同期を約1割上回り、中間期として過去最高水準となった。新型コロナウイルス感染拡大の影響で、赤字が続いた業種でも黒字に転換する企業が目立つ。

好業績の要因の一つは円安。22年に入って、円安が進んで10月には一時1ドル＝150円台を突破し、32年ぶりの円安水準となった。

海運業では、新型コロナの影響で巣ごもり需要が拡大したことなどから運賃が高止まりしており、円建ての利益が膨らんだ。大手3社の純利益はいずれも過去最高だった。

商社も資源・エネルギー高に円安が加わり、大手7社のうち6社の純利益が過去最高を更新。23年3月期も最高益を見込む。なかでも三菱商事は、日本の商社で初めて通期で純利益が1兆円を超える見通しだ。

**輸出が好調な大企業製造業
下請けなどの中小企業は
原材料価格の高騰に苦しむ**

これまで新型コロナの影響が大きかった業種も改善しつつある。新型コロナの行動制限が徐々に緩和され、旅行需要の高まりから鉄道や飛行機の利用が回復。赤字から黒字に転換する企業が増えた。

製造業も、23年3月期決算の業績予想を上方修正する企業が相次いだ。当初、想定したよりも円安が進んだため、製品を多く輸出する企業ではもうけが上ぶれした。

一方、従来なら円安の恩恵を大きく受けてきた代表格の自動車業界の業績はまだら模様だ。米国が主力市場のスバルは円安効果で純利益が前年同期比約7割増え、三菱自動車も過去最高だった。一方、トヨタ自動車の純利益は約2割減。円安が利益を押し上げたが、鉄やアルミなど原材料価格の高騰に打ち消された。

大手企業と比べて、下請けなどの中小企業は円安による原材料高に悩む企業が多い。

円安が収益の悪化につながっているのは、国内で事業を展開する企業に多い。

電力業界では国際的な資源高と円安による燃料の輸入価格の上昇が直撃し、大手10社のうち9社で純損益が赤字となった。

10月からの出荷価格引き上げを伝えるチラシが貼られたディスカウントストアの酒売り場＝22年9月、東京都大田区

業績予想の下方修正も相次ぐ。建設業界では、鉄骨などの建設資材の高騰に円安が拍車をかけている。大林組は23年３月期の業績予想で、５月の公表分から純利益を50億円（6.6％）下方修正した。

歴史的な物価高
個人消費は伸び悩み
春闘賃上げ目標「５％」

内閣府が発表した22年７〜９月期の国内総生産（GDP）の２次速報は、物価変動をのぞいた実質（季節調整値）で前期（４〜６月期）比0.2％減。この状況が１年続くと仮定した年率換算で0.8％減となった。マイナス成長は４四半期ぶり。輸入の一時的な増加が主な要因だが、コロナ禍からの個人消費の回復が鈍いことも響いた。GDPの半分以上を占める個人消費は0.3％増にとどまり、1.2％増だった前期から伸びは鈍化した。

消費が伸び悩む一因となっているのが物価高だ。消費者物価指数は上昇傾向にあり、前年同月比の上昇率は９月に３％を突破。10月は3.6％の上昇となり、第２次石油危機末期にあたる1982年２月以来、40年８カ月ぶりの高水準を記録した。

生鮮食品をのぞく食料が5.9％上がり、81年３月以来の伸び。パンなどの穀類が8.2％、菓子類が6.6％上昇。家庭用耐久財は11.8％上昇し、75年３月以来の伸びだった。

物価高に賃金の伸びが追いついていれば消費意欲も低下しないが、厚生労働省よると、物価の動向を加味した実質賃金は10月までに７カ月連続でマイナスとなっている。

一方、職を探す１人に対し、何人分の求人があるかを示す有効求人倍率（季節調整値）は10月が1.35倍で10カ月連続で前月を上回った。有効求人倍率は19年は平均1.60倍だったが、コロナ禍で20年９月に1.04倍まで落ち込んだあと、緩やかな改善が続いている。

総務省によると10月の完全失業率（季節調整値）は2.6％。コロナ禍前と同水準の2.5％程度まで下がり、雇用情勢は堅調だ。

物価高を受けて、政権は23年春闘で、企業側に物価上昇に合わせた賃上げを求めている。労働組合の中央組織・連合は賃上げ目標を「５％程度」とした。

期待通りの賃上げは可能なのか。気がかりなのが世界経済の行方だ。欧米では日本以上の物価高に悩んでおり、これを抑えようと、急ピッチで金利を引き上げている。

国際通貨基金（IMF）は10月、物価高や利上げの進行などを理由に、23年の世界経済成長率を2.9％から2.7％に下方修正した。中国のゼロコロナ政策に伴う都市封鎖（ロックダウン）の影響もあり、世界経済の先行きは不透明さを増している。景気後退が起きると、賃上げだけでなく、日本経済全体にも影響が及ぶ可能性がある。　（経済部・木村聡史）

経済

コロナ禍での「悪いインフレ」

　ロシアのウクライナ侵攻による原材料価格の高騰に円安が拍車をかけ、長らく停滞していた日本の物価が急上昇している。2022年4月の消費者物価指数は、消費増税の影響があった期間をのぞけば08年9月以来13年半ぶりに2％を上回った。日本銀行が物価安定目標として掲げる水準を超えたが、働く人の賃金を引き上げる動きは鈍いままで「悪いインフレ」とも指摘される。

　総務省が発表した4月の消費者物価指数（値動きの大きい生鮮食品をのぞく総合）は101.4で、前年同月より2.1％上昇した。値上がりした品目は全体の約7割に達した。なかでも電気代やガス代、ガソリン代といったエネルギー関連の上昇が目立つ。ロシアのウクライナ侵攻による情勢不安で石油や天然ガスの供給が滞るとの懸念が高まると、エネルギー価格は高騰した〔➡38、76ページ〕。

　世界有数の小麦の生産地であるウクライナへの侵攻は、輸入小麦価格の高騰にもつながった。日米の金利差が拡大して歴史的な円安〔➡74ページ〕水準となって輸入物価が上昇したことも追い打ちをかけ、食料の値上がりが相次いだ。秋にはチーズやハム、ソーセージ、缶ビールや缶チューハイといった身近な食品や飲料の値上げが相次いだ。帝国データバンクの調査では、10月の値上げは6700品目にのぼり、年間では2万品目を超える値上げが予定されている。同社は

2人以上世帯の家計負担が月平均で5730円、年に6万8760円増えると試算している。

　消費者物価指数の上昇も続き、10月には103.4となり、前年同月より3.6％上がった。第2次石油危機の末期にあたる1982年2月以来、40年8カ月ぶりの上げ幅となった。上昇は14カ月連続で、2％を超えるのも7カ月連続だ。電気代が20.9％、都市ガス代が26.8％上がるなどエネルギー関連の伸びは依然として高い。生鮮食品をのぞく食料の上昇率は5.9％。ハンバーガー（外食）が17.9％、食パンが14.2％などで、原材料費に加え物流費の上昇も影響している。ルームエアコン（13.3％）やドラム式洗濯機（38.1％）など家電製品も値上がりしている。

　こうした物価上昇を受け、政府は矢継ぎ早に対策を打ち出した。ガソリン価格を1L168円程度に抑えるため、石油元売り会社に補助金を出すほか、低所得世帯には給付金を支

給する。政府が製粉業者などに売り渡す輸入小麦の価格を据え置いたり、飼料価格の高騰による畜産農家の負担を抑えるための補塡金（ほてん）を出したりする。

ただ、物価高を加味した実質賃金は4月以降、マイナスが続いている。生活が苦しくなり各家庭が購買を抑えると、消費の冷え込みにつながり、本格的な不景気に突入することも懸念される。岸田文雄首相は労使の代表らが参加する会議で、23年の春闘では「物価上昇をカバーする賃上げを目標にして、個々の企業の実情に応じて労使で議論頂きたい」と述べ、賃上げを要請した。さらに、政府は中小企業が賃上げしやすい環境づくりに取り組むとしている。

ただ、日本企業はバブル景気の崩壊やリーマン・ショックを経験し、これまで業績が好調でも賃上げに消極的とされてきた。約40年ぶりの高いインフレにどこまで対応できるかは見通せない。

（経済部・北川慧一）

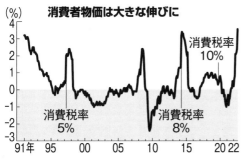

消費者物価は大きな伸びに

（%）

消費税率10%

消費税率5%

消費税率8%

'91年　95　00　05　10　15　20 22

関 連 用 語

◆消費者物価指数

全国の世帯が購入するモノやサービスの平均的な価格の動きを示す指標。全国の167市町村を対象に、スーパーや家電量販店などの小売店で売られている消費の価格を調査員が実際に確認して回っている。家賃や水道光熱費、教育費、宿泊費など582品目を集計して算出している。経済が過熱して需要が供給を上回ると価格は上がり、逆に供給過剰になると価格は下がるため、「経済の体温計」とも呼ばれる。日本では経済が低迷し、物価が継続的に下がるデフレが続き、政府・日銀が脱却をめざしてきた。

PLUS ONE
ウクライナ危機と世界的な物価高騰

コロナ禍の消費の落ち込みで原油やエネルギー価格などは一時下落していたが、経済の回復とともに需給が逼迫（ひっぱく）し、21年夏ごろから高騰してきた。22年2月にロシアがウクライナに侵攻を始めると、ロシアへの経済制裁などでさらにエネルギー価格は高騰〔→76ページ〕。海外では人手不足に伴う人件費の高騰を受け、さらに激しいインフレに見舞われている。米国は10月に前年同月比7.7%上昇、英国やユーロ圏は10%を超える上昇率となっており、日本と比べると一段高い状況だ。

[経済]

急速に進んだ円安

　日本の通貨である円の価値が下落し、対ドルの円相場は2022年秋に32年ぶりの安値をつけた。円安で輸入品の価格が高騰し、家計や企業の負担が増している。円安の一因は日本銀行の金融緩和政策だが、日銀は景気を支えるとして金融緩和を継続。政府と日銀は24年ぶりに円安を抑えるための為替介入を行わざるを得なくなった。円安や金融緩和の行方をめぐって、23年春の日銀の新総裁人事に注目が集まっている。

　各国の通貨を売買する外国為替市場で22年、円の価値が急落した。円相場は米国のドルに対して、3月初めは1ドル＝115円ほどだったが、10月に1ドル＝150円を突破し、約32年ぶりの安値をつけた。

　円安は、輸出企業が海外で稼いだ収益を円換算で膨らませるプラスの面がある。一方、日本が海外に頼るエネルギーや食料品を輸入する際には、多くの円が必要になり、負担が増すマイナスの面もある。

　ロシアが2月にウクライナに侵攻すると、エネルギーなどの供給不安から価格が高騰したが、それに円安が拍車をかけた〔○38、76ページ〕。仕入れコストの増加に直面した企業は相次いで値上げを実施し、家計の負担が増した。

　こうした円安が進んだ主な原因は、日米の金融

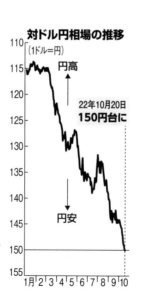

対ドル円相場の推移
(1ドル＝円)

円高

22年10月20日
150円台に

円安

1月 2 3 4 5 6 7 8 9 10

政策の違いだ。米国の中央銀行である連邦準備制度理事会（FRB）は3月、物価高を抑えるため、大幅な利上げを始めた。一方、日銀は金利を低く抑える金融緩和を続けた。この結果、日米の金利差が拡大し、為替市場では、円を売って金利が高く運用益が見込めるドルを買う動きが広がり、円安ドル高が進んだ。

　ただ、円安や物価高を受けても、日銀は金融緩和を続ける方針を変えなかった。それは、日銀が日本の景気回復が不十分と判断したためだ。

　日銀は、景気が回復して企業の収益が上がり、賃金が上がって、物価も2％上がり続ける好循環をめざして、13年から金融緩和を続けてきた。しかし日銀は、経済がコロナ禍から完全に回復しておらず、物価上昇の勢い

も不十分と判断。黒田東彦総裁は「経済を支えて、物価安定の目標を実現することが必要」として、景気を冷やす利上げではなく、緩和を続ける考えを繰り返し示した。

止まらない円安に歯止めをかけようと、政府・日銀は9月、約24年ぶりにドルを売って円を買う為替介入に踏み切った。円相場は直後に円高に振れたが、その後は円安の流れに戻った。11月に入り、米国で利上げペースが鈍るとの見方から、1ドル＝130円台後半へ円高が進んだが、22年春より20円ほど円安水準で推移した。

円の価値は、数十年の長期間で見ても著しく低下が進んでいる。

通貨の総合的な購買力を示す国際指標「実質実効為替レート」で、円は22年、半世紀前と同じ低い水準となった。1990年代にバブル崩壊や金融危機を経験した日本は、消費が盛り上がらず、物価が下がり続ける「デフレ」に長く苦しんだ。専門家の間では、こうした経済の長期にわたる低迷が、円の実力低下に反映され、海外から商品を買う力が下がっているとの指摘が出ている。

金融緩和を続けた日銀の黒田総裁は23年4月に任期満了を迎える。円安や物価高が進む中、日銀は金融緩和を続けるのか、見直すのか。それを占ううえで、政府が誰を新総裁に選ぶのかに関心が高まっている。

（経済部・徳島慎也）

関 連 用 語

◆金融緩和政策

アベノミクスの一環として大胆な金融政策を掲げた第2次安倍政権が12年末に発足すると、政権は日銀の総裁に黒田氏を任命。黒田氏の下で日銀は13年4月、大規模な金融緩和を始め、世の中に大量のお金を流して金利を低く抑えた。企業や家計がお金を借りやすくすることで、投資や消費が活発になって企業の収益が上がり、賃金が上がって消費が盛り上がり、物価も2％上がり続ける好循環をめざした。黒田氏は当初、2年程度で2％目標を達成できると宣言したが、10年近く経っても達成のめどは立っていない。

PLUS ONE
日米の金利差

金利とは、お金を借りる際の「レンタル料」だ。各国の中央銀行は、景気が過熱して物価が上がり続ける恐れがある時は、金利を上げて企業や家計がお金を借りづらくすることで、物価上昇を抑える。欧米では21年以降、コロナ禍からの景気回復を背景に、物価が急激に上昇し、FRBは22年3月から利上げを繰り返した。一方、日銀は金利を低く抑える金融緩和を継続。このため日米の金利差が開き、金利が高くて運用益が見込めるドルが買われて、金利が低い円は売られ、円安ドル高が進んだ。

原油・ガソリン価格高騰

　日本に輸入する原油の価格が値上がりしている。2022年夏時点で前年の2倍近くで推移した。ロシアのウクライナ侵攻などで国際的な原油価格が高騰したことに加え、円安が進んだためだ。政府は22年1月からガソリンなどに補助する制度を始めた。石油元売り各社に補助金を出し、価格を一定水準に抑えている。22年の年間の予算額は3兆1千億円超に膨らみ、23年も補助金を延長するが段階的に削減する方針だ。

　ロシアが22年2月、ウクライナに侵攻した〔⮕38ジ〕。欧米は経済制裁を実施し、ロシア産の石油が流通しなくなるとの懸念が生まれた。ロシアは原油生産量で世界の生産量の1割を占める、世界3位の産油国だ。欧米を中心に段階的に制裁を加え、原油価格は値上がりした。指標となる「米国産WTI原油」の価格が一時1バレル＝130ドルを超えた。08年7月以来、13年8カ月ぶりの高値水準となった。

　石油価格の安定をめざす産油国の枠組みである、石油輸出国機構（OPEC）プラスは、石油の供給量を協力して調整し、小幅に増産した。

　ただ、新型コロナウイルスの感染が拡大した20年に大幅に減産していて、それを少しずつ戻しているにすぎない。コロナ禍では世界の経済活動が制限され、石油の需要が落ち込み、原油価格は一時、半額程度に落ち込んだため、生産を大きく減らした。

　思うように増産できない事情もある。二酸化炭素を多く排出する化石燃料の石油は、地球温暖化対策のためにガソリン車の新車販売を禁止する予定の国もあり〔⮕96ジ〕、長期的な需要が見込めなくなっている。そのため、新しい油田の開発が少なくなっている。

　円安〔⮕74ジ〕の影響も大きい。日本が輸入の95％を依存する中東の指標原油であるドバイ原油は6月ま

トリガー条項発動の仕組み

レギュラーガソリンの全国平均価格が3カ月連続で1L＝160円を超えた場合、ガソリン税に上乗せされている1L＝25.1円を減税する。3カ月連続で130円を下回れば戻す。10年4月に導入されたが、東日本大震災の復興財源を確保するため、11年4月に凍結。22年に発動が検討されたが、補助金で対応することにし、見送られた

で1月の4割程度まで高騰したが、その後は下落した。だが、日本の原油輸入価格は円安のため、6月には1月の2倍、その後も9割増程度で高止まりしている。

　1月には1ドル115円程度だったが、徐々に円安が進み、10月には150円を突破した。産油国が同じ値段で売っても輸入したときには3割増の値段になる計算だ。

◎

　コロナ禍からの回復で上昇局面にあったガソリンなどの価格を抑えるために、政府は「激変緩和措置」で石油元売り会社への補助金を1月に始めた。2月にロシアがウクライナに侵攻したため、価格がさらに上昇し、石油の税金を減税する「トリガー条項」の発動も検討されたが、激変緩和措置を拡充することになった。消費税と石油石炭税、揮発油税などが二重でとられる状況だったので、電気自動車（EV）などと比べ公平ではないとの声があったが、この論点は先送りされた。

　対象も当初はガソリンと軽油、灯油、重油だったが、タクシー用のLPガスにも拡大。補助額も当初は1L5円の想定だったが、徐々に拡大し、35円までは全額補助、超えた分も半額補助となり、40円を超える支給も行っている。

　石油元売り各社でつくる石油連盟は23年には景気が回復し、現在よりもさらに原油価格が高騰する水準になると予想しており、巨額の補助金をやめられる状況が見通せなくなっている。　　　（経済部・宮川純一）

経済

関　連　用　語

◆OPECプラス

　産油国の利益を守る枠組み。1960年からある石油輸出国機構（OPEC）に加盟する中東などの13カ国に加え、2016年に非加盟のロシアやメキシコなど10カ国が参加し、計23カ国となった。参加国の原油生産量は世界全体の5割を超え、減産や増産をして、産出国側に望ましい価格の維持をめざす。産油国でも米国や中国などは石油の消費国の側面もあり、参加していない。20年に新型コロナの影響で世界経済が低迷し、大幅な減産を行った。

◆指標原油

　世界で取引される原油価格には、基準とされる原油が3種類あり、指標原油と呼ばれる。米国市場ではWTI（West Texas Intermediate）原油の先物、欧州市場ではブレント原油の先物、アジア市場ではドバイ原油の現物取引だ。

　石油会社が産油国から購入する原油の価格は、指標原油の動きに準拠して決める契約を結ぶことが多い。日本が輸入の95％を依存する中東は、ドバイ原油やオマーン原油などを使っている。

電力需給逼迫

2022年6月下旬、政府は東京電力管内で「電気不足」が予想されたため「電力需給逼迫注意報」を出し、節電を呼びかけた。6月としては季節外れの厳しい暑さとなったことで、エアコンなどの使用量が大幅に伸びることが見込まれたことが要因だ。電力自由化や脱炭素の流れもあって出力の調整がしやすい火力発電設備が減ったことなど、電力供給をめぐる構造的な問題もあぶり出された。

政府は6月26日、東京電力管内の電力需給が27日夕に厳しくなるとして、電力需給逼迫注意報を初めて出した。電気が足りなくなりそうになった時に政府が発出して、家庭や企業に節電への協力を求める。熱中症などの危険性もあるため「無理のない範囲」とはされたが、政府は夕方を中心に節電を呼びかけた。

首都圏の大手スーパーの店舗では、冷蔵食品や冷凍食品などの棚の照明を落とした。鉄道各社も、客が少ない時間帯にエスカレーターを止めるなどしたため、国民生活にも一定の影響が出た。

注意報が出る基準として、電力供給の余裕を示す「予備率」という指標がある。予備率は最低3％が必要とされているが、これを下回る見通しとなった場合は「警報」が出される。さらに、5％を下回りそうな場合、警報の前段階として注意報が出る。

注意報は5月に政府が新設していた。6月にはそれを早速使わなければ

ばらない事態となったというわけだ。

6月下旬の東京は、予想を超える暑さに見舞われた〔→142ページ〕。注意報の最終日となった30日は、東京都心の最高気温が36.4度と6月では過去最高だった。冷房需要が増え、東電管内の最大電力需要は5489万kWと11年の東日本大震災後の最大値を更新した。注意報が発令された27日以降は気温が高く、電気の使用量は多かった。東電によると、この時期に気温が1度上下すると、管内で150万kW前後（標準的な火力発電所2基超相当）の需要の増減があるという。

だが、需要が大きくても供給力が上回っていれば需給は安定する。この時期は、供給側にも問題があった。

まず発電量の7割超を占める火力発電所が減少している。大手電力は採算が悪化した古い設備を相次いで休廃止。経済産業省によると、17〜21年度の5年間に1852万kW分が廃

止された。新設分を除いても439万kW分が失われた計算だ。

さらに、6月は需要が増える夏に向け、多くの発電所で運転を止めて補修をする時期にあたる。猛暑による需要に対して十分な供給力を確保できなかった。東電は他の電力会社管内からも緊急融通を受けたが、これをカバーできなかった。

姉崎火力発電所の新1〜3号機（左から）。新1号機は23年2月に稼働を予定している＝22年6月、千葉県市原市

経産省によると、23年度以降は火力発電設備の建て替え（リプレース）が進むため、需給の状況は改善するという。

ただ、足元ではウクライナ危機〔○38ジ〕を背景に火力発電の燃料となる液化天然ガス（LNG）に供給不安が生じるなど新たな問題も生じている。こうした流れを受け、政府は原発の新増設や建て替えを検討するなど「原発回帰」の姿勢も打ち出している〔○138ジ〕。電気は誰にとっても必要なインフラで、「電力不足」をきっかけに国のエネルギー政策そのものが問われる事態となっている。　　　（経済部・岩沢志気）

経済

関連用語

◆電力需給逼迫警報

「電力需給逼迫警報」は東日本大震災後の12年につくられた。電力供給の余裕を示す予備率が3％を切ることが予想される場合に、政府が出す。節電を呼びかけることで強制的に電気の使用量を減らす計画停電を未然に防ぐための措置だ。

22年3月に初めて東京・東北電力の管内に出た。福島県沖の地震で一部の火力発電所が停止。さらに、悪天候で太陽光の発電量が減り、真冬並みの気温で暖房による電力消費の増加も重なった。突然の発出が社会を混乱させたとして、新たに「注意報」がつくられた。

PLUS ONE
火力発電を復活

22年度は東日本を中心に、夏や冬のピーク時に、電力不足が見込まれていた。それを補おうと政府は電力会社に対して休止中の火力発電所を再稼働するよう促していた。

実際、一定規模の休止火力は再稼働にこぎ着けることができた。ただ、こうした発電設備は古く、発電効率も悪いため、各電力会社が休止を決めていた経緯もある。突然の猛暑で電力が不足した6月には、火力発電設備の補修作業に時間がかかり、稼働スケジュールの変更を余儀なくされるなどトラブルも生じた。

全国旅行支援

　旅行代金の40％を補助する「全国旅行支援」が2022年10月に始まった。新型コロナで落ち込んだ観光需要を回復させ、観光事業者を支援する目的だ。クーポン券とあわせ、最大1万1千円の補助が受けられる（23年1月からは割引率を引き下げ）。販売開始から予約が殺到し、観光地は人出で賑わった。政府は当初、22年7月から始める予定だったが、夏の「第7波」による感染拡大を理由に見送られ、約3カ月遅れで始まった。

　「全国旅行支援」は旅行代金の40％が割引される。新幹線や航空券などの公共交通機関と宿泊がセットになったプランの場合、上限は1人1泊8千円。それ以外は上限5千円。さらに土産物店などで使えるクーポンもあり、平日は3千円分、休日は1千円分がつく。

　それまでの「県民割」は同一県内や近隣の県などの旅行が対象だったが、全国旅行支援は行き先が全国に広がる。

　また、全国一斉に実施を決める「Go To トラベル」とは違い、実施を各都道府県が決めるため、感染状況によって都道府県ごとに取りやめることもできることが特徴だ。

　10月11日に支援策が始まってから旅行客は急増し、観光地は賑わいを取り戻した。同時期に水際対策も大幅に緩和されたことで、訪日外国人観光客も増えた。

　近畿日本ツーリストを持つ大手旅行会社KNT－CTホールディングス

では全国旅行支援が始まる前に比べ、国内個人旅行の売り上げが約1.8倍に増え、予約数はコロナ前の8割ほどまで回復した。

　多くの事業者が待ち望んでいた。岸田政権のもとで、たびたび延期されてきた経緯があるためだ。

　政府は当初、22年7月前半の開始をめざしていたが、新型コロナの「第7波」で感染者が急増したことを理由に、実施を見送った。代わりに、近隣の旅行代金を補助する「県民割」を延長して対応した。8月末にも再

政府の旅行支援策
補助額とクーポン券は1人1泊あたりの金額

	全国旅行支援	Go Toトラベル（再開時）	県民割（ブロック割）
補助額	旅行代金の40％上限8千円（※）	30％上限1万円（※）	50％上限5千円
	※交通機関とのセット商品の場合		
クーポン券	平日3千円休日1千円	平日3千円休日1千円	最大2千円
実施判断	都道府県受け入れは全国から	国	都道府県
実施時期	22年10月〜12月27日（23年1月から割引率を下げて実施）	20年7月〜20年12月から中断	21年4月〜22年10月10日

び実施を見送り、県民割を延長した。2年前の「Go To トラベル」が感染を全国に広げたのではないかと批判されたことから、現政権内には全国旅行支援に慎重な意見があった。

しかし、9月に入り感染者数が減少傾向にあることや、秋から冬にかけての観光シーズンを迎えることから、3カ月遅れての開催が決まった。

◎

この支援策の目的は、事業者への支援だ。コロナ禍で国内旅行客だけでなく、訪日外国人観光客も大幅に減り、大きな打撃を受けた。

財務省の法人企業統計によると、宿泊業者の20年度の純損益は計1兆962億円の赤字だった。多くの施設が金融機関からの借入金に頼った。東京商工リサーチの22年8月の調査では、過剰債務と感じる企業が宿泊業で81.2％と、全業種の29.5％を大きく上回った。コロナ前に旺盛だった設備投資も影響しているという。

一方、「Go To」に始まり、県民割、全国旅行支援など、税金で旅行代金を補助する政策が長期化することの弊害も指摘されている。宿泊料金が値上がりし、「便乗値上げ」が疑われる事態も起きた。個々の事業者の競争力が奪われ、業界全体の弱体化を招きかねないとも言われている。

（経済部・三輪さち子）

関 連 用 語

◆県民割とブロック割

県民割は20年末に中断した「Go To トラベル」の代わりに21年4月に始まった。1人1泊5千円を上限に旅行代金の半額を補助し、最大2千円分の買い物クーポン券がつく。地域の感染状況に応じて実施や中断を決められる。対象は都道府県内の旅行だけだったが、22年4月からは関東や近畿といった地域ブロック内の旅行も対象にした「ブロック割」に拡大した。東京都以外の46道府県で実施し22年10月に終了した。

県民割やブロック割よりも、全国旅行支援のほうが「遠方への旅行が増え、宿泊日数が延びる」（観光庁担当者）といった狙いがある。

PLUS ONE
Go To トラベル事業不正事件

20年の「Go To トラベル」事業では、架空の宿泊契約を結んで給付金を不正に受け取った問題が明らかになった。

旅行大手エイチ・アイ・エス（HIS）は21年12月、子会社などが延べ約6万泊分で不正とみられる給付金の申請をしていたと発表した。不正に受け取った金額は最大で計約6億8329万円分にのぼる。HIS本体の関与は確認されなかったとしている。

観光庁は、不正に関わった疑いがある旅行会社など5社を中心に、詐欺罪での刑事告訴を視野に調べている。

経済

［経済］

外国人観光客受け入れ再開

　インバウンドと呼ばれる訪日外国人観光客の受け入れが2022年6月、2年ぶりに再開した。添乗員付きのパッケージツアーに限定して始め、以降水際対策を段階的に緩和。10月には入国者数の制限を撤廃して個人旅行の解禁に至った。政府は、19年には3千万人超だった訪日客による需要を回復させ、年間の消費額を5兆円にすることを掲げる。一方、最大市場の中国からの訪日旅行は中断したままで、回復には時間がかかるとみられる。

　訪日客数は東日本大震災があった11年の621万人から年々増加し、19年に3188万人に達した。うち観光客は約2800万人を占めていた。

　だが、コロナ禍で激減。21年1月には観光客を含む外国人の新規入国が原則停止となり、その年の訪日客数は24万人まで落ち込んだ。

　それでも海外の訪日観光への期待度は高かった。22年5月、世界経済フォーラムの年次総会（ダボス会議）で、観光分野の魅力度やインフラなどを評価したランキングが発表され、日本は1位に選ばれた。調査が始まった07年以来、初めてだった。

　その直後、岸田文雄首相は6月10日から、インバウンドの受け入れを部分的に始める方針を表明した。

　だが、最初は対象を感染リスクの低い国・地域に限定。予約は旅行会社を通し、行動や健康状態を管理できるよう、全行程で添乗員が付くパッケージツアーのみ認められた。

　コロナ前は、航空券や宿泊施設を個別手配する個人旅行が主流だった。そのため、入国者数の上限が1日5万人まで引き上げられても、入国者数はあまり伸びなかった。

　水際対策は、国内の感染状況やニーズを踏まえ、段階的に緩和された。9月には自由行動が解禁。さらに、ワクチンの3回接種で、入国時の陰

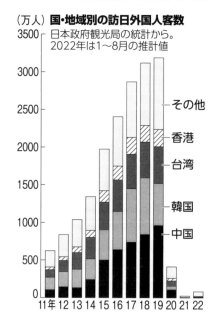

（万人）**国・地域別の訪日外国人客数**

日本政府観光局の統計から。2022年は1〜8月の推計値

その他　香港　台湾　韓国　中国

11年 12 13 14 15 16 17 18 19 20 21 22

性証明の提出がいらなくなった。

10月11日にはコロナ前の水準まで緩和。入国者数の上限は撤廃され、68カ国・地域で短期滞在のビザが免除に。個人旅行も解禁された。その効果で、10月の観光目的の入国者は9月の15倍以上に増えた。インバウンド回復の目安となる世界の航空旅客需要は、国際航空運送協会（IATA）が24年までにコロナ前の水準に戻ると予測している。

長引く円安傾向は日本での消費に割安感を与え、追い風となっている〔◯74ペ〕。政府はこのメリットを生かし、消費額を年間5兆円とする目標を掲げた。

ただ、19年に訪日客数の約3割を占め、国・地域別で最多だった中国からの観光需要が見通せない。旺盛な消費行動が「爆買い」と称されたが、22年11月時点でも「ゼロコロナ」政策で帰国後に隔離が必要なため、訪日旅行は実質的に不可能な状況だ。

コロナ前は増えすぎたインバウンドが地元の生活環境を脅かす「オーバーツーリズム」が問題視された。こうした反省を踏まえ、自然環境に配慮したり、観光収益が地域資源の保全に役立てられたりする「サステイナブル・ツーリズム」（持続可能な観光）が浸透するかも問われる。

（経済部・高橋豪）

関 連 用 語

◆インバウンド

外国から訪れてくる旅行を指す言葉で、日本では訪日外国人旅行者のことを意味する。反対に、海外に行く旅行はアウトバウンドと呼ばれる。観光庁によると、19年の訪日外国人旅行消費額は4兆8135億円で、日本の国内総生産（GDP）の1％弱に相当した。また、インバウンド8人の観光消費額は、定住人口1人あたりの年間消費額にあたるため、政府は人口減少社会での経済活性策として誘客に取り組んでいる。16年に策定した「明日の日本を支える観光ビジョン」では、年間の訪日客数を30年に6千万人に乗せる目標を立てていた。

PLUS ONE
ジャパン・パッシング

インバウンドを受け入れ始めてしばらく、政府の水際対策は「G7並み」をめざすとしながらも厳しく保たれた。旅行形態が限られ、時間とコストをかけてビザを取得する必要があった。出国の72時間以内に受けた検査の陰性証明も求められた。観光業界は、このままではインバウンドが日本を素通りして他国に流れる「ジャパン・パッシング」が進むと懸念を示し、早期の水際緩和を要望した。実際、準備や手続きの煩雑さから訪日客の伸びは限定的で、9月も観光目的での入国者は2万人以下にとどまった。

新しい資本主義と資産所得倍増プラン

「新しい資本主義」は岸田文雄首相が就任当初から掲げる経済政策だ。経済成長第一のこれまでの資本主義を転換し、中間層への分配や賃上げで「成長と分配の好循環」を実現して、格差是正と成長の両方をめざす。ただ、当初の分配重視の姿勢はいつしか弱まり、貯蓄から投資を促す「資産所得倍増プラン」が目玉に。2022年6月に閣議決定したグランドデザインと実行計画の中身も旧来型の政策が並び、岸田色が薄いものになった。

新しい資本主義は、岸田首相が21年秋の自民党総裁選から掲げている。市場や競争に任せる1980年代以降の新自由主義により、中間層が細って格差が広がったという反省から、分配政策で是正をめざす。安倍、菅政権と異なる分配重視の姿勢を示し、独自色を出す狙いもあった。

岸田首相は当初、株式の売却益など金融所得への課税を強化しようと意気込んだ。ただ、投資家の間で増税への警戒感が高まり、株価下落を招いた。「岸田ショック」とも呼ばれ、早々に目玉だった金融所得課税の強化は封印された。

そんな中、22年5月にロンドンの金融街・シティーでの講演で突然出てきたのが資産所得倍増プランだ。岸田首相は、日本の個人の金融資産2千兆円の半分以上が預貯金や現金で保有されているとし、「貯蓄から投資へのシフトを大胆に進め、投資による資産所得倍増を実現する」と宣言。NISA（少額投資非課税制度）

の抜本的拡充など、「政策を総動員して進めていく」と訴えた。

具体策を検討する「新しい資本主義実現会議」のもと、実行計画がまとまり、翌6月に閣議決定された。新しい資本主義でも「徹底して成長を追求していく」と強調しつつ、「分配はコストではなく、持続可能な成長への投資である」とし、重点投資の4本柱として、「人」「科学技術・イノベーション」「スタートアップ」「グリーン・デジタル」を挙げた。

「新しい資本主義」をめぐる岸田首相の発言の変遷	
小泉改革以降の新自由主義的政策を転換する。世界はすでに単純な規制改革から脱却している	2021年9月8日、自民党総裁選の政策発表
分配政策の重要な柱の一つは、企業による賃上げだ。国が率先して公的価格の引き上げを行う	12月21日、記者会見
経済安全保障も待ったなしの課題であり、新しい資本主義の重要な柱だ	22年1月17日、施政方針演説
今年をスタートアップ創出元年と位置づけて、5カ年計画を作っていきたい	2月10日、記者団に
電力需給逼迫を回避するため、再エネ、原子力など脱炭素効果の高い電源の最大限の活用を図っていく	4月8日、記者会見
「資産所得倍増プラン」によって、眠り続けてきた1千兆円単位の預貯金をたたき起こし、市場を活性化させる	5月5日、ロンドンでの講演
男女間の賃金格差を解消するため、男性に対する女性の賃金割合の開示を義務化する	5月20日、新しい資本主義実現会議

NISA や iDeCo（個人型確定拠出年金）の制度改革を検討し、年末に資産所得倍増プランを策定すると明記。脱炭素化による経済社会の変革を示すGX（グリーン・トランスフォーメーション）で、今後10年間に官民で150兆円規模の投資をし、非正規を含む約100万人の能力開発や再就職を支援するなどとした。

ただ、あらゆる政策課題が盛り込まれ、中身はバラマキ色が強まった。新たな目玉の資産所得倍増プランは、貯蓄が少なく投資に資金を回す余裕がない世帯は恩恵を得られない可能性がある。富裕層の優遇策になり、逆に格差が拡大してしまうのではな

いかと懸念する声が出た。

分配政策は、すでに取り組む賃上げ税制の拡充には触れたが、賃上げなどの具体的な目標や時期は明示しなかった。成熟産業から成長分野に労働力を移し、日本の生産性を底上げする「労働移動」の促進策をはじめ、安倍、菅政権が掲げたものと似た政策も目立った。

計画実現に向けた経済財政運営の枠組みも大胆な金融政策、機動的な財政政策、民間投資を喚起する成長戦略の「3本の矢」を堅持すると明記し、安倍政権下の経済政策「アベノミクス」の枠組みにとどまった。

（経済部・稲垣千駿）

関 連 用 語

◆ NISA と iDeCo

NISA は株の配当や売却益の一部に税金が一定期間かからない制度。貯蓄から投資への流れを促そうと14年に始まった。22年末時点、株や投資信託などに年120万円まで5年間投資できる「一般NISA」や、投資信託に年40万円まで20年間投資できる「つみたてNISA」がある。iDeCoは老後の資金作りのために公的年金に上乗せできる私的年金。決まった範囲内の掛け金を非課税で投信などで運用でき、所得税などが少なくなる利点もある。ただ、60歳になるまで原則引き出せない。22年5月に、加入できる上限が65歳未満に引き上げられた。

PLUS ONE
高校で金融教育

22年4月に高校の新学習指導要領が始まり、金融に関する授業が充実した。家庭科では、収入と支出のバランスの重要性など家計の適切な管理とともに、株や債券といった金融商品の特徴など、資産形成についても学ぶようになった。公民科では、個人の資産形成が社会にどう貢献するかなどを教わる。同時期に成人年齢が引き下げられ〔⊃118ジー〕、18歳からクレジットカードを作るなど様々な契約ができるようになり、お金に関する知識や判断力を指す「金融リテラシー」の重要性が高まっている。

首都圏マンション高騰でバブル期超え

新築マンション価格の高騰が止まらない。不動産経済研究所によると、2021年に首都圏で売り出された新築分譲マンションの1戸あたりの平均価格は6260万円で、バブル期の1990年（6123万円）を超えて調査開始以来の高値を記録した。好立地の物件が多いことが単価を引き上げているほか、金利の低さやコロナ禍での住み替え需要などで販売状況は好調。さらには建設資材の価格が高騰していて、今後の上昇も必至だ。

21年の首都圏の新築分譲マンションの1㎡あたりの単価は93.6万円で、こちらも90年を超えて過去最高だった。マンション価格が上がる背景は多層的で、しばらくは高止まりが続きそうだといわれている。

バブル崩壊後、一時4千万円を下回りそうだった平均価格は、約20年間で1.5倍ほどになった。人件費や建設コストが上がっていったためだ。

また、マンションを高く売れる場所に建てる傾向が強いことも、90年代のバブル期と異なる。駅に近く生活利便性の高い場所では、再開発などで20階建て以上のタワーマンションが次々と建てられている。首都圏で21年に販売された新築物件は、東京23区内が約4割を占め、バブル期の2割弱と比べて高いという。

ワンルームの投資用物件が目立っていたバブル期と比べ、居住する目的での購入が多くなっているため、専有面積も広くなっている。一戸あたりの平均価格を単純に比較するのではなく、こうしたニーズの違いにも留意する必要がある。

現在の好調なマンション市況を支える主な購入層は、近年増えている「パワーカップル」と呼ばれる高収入の共働き世帯だ。子育てを終えたシニア世帯が、利便性を求めて都心に移り住む例も多いという。

日本銀行の低金利政策で、住宅ローンの金利が歴史的に低い水準で推移していることもマンション購入を後押ししている。ローンを組んだ場合に支払う総額が抑えられるからだ。

コロナ禍では、需要のさらなる拡大が見られた。テレワークの浸透で

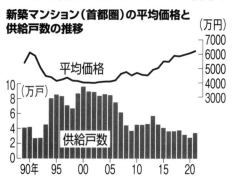

新築マンション（首都圏）の平均価格と供給戸数の推移

在宅時間が長くなったことで、住環境を重視する人が増え、郊外を含めてより広い家や「もう一部屋」多い家に住み替えるニーズが高まった。

外国人による投資需要も価格の押し上げ要因になっている。22年には、新型コロナの水際対策の緩和〔◯82ジ〕で来日して内見しやすくなったことに加え、円安が割安感を与えている。投資は今後も集まりそうだ。

旺盛な需要に対して、マンションの供給戸数はここ数年減少傾向にある。開発を手がける不動産会社が利便性の高い土地を中心に競うように仕入れている状況が続く。

コロナ禍にウクライナ情勢や円安といった要因が加わり、鉄鋼やセメントといった建設資材の価格高騰が際立っている〔◯38ジ〕。22年現在販売されているマンションは基本的にそれ以前に建て始められたものなので影響は限定的だが、建材や住宅設備のメーカーではすでに値上げラッシュを迎えており、今後建てられるマンションでは建築費の上昇は避けられない。そうなれば販売価格にも反映されてくるとみられる。

低金利政策を続けてきた日銀の黒田東彦（はるひこ）総裁は23年春で任期を終える。次期総裁のもとで仮に低金利政策が転換され、金利が上がれば需要にも影響するとして、不動産各社は先行きを注視している〔◯75ジ〕。

（経済部・高橋豪）

経済

関 連 用 語

◆ウッドショック

新型コロナの感染拡大をきっかけに、木材の価格が高騰した。発端は、在宅機会が増えて米国などで住宅建設ラッシュが起き、世界的に木材が不足したこと。海上輸送のコンテナが足りなくなったことも重なった。日本では、木材は輸入に頼る部分が大きいため、21年に価格が急騰。木造戸建て住宅を値上げするハウスメーカーが相次ぐといった影響が出た。さらに、22年にはウクライナ情勢でロシア産木材の輸入も難しくなった。価格面のピークは過ぎたが、この間、国産材への代替などの動きが見られた。

PLUS ONE
テレワーク普及の影響

出社せず自宅でビデオ会議などを通して仕事をするテレワークが、コロナ禍で広がった。より広い家を求めて郊外へ移り住む人が増え、都心への交通アクセスが良い場所を中心に地価の上昇が顕著だ。また、コロナ禍での新築マンションには、共用部にコワーキングスペースを設ける物件も出てきた。オフィス市場では、撤退や移転集約が相次いだ。仕事場にとどまらず、社内コミュニケーションを促すラウンジを備えるなど「出社したくなるオフィス」への注目が高まっている〔◯168ジ〕。

企業倒産件数が半世紀ぶり低水準

新型コロナウイルスが広がる中、倒産する企業は少なくなっている。2021年の倒産件数（負債額1千万円以上）は6030件で、57年ぶりの少なさだった。行動制限や営業時間短縮などで影響が出た企業が多いにもかかわらず、なぜなのか。一見、矛盾するこの動きは、補助金や融資制度などの政府の支援策によって、企業が一時的にお金を得やすい環境にあったためだ。ただ、結果的に企業の借金は増え、返済への不安が残る。

倒産とは、仕入れ先への代金や銀行などへの返済、税金や給料など、企業が関係先に支払うべきお金を賄えず、支払えなくなった状態のことだ。倒産した企業はその後、裁判所に見てもらいながら再建や清算をめざす「法的整理」や、関係者同士で話しあって妥結点を決める「私的整理」のどちらかの手続きに入ることになる。

倒産件数をまとめている東京商工

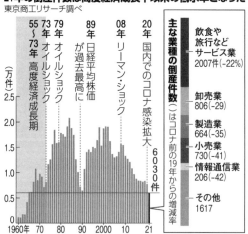

21年の倒産件数は高度経済成長下以来の低水準となった
東京商工リサーチ調べ

55〜73年 高度経済成長期
73年 オイルショック
79年 オイルショック
89年 日経平均株価が過去最高に
08年 リーマン・ショック
20年 国内でのコロナ感染拡大

（万件）
2.5
2.0
1.5
1.0
0.5
0

1960年　70　80　90　2000　10　21

6030件

主な業種の倒産件数（）はコロナ前の19年からの増減率

- 飲食や旅行などサービス業 2007件(-22%)
- 卸売業 806(-29)
- 製造業 664(-35)
- 小売業 730(-41)
- 情報通信業 206(-42)
- その他 1617

リサーチの調査によると、これまで倒産が増えたのは2回のオイルショックがあった1970年代や、バブル経済が崩壊した後の90年代など、経済に打撃のあったときだ。逆にバブル期の80年代後半や、大きなショックがなかった近年は倒産も減少傾向にあった。

新型コロナが国内で広がったのは20年春ごろからで、20年4月には初の緊急事態宣言が出た。経済には打撃となったが、各種支援策が打ち出されたことで倒産件数は7月から12月まで6カ月連続で前年同月を下回った。

結果、20年の倒産件数は7773件で、30年ぶりに8千件を下回った。その後も倒産件数が抑えられた状態は続き、21年はさらに減って6030件と、統計が残る中では高度経済成長期の1964年（4212件）に次ぐ57年ぶりの低水準となった。

支援策の中で大きな役割を

果たしたのが、20年3月から始まった「ゼロゼロ融資」と呼ばれる中小企業向けの貸付制度だ。銀行などの金融機関からお金を借りても3年間は金利の支払いは国や都道府県が負担してくれる。

この制度に、行動制限や時短営業などで売り上げが減った中小企業は殺到した。導入当初は経営者らがお金を借りようと金融機関に行列をつくる姿も見られた。

中小企業庁によると、22年6月末まででゼロゼロ融資の実績は累計約234万件、42兆円。国内の中小企業は約357万社で、多くの企業が利用したことがわかる。政府は金融機関に支払う利子分の予算として、1兆8千億円を計上している。

ただ、ゼロゼロ融資はあくまで借金で、返済義務がある。23年4月からは金利支払いが始まる企業が出てくるため、その前に返済しようとする企業が増えている。返済負担が重くなれば、抑えられていた倒産が一気に増える可能性がある。

22年春以降は、円安や物価高の影響もあり〔●72、74ページ〕、倒産件数は9月まで6カ月連続で前年同月を上回るなど、増えてきている。各企業の経営努力のほか、貸した金融機関の伴走支援も期待されている。

（経済部・小出大貴）

関 連 用 語

◆ゼロゼロ融資

コロナの影響で一定以上売り上げが減った中小企業や個人事業主向けに「無担保」で、かつ一定期間は実質「無利子」で金融機関がお金を貸す仕組み。通称は担保も利子も「ゼロ」であることから。

返済ができなくなっても最大で元本の全額を信用保証協会が肩代わりすることから、民間の金融機関にとっては「ノーリスクで稼げる」商品である。

中日信用金庫（名古屋市）では、この利益を目当てに、基準を満たすほど影響を受けていない企業でも売り上げが減ったように改竄して申請する不正も見つかった。

PLUS ONE

迫る本格的な元本返済

ゼロゼロ融資は利用企業が減っていたことを受け、22年9月で新規の受け付けを終えた。今後は元本の返済が本格的に始まる。だが、まだ6割の企業がコロナ前の19年の売り上げ水準に戻っていないという民間調査もある。

金融機関は借り手企業を見放すことなく支援できるか、真価が問われる。全国銀行協会の半沢淳一会長（三菱UFJ銀行頭取）は9月、「過剰債務の企業の息切れによる倒産への懸念が高まる可能性も想定される」と述べ、銀行業界として企業支援に力を入れる考えを強調した。

マイナンバーカード取得の実質義務化

　政府が2024年秋に現在の健康保険証を廃止し、マイナンバーカードを利用する「マイナ保険証」に一本化する方針を打ち出した。法律上、マイナンバーカードは申請に基づく任意取得が原則だが、皆保険制度のもとでのマイナ保険証への一本化は、実質的に取得を義務づけることになる。なお半数近くが取得せず、マイナポイントによる誘導策にも限界が見える中で、個人の自由意思にゆだねる対応から、事実上の強制に舵を切った形だ。

　河野太郎デジタル相は22年10月13日に記者会見し、「マイナンバーカードの取得の徹底、様式・手続きの見直しの検討を行ったうえで、24年秋に現在の健康保険証の廃止をめざす」と表明した。岸田文雄首相にも報告し、了承を得ていた。

　将来的に保険証の廃止をめざすことは、22年6月に政府が閣議決定した「経済財政運営と改革の基本方針2022」に盛り込んでいたが、廃止時期は明示していなかった。

　誰もが必要とする保険証を、マイナンバーカードの個人認証機能を利用した「マイナ保険証」に一本化する。実質的にマイナンバーカードの取得を義務化する政策であるだけに、賛否両論が飛び交うこととなった。

　法律上、カードの取得は任意で、住民側に義務はない。番号法は、住民の申請によって市町村長が交付することを定めているだけだ。このため、日本弁護士連合会は任意取得の原則や不正利用の危険を強調した「『マイナ保険証』取得の事実上の強制に反対する会長声明」を公表。国会でも取得しない人への対応や法的な整合性をただす質問が相次いだ。

　岸田首相ら政府側は、マイナンバーカードがなくても保険診療が受けられる制度を準備するほか、紛失時の再発行にかかる期間を現在の1～2カ月から10日程度に短縮する方針などを説明し、理解を求めた。

　医療機関や薬局の窓口でマイナンバーカードが健康保険証として使える「マイナ保険証」は、21年10月に

マイナンバーカードの主な利用計画

2021年	10月	健康保険証の運用を本格的にスタート
23年	2月	全国で転出届がオンライン化
23年	5月	カード機能をスマホに搭載（当面はアンドロイド端末のみ）
24年	秋	現行の保険証を廃止しカードに一本化
~25年3月末		運転免許証と一体化し前倒しも検討
25年度中		外国人在留カードと一体化

介護の手続きなどのオンライン化や民間サービスにおける利用拡大もめざすが、現時点では便利さは実感しにくい

本格運用が始まった。顔認証機能がある「オンライン資格確認」の専用端末でカードの情報を読み取って本人確認を行う。利用者は、過去の特定健診の結果や薬剤情報を閲覧でき、医療費が高額になった場合に従来必要だった限度額適用の手続きが不要となるメリットもある。

マイナンバーカードの取得をめぐっては、20年9月に当時の菅義偉首相が「22年度末までにほぼ全国民に行き渡らせる」という政府目標を表明し、岸田政権も継承している。

菅氏が当時、強調したのは、新型コロナウイルス対策の事業で表面化した行政のデジタル化の遅れだ。政府はその改善を掲げ、オンライン手続きで本人確認ができるマイナンバーカードの必要性を訴えてきた。

ただ、実際の普及策で前面に出したのは「マイナポイント」の付与という経済的利益での誘導だった。キャッシュレス決済の普及や消費拡大も同時に狙ったマイナポイント事業の予算規模は、第1弾が2979億円、第2弾が1兆8134億円にのぼる。

それまでは2割以下だった交付率が伸びたのは事実だが、22年11月末現在の交付枚数は約6784万枚、交付率は53.9%で、なお半数近くが取得していない。この割合を一気に高める狙いで、政府内でマイナ保険証への一本化を急ぐ判断が進んだ経緯がある。　　　　（経済部・江口悟）

関 連 用 語

◆公的個人認証サービス（JPKI）

マイナンバーカードのICチップには、オンライン手続きでの本人確認に使われる「署名用」と「利用者証明用」の2種類の電子証明書が格納されている。カードの取得時に自治体の窓口でパスワードの設定などを行い、「地方公共団体情報システム機構」（J-LIS）が発行する。利用者本人が電子データを作成・送信したことや、ログインしたのが利用者本人であることを証明する機能で、第三者によるデータの改竄やなりすましを防ぐための仕組みで、政府は行政機関に限らず、民間の企業などにも活用を呼びかけている。

PLUS ONE
マイナカード機能のスマホ搭載

政府はマイナンバーカードの電子証明書機能をスマートフォンに搭載するための開発を進めてきた。一度カードを端末に読み取らせて登録すれば、手続きのたびにカードを持ち出す手間がなくなり、顔や指紋の生体認証も使える。政府はこの対応で、いつでもどこでもスマホ一つで行政手続きができるようになる、と利便性を強調する。ただ、アンドロイド端末は23年5月11日のサービス開始が決まったが、iPhoneは米アップルとの協議が続いており、時期は未定としている。

経済

競争激化するポイント経済圏

物価高が叫ばれる今、節約を考えるときに誰しも利用するのが、お店やネットで買い物をしたときにたまるポイント。お得なポイントを呼び水に顧客をつなぎとめる商圏は「ポイント経済圏」として認識されるようになった。今やテレビCMで「○％還元」「還元率○倍」というキャンペーン情報を聞かない日がないほど活況のポイントサービス。消費者に甘い大盤振る舞いの裏には、ポイント業界の甘くない競争がある。

レジでカードにはんこを押してもらい、たまったら割引券や商品と交換できる。そんな昔からあるポイントサービスが、近年、スマートフォンの普及で急速に進化している。

国内のポイントは現在、「4強」体制にあるといわれる。いずれも自社だけではなく、企業をまたいで加盟する店を募る「共通ポイント」だ。

その先駆けとなったのが、レンタルビデオ大手TSUTAYAを展開するカルチュア・コンビニエンス・クラブ（CCC）が2003年に始めた「Tポイント」だ。ポイントのために消費者が何枚もカードを持ち歩く必要がなくなり、画期的だった。

10年にはローソンなどで使えるPontaも登場。その後、14年に楽天ポイント、15年にdポイントも参入した。

この間にどのポイントサービスと提携するのか、コンビニやガソリンスタンドなど幅広い業界を巻き込んで「合従連衡」が起きた。

そして4強体制を決定づけたのがスマホの普及だ。それぞれが携帯キャリアと提携することで、スマホのアプリやQRコード決済（スマホ決済）でためられるように。カードすら持ち歩く必要がなくなったのだ。

特に後発の共通ポイントであるdと楽天は、大企業である運営会社の財務体力を武器に、大規模なポイント還元策で利用者を獲得した。各社が負けじとお得なキャンペーンを連発し、現在は「ポイントバブル」の状況にある。矢野経済研究所は21年

主なポイントの特徴は…… 会員数は22年10月時点。各社公表ベース

	特徴
Tポイント 参入 会員数 2003年 7千万 T-POINT	共通ポイントの先駆けで幅広い実店舗が加盟。Vポイントと統合へ
Ponta 2010年 1億1千万	ローソンなどの利用でたまる。KDDIやリクルートとも連携
楽天ポイント POINT 2014年 1億以上	楽天市場や楽天ペイなど、グループのサービスを使うほど還元率アップ
dポイント dPOINT 2015年 9千万	NTTドコモが運営、スマホ料金や決済サービス「d払い」の利用でたまる
PayPayポイント PayPay 2018年 5千万以上	PayPayの利用でたまる。グループのヤフーやソフトバンクも注力

度に国内で２兆円を超えるポイントが発行されたと推計する。

しかし、この４強体制に大きな地殻変動があった。長くＴポイントの大口加盟企業だったソフトバンク陣営のヤフーが、22年３月でCCCとの提携を解消した。ソフトバンク陣営としては、グループのスマホ決済PayPay（ペイペイ）でたまるポイントに注力する方針だ。新たな一大勢力の誕生により、ポイント「５強」の時代になりつつある。

Ｔポイントも反撃に出た。同10月、三井住友フィナンシャルグループと提携し、Ｔポイントと三井住友のＶポイントを統合した新ブランドに改める方針を発表した。新たな決済勢と組んで巻き返しを図る。ポイント業界の競争激化は必至で、さらなる再編につながるかもしれない。

消費者にとってはいいことばかりに見えるポイント合戦。ただ、ポイントを発行する企業にとっては利益を圧迫する要因であり、ポイントバブルが永遠に続くとは限らない。一部の企業ではポイント還元率を引き下げる動きもある。

また、企業にとっては、利用者の購買動向を把握してマーケティングにいかすことがポイントサービスを実施するメリットだ。お得さの裏で、自身に関する情報が利用されていることも認識しておきたい。

（経済部・女屋泰之）

関 連 用 語

◆ QRコード決済

QRコードを利用してスマホのアプリで支払う決済。代表的なのはPayPay、楽天ペイ、d払い、au PAY、メルペイなど。消費税を10％に上げた19年、政府が景気対策の一環として、現金を使わないキャッシュレス決済の利用者にポイントを還元する施策を打ち出し、利用する人が増えた。

キャッシュレス決済のうち、最も使われるのは現状でもクレジットカードだ。ただQRコードも年々その比率を伸ばし、交通系ICカードなどの「電子マネー」をすでに抜いたとする調査もある。

PLUS ONE
ポイ活

ポイントを意識的にためることを最近は「ポイ活」と呼ぶようになった。節約志向の消費者の心理にささり、ノウハウをまとめるサイトやSNSのインフルエンサーが人気だ。

MMD研究所の22年10月の調べでは、56.2％の人がポイント経済圏を意識して買い物をする。

習熟した達人はお店ごとに複数のポイントを使い分けて効率よくためる。ただ種類が多いと混乱し、有効期限内にポイントの消化を忘れることも。初心者は利用するポイントを絞ったほうが使い忘れを防げる。

経済

部品不足で納車は数年待ち

自動車の品薄が続いている。新型コロナウイルスの感染拡大や半導体不足で自動車メーカーの工場が止まり、生産量が減ったからだ。納車まで数年待ちの車種も出てきている。さらに、ロシアのウクライナ侵攻の影響で原油や原材料価格も高騰しており、新車価格の値上げも相次いでいる。生産回復のメドは立っておらず、品薄は当面続きそうだ。

トヨタ自動車がホームページで公表する「工場出荷時期目処」には、2022年10月25日時点で37種類の車種の出荷時期が記載されている。しかし、その半数近くが「詳しくは販売店にお問い合わせください」と時期が明示されていない状況だった。同社によると、人気SUV（スポーツ用多目的車）の「ランドクルーザー」は納車まで数年かかる見通しという。

ハイブリッド車「プリウス」やSUV「ヤリスクロス」は「6カ月以上」となっている。他メーカーも同様の状況だ。ホンダも10月31日時点で、主力の「シビック」、SUV「ヴェゼル」が「半年以上」で、日産自動車でも遅れが出ている。

各社が生産できなくなったきっかけは、20年から始まった新型コロナの世界的な感染拡大だ。「巣ごもり需要」で、世界的にパソコンやスマートフォン向けの需要が増えたため、半導体の需給が逼迫（ひっぱく）。自動車向けに十分に供給されなくなり、21年に入ると自動車大手が相次いで工場の休止や減産に踏み切った。22年に入っても経営環境は厳しさを増している。半導体不足に加えて、中国・上海のロックダウン（都市封鎖）の影響で部品調達が滞ったことを受けて国内工場を止めることもあった。

原材料価格の高騰も深刻化している。ロシアによるウクライナ侵攻の影響で、原油の他に鉄やアルミなど幅広い素材の価格が上がっている〔➡38、76ページ〕。

22年夏にはトヨタと鉄鋼最大手の日本製鉄が、車向け鋼材について1tあたり約4万円という大幅値上げで合意した。値上げは3半期連続だ。乗用車1台に使われる鋼材は0.7tほどとされており、単純計算で2.8万円の影響がある。

自動車業界は、自動運転や電動化など「100年に一度」とされる変革期の最中にある。電気自動車（EV）には電池が欠かせない。ロシアへの制裁もあり、材料のニッケルなど非鉄金属も値上がりしている。国内メーカーにとっては、加速する円安も

相まって原材料調達コストが重荷になっている。原材料価格の高騰で、トヨタは23年3月期に1兆7千億円、ホンダは3千億円も利益が押し下げられると見込む。

すでに新車の値上げも始まっている。スバルは主力SUV「フォレスター」を値上げし、日産もEV「リーフ」を値上げする。輸入車も、仏ルノーや欧米系のステランティスが値上げした。

国内の売り上げは落ち込んでいる。22年度上半期（4〜9月）に国内で売れた新車は、前年同期よりも6.2%少ない192万3489台だった。軽自動車を除く登録車の販売台数は、調査を始めた1968年以降で2番目に少なかった。

22年秋時点でも半導体不足は解消されず、原材料価格の高騰は収まらない。自動車の生産が完全に戻るにはもう少し時間がかかりそうだ。

（経済部・江口英佑）

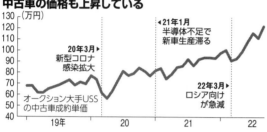

中古車の価格も上昇している

（万円）
- 20年3月▶ 新型コロナ感染拡大
- ◀21年1月 半導体不足で新車生産滞る
- 22年3月▶ ロシア向けが急減
- オークション大手USSの中古車成約単価

関　連　用　語

◆半導体不足

現在の自動車には、カーナビやワイパー制御など普通の車で約30個、高級車になれば約80個の半導体が使われているとされる。ただ、コロナ禍による巣ごもり需要で、世界的にパソコンなどの需要が急増。業種を超えて生産ラインの「奪い合い」が起きた。

さらに21年3月には、半導体大手ルネサスエレクトロニクスの工場で火災が発生し、生産が減ったことも追い打ちをかけた。日本政府は安定供給をめざして、半導体の受託生産で世界最大手の台湾積体電路製造（TSMC）による熊本県の新工場建設への支援を発表した。

PLUS ONE
中古車の取引価格上昇

新車の供給が減っていることで中古車の価値が上がっている。中古車オークション大手USSの平均成約金額は、22年2月に前年同月比20.1%増の100.6万円と1999年4月の調査開始以降で初めて100万円を超えた。その後も上がり、9月には122.1万円まで上昇した。

中古車販売店ではトヨタのSUV「ハリアー」やミニバン「アルファード」が、新車価格よりも高い値段が付けられていることもあった。コロナ禍前に比べて、100万円以上も取引価格が上がっている車種もあるという。

カリフォルニア州のガソリン車規制

　米カリフォルニア州は、2035年までに州内で販売される新車をすべて「ゼロエミッション車」（ZEV）とする規制案を承認した。ガソリン車やハイブリッド車（HV）は販売できなくなる。米国は中国に次ぐ世界2位の自動車市場で、いまは日本勢のシェアが高い。だが、こうした規制が他の州にも広がっており、市場が変わる可能性がある。強まる規制に対応するため各社はEVシフトを進めており、日本勢も対応を迫られている。

　環境負荷を軽減するため、カリフォルニア州は22年8月、35年までに州内で販売される新車をすべてZEVとする規制案を承認した。ガソリン車や、日本メーカーの得意なHVは販売できなくなる。同様の規制がニューヨーク州やマサチューセッツ州など複数の州で進んでおり、日本勢は対応を迫られている。

　新規制ではZEVを、電気自動車（EV）のほか、水素などを燃料として走る燃料電池車（FCV）、大量の電池とエンジンを搭載したプラグインハイブリッド車（PHV）と定めた。ただし、エンジンのあるPHVは全体の20%以下とし、電池だけで50マイル（約80km）以上走れるなど条件がある。

　米国は中国に次ぐ世界2位の自動車市場。特にカリフォルニア州は人口約4千万人を抱え、全米最大の市場だ。日本勢のシェアが高く、4割を超えている。カリフォルニア州の新車ディーラー協会によると、22年

1〜6月に販売された新車約85万台のうち、EVとPHVは合わせて約18%だった。新規制では26年にZEVの比率を35%、30年に68%、そして35年に100%と段階的に厳しくする。

◎

　排ガスなど自動車の環境規制をめぐっては、新しい規制の導入が市場を大きく変えた歴史がある。米国では、1970年代にマスキー法（大気浄化法）が導入された。排ガスに含まれる窒素酸化物などを大きく減らすことを求めた規制で、技術開発にいち早く成功した日本メーカーがシェアを伸ばすきっかけとなった。21年には歴史上初めて、トヨタ自動車がゼネラル・モーターズ（GM）を新車販売台数で抜き全米首位となった。現在は、燃費の良いHVの人気が米国での日本勢の販売を支えている。

　強まる規制に対応するため、GMやフォード・モーターなど各社は巨額を投じてEVシフトを進める。日

本勢も、トヨタが30年の世界販売1千万台のうち350万台をEVとする計画を掲げる。日産自動車も30年度の米国のEV販売を40%以上に、ホンダも40年までに世界の新車販売をすべてEVかFCVとする計画だ。EVは航続距離がガソリン車より短いのが欠点で、普及のためには車載電池の性能向上とコスト低減が課題だ。各社は電池の開発と量産に向け、巨額の投資をしている。ホンダは中西部オハイオ州を北米のEV生産の主要拠点とすることを決め、電池の生産工場建設などを進める。

ただ、米国では環境問題をめぐって政治的な分断があり、今後方針が変わる可能性もある。民主党のバイデン政権はEVの購入補助や充電設備の設置などで普及を後押ししている。一方で、共和党の支持が強い州では厳しい規制の導入に反発する動きもある。24年の大統領選で共和党の大統領が生まれれば政策が転換する可能性もあり、メーカーは難しい対応を迫られている。

（ニューヨーク支局・真海喬生）

EVブランドを発表するトヨタ自動車の豊田章男社長＝21年12月、東京都江東区

関連用語

◆EVシフト

　これまで自動車はガソリンなどを燃料としたエンジン車が主流だったが、モーターで走行するEVへの転換が進みつつある。走行中に二酸化炭素など温室効果ガスが出ず、環境意識の高まりとともに普及し始めている。

　日本の自動車メーカーは、燃費の良いエンジンとモーターを併用したHVで世界をリードしてきた。だが、世界各国はHVも含めたエンジン車への規制を強めており、欧米メーカーもEVの開発・投資を重視する。日本勢のEV開発強化が課題となっている。

PLUS ONE
ソニーとホンダがEVで提携

　22年9月、ソニーグループとホンダがEV事業を行う合弁会社「ソニー・ホンダモビリティ」を設立した。26年から、共同開発したEVを北米や日本の市場に向けて出荷する予定だ。ホンダの北米工場で生産し、ソニーが音楽や映像など車内サービスを担う。

　ホンダは長く技術の「自前主義」を続けてきたが、業界は大きな変革期にあり、動きを加速するため方針を転換。EV関連でGMや韓国LGエナジーソリューションと組むなど、他社との提携を拡大している。

東証、60年ぶりの再編

　東京証券取引所が2022年4月、プライム、スタンダード、グロースの三つに市場を再編し、取引を始めた。東証1部がなくなるなど約60年ぶりの刷新となり、五つに分かれて違いがわかりにくかった市場の特徴を鮮明にした。企業が継続的に成長するように上場基準を厳しくして株式市場の国際的な地位向上をめざす。ただ、基準を満たさなくても旧1部は原則的にプライムへ移れる経過措置ができたため、変化に乏しいとの声もある。

　東証再編の背景には、日本の株式市場の国際的な地位が落ちていることがある。

　バブル期には上場する企業の株式時価総額が世界一を誇った東証だが、日本の低成長を映すように欧米の証券市場より地盤沈下が進んでいた。東証上場企業の時価総額は直近10年間で2倍だが、急成長する米IT大手などが上場する米ナスダックは6倍超に。3倍超に膨らんだ上海にも抜かれ、東証は5位に転落した。

　企業の成長力の差も顕著だ。1989年に世界の時価総額トップ10にはNTT、東京電力、都市銀行など日本勢が7社あったが、22年初め時点では国内トップのトヨタ自動車でも29位。急成長する米アップルの時価総額だけで、旧東証1部の半分を占める。

　米国では企業の資金調達を株式市場が支え、成長も後押ししているのに対し、日本は上場がゴールとなりやすいことが一因とみられる。

　そこで東証は、国内外からより多くのお金を集め、企業の成長につなげるため、約60年ぶりの市場再編に着手した。

　まず、違いがわかりにくいとされた、1部、2部、ジャスダック・スタンダード、ジャスダック・グロース、マザーズの5市場を3市場に再編。グローバル企業中心で最上位のプライム、実績のある大企業や中堅企業中心のスタンダード、新興企業向けのグロースと位置づけた。

　上場するための基準や、上場を維持するための基準も引き上げた。企業が上場を維持できる基準が厳しくなれば、上場後も利益拡大などを求められる。継続的な成長の戦略を描いて実行し、それが株式市場で評価されると資金調達もしやすくなる、という好循環が期待されている。

　ただ、東証はプライムへの移行時点で新しい上場基準を満たしていなくても達成への「計画書」を示せば移行が認められる経過措置も用意。

この措置を利用した約300社を含む旧１部の84％がプライムに移行した。東証は、その適用を「当分の間」とし、終了時期については有識者会議で検討を続けている。

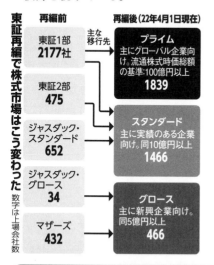

東証再編で株式市場はこう変わった　数字は上場会社数

再編前	主な移行先	再編後(22年4月1日現在)
東証1部 2177社	→	プライム 主にグローバル企業向け。流通株式時価総額の基準:100億円以上 1839
東証2部 475	→	スタンダード 主に実績のある企業向け。同10億円以上 1466
ジャスダック・スタンダード 652	→	
ジャスダック・グロース 34	→	グロース 主に新興企業向け。同5億円以上 466
マザーズ 432	→	

旧１部の大半がプライムに移行し、経過措置の期限がはっきりしないことなどから、国内外の投資家からは「再編しても大きな変化はなかった」という批判的な声も多い。企業側からも、「変わらなかった」との声が漏れる。

東証も懸念の声は把握しており、今回の再編を「スタートライン」と強調。経過措置を使った会社が企業価値を高めて新基準に届いたかを定期的に確かめるとしている。日本取引所グループの清田瞭最高経営責任者（CEO）は「投資者に魅力的な市場か、注意深く丹念にフォローアップし、市場区分見直しの実効性を高めていきたい」と話す。

（経済部・山本恭介）

関連用語

◆上場基準

東証の市場再編に伴い、新たな上場基準ができた。最上位市場のプライムに上場する企業は、市場に流通する株の時価総額を100億円以上とし、満たさなければ上場廃止となる。

企業統治の面でも、気候変動によって受けるリスクの情報開示や独立社外取締役を３分の１以上にすることを求めるなど、基準を厳しくした。

ただ、基準を満たさなくても旧１部からプライムに移行できる経過措置が設けられており、東証がいつ経過措置に区切りをつけるかが注目されている。

◆東証株価指数

旧東証１部の値動きを表すもので、TOPIXとも呼ばれる。旧１部の全銘柄（2200社弱）の株価をもとに算出しており、日経平均株価とともに、日本を代表する株価指数とされる。

東証は４月の市場再編に伴って設けた新基準をもとに、25年にかけて対象銘柄を絞り込むことにしている。指数としての魅力を高め、投資を呼び込むことが狙いで、選考基準は「市場に流通する株の時価総額100億円以上」。約２割にあたる493社が段階的に除外する対象となると公表されている。

農産物・食品の輸出額、初の１兆円超え

　2021年の農林水産物・食品の輸出額は１兆2382億円で、初めて１兆円を超えた。9860億円だった20年から25.6％伸びた。海外で日本産食品の購買意欲が高まっているほか、コロナ禍によるインターネット通販の普及なども後押しした。「１兆円」の目標は06年に政府が決定。さらに「25年に２兆円」「30年に５兆円」の新目標も設定し、輸出拡大へ向けた支援を強化している。

　輸出額は13年から９年連続で増えている。

　21年の品目別では、ホタテ貝（639億円、前年比103.7％増）や牛肉（536億円、同85.9％増）などが伸びた。ウイスキー（461億円、同70.2％増）や日本酒（401億円、同66.4％増）などアルコール飲料も海外で人気が増している。

　輸出先では、中国が2223億円と最も多く、2190億円の香港、1683億円の米国が続いた。中国は前年比35.2％増、米国は同41.2％増と大きく増えている。

　アジアでは経済成長に伴い消費者の購買力が高まっているほか、欧米ではコロナ禍で普及したインターネット通販で日本産食品の需要が増えているという。コロナ禍の前まで訪日外国人客〔●82ページ〕が急増していたことも、海外で日本食需要が増えるきっかけになったとの指摘もある。

　農林水産省は輸出が増えると、国内の農林水産業の維持・拡大と経営安定や、地域の雇用創出などのメリットがあると強調する。品目によっては国内市場より高い値段で売ることができるほか、国内の人口減が見込まれる中、輸出で消費の減少をカバーできるとの見方だ。

　輸出額１兆円の目標は、「日本の農林水産物や食品は国内向けとの固定観念を打破する」として、06年に第１次安倍政権が掲げた。当時の輸出額は4500億円ほど。３倍近く伸びた計算だ。

　この間、政府は輸出品に関する施設整備への助成や日本貿易振興機構（JETRO）と連携した販促活動、輸出手続きの効率化など、輸出拡大に

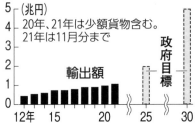

農林水産物・食品の輸出は伸び続けている

20年、21年は少額貨物含む。21年は11月分まで

（兆円）

輸出額　政府目標

12年　15　20　25　30

向けた旗を振り続けてきた。

さらに20年には25年の輸出額を2兆円、30年は5兆円まで増やす目標も新たに掲げた。輸出の増加が期待できる海外の現地に市場調査などを担う事務所を設立したり、コメやリンゴなど、品目ごとに輸出促進に取り組む団体をつくるよう促したりと、動きを加速させている。

22年に入っても輸出額が増える傾向は続いている。22年1～6月の輸出額は6525億円で、前年同期を13.1％上回る。地域によってはコロナ禍からの回復で外食需要が高まるなどの影響も出ているという。急速に進む円安〔⬤74ジ〕も追い風だと

して、政府はさらに輸出支援を強化する方針だ。

ただ、輸出額の増加がどこまで日本の農林水産業の収入増につながるかは疑問も残る。

輸出額の約4割は農産物の「加工食品」だ。日本酒のように原料に占める国産農産物の割合が高い品目もあるが、調味料など輸入原料を使った食品も多い。加工品以外でも、輸入小麦を多く使っているとみられる麺類が「穀物等」に分類されているなど、実態は不透明。農水省の担当者は「国産の農林水産物がどの程度含まれているかはわからない」としている。　　　（経済部・初見翔）

関 連 用 語

◆日本産食品への輸入規制措置

食品の輸出拡大に向けたハードルの一つになっているのが、東京電力福島第一原発事故をきっかけとする、日本産食品の輸入規制だ。農水省によると、事故後に55の国・地域が規制を導入。22年6月に英国が規制を撤廃するなど、同7月時点で43カ国・地域が撤廃した一方、欧州連合（EU）を含む12カ国・地域では何らかの規制が残っている。特に香港など東アジアの5カ国・地域では一部の産地や品目に限定して輸入自体を禁止。中国は原発事故とは別に防疫措置として牛肉の輸入も制限している。政府は撤廃に向けた働きかけを続けるとしている。

PLUS ONE
知的財産の保護

日本で開発された果物など「ブランド農産品」の種や苗が海外に流出して、国産農産物の輸出拡大の妨げになっていると指摘されている。農水省によると高級ブドウのシャインマスカットは16年ごろ流出し、中国では日本の約30倍に栽培面積が広がっているという。同省の試算ではシャインマスカットの流出による損失は年間100億円以上とされる。政府は品種育成者の権利を守る種苗法を20年に改正し、海外への持ち出し制限を強化。海外で品種登録する専門機関の設立を検討するなど、知的財産の保護に力を入れている。

赤字ローカル線、見直しを提言

鉄道のローカル線が岐路に立たされている。国の有識者会議は2022年7月、1日1kmあたりの平均利用者数（輸送密度）が「1千人未満」など利用の少ない路線を対象に、沿線自治体と鉄道会社に見直しを促す提言をまとめた。JR東日本などは路線ごとの収支を示し、バスなどへの転換も視野に自治体と協議する方針。人口減少に加え、ローカル線の赤字を補っていた都市部の稼ぎがコロナ禍で減少し、維持が難しくなっている。

国がローカル線の見直しの具体的な条件を示したのは、国鉄民営化後では初めてだ。1千人未満の線区はJR東海を除くJR5社で61路線100区間にのぼる。

ローカル線の見直しはこれまで、JR北海道、四国、九州の「三島会社」が議論の舞台だった。JR北は16年、営業路線の約半分にあたる10路線13線区を「単独では維持困難」と発表。そのうち5線区は鉄道廃止の方針を打ち出し、22年8月に全線区がバス転換で決着した。JR四国、九州も先行して収支を示していた。

3社は管内に東京や大阪といった大都市圏を持たず、経営基盤が弱い。地方は人口減少が速く、生活の足が車に移ったことも響いた。ただ、コロナ禍での在宅勤務の定着や企業の出張控えで、都市部や新幹線でも利用者が落ち込んだ。こうした「ドル箱路線」の稼ぎでローカル線の赤字を補う仕組みが崩れ、見直しの動きは三島会社以外にも広がった。

JR東日本は同7月、輸送密度が「2千人未満」の路線の収支を初めて示した。公表した35路線66区間はすべて赤字だった。この区間の営業距離は在来線全区間の35％ほどに及んだ。JR西日本もこれに先立つ4月、17路線30区間が赤字だと公表。JR東の深沢祐二社長は「コロナの前には戻らない。このタイミングで議論をしないと、将来の地域交通が維持できない」と理解を求めた。一方、JR東海は見直しを検討していないとして、路線ごとの収支を出していない。

◎

こうした状況を受け、国土交通省は今後のローカル線のあり方を議論する有識者会議を立ち

輸送密度が1千人未満のJR各社の主な路線

＊輸送密度＝1日1kmあたりの平均利用者数
JR各社の2019年度実績をもとに集計。廃止された2区間はのぞく

JR北海道	8路線10区間	輸送密度
函館線	長万部―小樽	618人
留萌線	深川―留萌	137人

JR東日本	29路線50区間	
中央線	辰野―塩尻	547人
只見線	会津川口―只見	27人

JR西日本	13路線25区間	
大糸線	南小谷―糸魚川	102人
芸備線	東城―備後落合	11人

JR四国	3路線4区間	
牟岐線	阿南―牟岐	605人
予讃線	向井原―伊予大洲	364人

JR九州	8路線11区間	
筑肥線	伊万里―唐津	214人
肥薩線	人吉―吉松	106人

上げた。7月の提言では、自治体もしくは鉄道会社の要請に基づき、国が「特定線区再構築協議会」(仮称)を設置する新しい制度を盛り込んだ。国が積極的に関与し、協議開始から3年以内に結論を出すとしている。

協議会の設置は、輸送密度「1千人未満」のほか、路線が複数の自治体や経済圏にまたがり、広域での調整が必要であることを条件とした。都市をつなぐ特急や貨物列車が通る路線は対象外だ。

見直し方法はバスのほか、線路を撤去し専用道を整備するBRT(バス高速輸送システム)や、鉄道施設を自治体が保有し鉄道会社が運行を担う「上下分離方式」などが想定される。転換にかかる費用やその実証実験は、国が支援する。一方、「廃止ありき」「存続ありき」の前提は置かないとも明記した。

自治体と事業者が協議する枠組みはこれまでもあった。ただ自治体は議論のテーブルにつくことに後ろ向きで、JR側も情報の開示に消極的だったため、議論は進んでこなかった。新しい枠組みは23年度から活用できるようになるが、議論は簡単ではない。

自治体の鉄道廃止への抵抗感は根強い。鉄道は地域交通の骨格を担うため、まち全体の姿をどう描くか腰を据えた議論が求められる。

(経済部・松本真弥)

関 連 用 語

◆輸送密度

鉄道の輸送規模や効率性をはかる指標。1980年代に旧運輸省が国鉄再建法に基づき、全国の不採算路線の廃線を検討した際に使われた。当時は輸送密度が「4千人未満」の路線はバスへの転換が適当とされ、最終的には83路線3157kmがバスへ転換、もしくは第三セクターなどに移管された。国交省によると、JR旅客6社が抱える4千人未満の路線の割合は87年度に全体の36%まで減少したが、2020年度には57%まで再び増加した。JR東と西、九州は「2千人未満」の路線を対象に収支を公表している。

PLUS ONE
西九州新幹線開業

武雄温泉駅(佐賀県武雄市)と長崎駅(長崎市)を結ぶ西九州新幹線が22年9月23日、開業した。全長66kmで日本最短だ。博多駅(福岡市)ー長崎駅は在来線特急と乗り継ぐ「リレー方式」を採用し、最速で30分ほど短縮され1時間20分になった。九州新幹線が走る新鳥栖駅(佐賀県鳥栖市)とつなぐ計画だが、地元の佐賀県は受け入れていない。新幹線の開通で在来線が減便される懸念があり、財政負担もネックだ。新幹線の開業は16年3月の北海道新幹線以来だった。

知床観光船沈没事故

北海道斜里町・知床半島沖で2022年4月23日、小型観光船「KAZU Ⅰ」（カズ ワン）が沈没し、乗員2人乗客24人の計26人が行方不明となる海難事故が発生した。船の運航会社「知床遊覧船」は通信手段の不備や安全対策をめぐる違反行為が次々と明らかになり、6月に全国の旅客船で初めて国土交通省から事業許可取り消し処分を受けた。国の船舶検査体制のずさんさも浮き彫りとなり、旅客船業界の取り締まり強化が進んでいる。

4月23日午前10時、26人を乗せた知床遊覧船のカズワンは、斜里町ウトロ漁港から、半島先端の「知床岬」で折り返す3時間コースに出発した。この日は同社のシーズン初運航日で、同社は地元の観光船同業他社に先駆けて単独で出航した。

しかし、当日は午後から天候の悪化が予想されていた。カズワンの豊田徳幸船長は地元漁師や同業の船長から止められたが、出航を決定。午後1時10分すぎ、同業他社の事務所に豊田船長が「浸水している。沈むかもしれない」「もうバッテリーが落ちる」などと無線連絡したのを最後に、船は消息を絶った。

現場は世界自然遺産区域で、救助を専門とする機動救難士の「1時間出動圏」の外だったこともあり、救助隊の到着までには時間を要した。生存者の捜索は難航し、12月までに20人の死亡が確認された。船体は事故発生から6日後に水深122mの海底で見つかり、専門の民間業者によって6月に陸揚げされた。

同社が定めた安全管理規程に基づく運航基準では、航行中に「風速8m以上、波高1m以上」になる恐れがある場合は出航を中止する必要があった。だが、当日はそれを超える予報が出ていた。同社の桂田精一社長は後に開かれた会見で、海が荒れる場合は途中で引き返す「条件付き運航」を船長に指示したと説明。

また、通信手段にも不備が多数見つかった。事務所の無線アンテナは折れて受信できず、航行中の船からの定点連絡も記録されていなかった。同社は事故3日前の船舶検査で、出航後の連絡手段を携帯電話に変更していたが、申請した携帯電話は当日の航路の大半でエリア外だった。代替手段になりうる衛星携帯電話も故障していた。

さらに、規程では船を運航中、運航管理者が原則事務所で勤務する必要があったが、事故当日は守られて

いなかった。

国交省は特別監査でこうした安全管理規程違反17件を含む海上運送法上の違反を確認。同社は6月中旬、事業許可取り消し処分を受けた。海上保安庁は桂田社長と豊田船長が安全管理を怠り事故を引き起こしたとみて、業務上過失致死の疑いで捜査

海面までつり上げられたカズワン＝22年5月、北海道斜里町沖

を進めている。

岸田文雄首相は5月27日、衆院予算委員会で「事業者の安全意識の欠如を把握できなかったことは国土交通省として責任を十分に果たしていなかった」と国の責任を認めた。

波紋は全国に及び、全国の旅客船事業者に対する同省の緊急安全点検では、同様の不備が162業者で計346件見つかった。同省の有識者検討委員会では7月、小型旅客船の安全対策の強化に向けた中間取りまとめを公表。事業許可の更新制を導入して罰則も強化するなど、規制を厳しくするきっかけとなった。

（北海道報道センター・佐野楓）

社会

関 連 用 語

◆安全管理規程

海上運送法では、観光船事業者に安全確保のためのルールを「安全管理規程」として各事業者自身が定め、国交省へ届け出ることが義務づけられている。違反した場合は罰金刑などの罰則がある。

規程では、船の点検整備、事故対応などのほかに、運航可否の基準も設ける必要がある。主に風速、波の高さ、海上での視界の距離を条件に挙げ「毎秒〇m以上の風速であれば出航を中止する」などと定めるのが一般的だ。

だが、船の大きさや海の環境など各地で事情が異なり、規程に全国一律の基準を設けられない実態もある。

PLUS ONE
救命いかだの搭載義務化

カズワンの事故を受け国交省は、船から安全に乗り移ることができる改良型の「救命いかだ」などの開発をメーカーに要請し、最低水温が10度未満の水域（河川・港内を除く）を航行する旅客船について、救命いかだの搭載を義務づける方針を固めた。

船舶安全法に基づく小型船舶安全規則では、小型船は定員分の救命胴衣のほかに救命いかだか救命浮器の搭載が義務づけられている。カズワンには救命浮器や救命胴衣が備えられていたが、海に体がつかるため、低水温時のリスクが指摘されていた。

東京五輪汚職事件

　東京五輪・パラリンピックをめぐり、企業側から賄賂を受け取ってスポンサー選定や公式ライセンス商品の販売などで便宜を図ったとして、大会組織委員会の元理事・高橋治之容疑者が、受託収賄容疑で東京地検特捜部に逮捕・起訴された。元理事が逮捕・起訴されたのは4回で、五つのルートが立件された。受託収賄罪・収賄罪では3人、贈賄罪では大手企業トップを含む12人が起訴され、賄賂とされた総額は計約2億円にのぼった。

　特捜部は2022年7月、高橋元理事の自宅や経営するコンサルタント会社「コモンズ」、広告最大手「電通」などを家宅捜索した。特捜部が着目したのが、大会スポンサーだった紳士服大手「AOKIホールディングス」側からコモンズに支払われていた「コンサル料」だった。捜査の過程で、高橋元理事とAOKI側が複数回面会

し、スポンサー選定などをめぐってやりとりをしていた実態を把握。コンサル料は、五輪事業で高橋元理事がAOKI側に図った便宜に対する謝礼の疑いがあるとして、同8月中旬に受託収賄容疑で逮捕に踏み切った。

　事件は、出版大手「KADOKAWA」のほか、広告大手「大広」や「ADKホールディングス」など計5ルートにまで発展した。

　さらに、賄賂とされた資金の受取先には2人の知人のコンサル会社もあり、特捜部はこれらを高橋元理事の「財布」と捉え、知人らを元理事の共犯として立件した。賄賂と

五輪汚職事件の構図 東京地検の発表などから

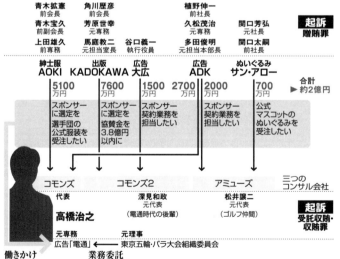

青木拡憲 前会長	角川歴彦 前会長		植野伸一 前社長			
青木宝久 前副会長	芳原世幸 元専務		久松茂治 元専務	関口芳弘 元社長	**起訴** 贈賄罪	
上田雄久 前専務	馬庭教二 元担当室長	谷口義一 執行役員	多田俊明 元担当本部長	関口太嗣 前社長		

紳士服 AOKI	出版 KADOKAWA	広告 大広		広告 ADK	ぬいぐるみ サン・アロー	
5100 万円	7600 万円	1500 万円	2700 万円	2000 万円	700 万円	合計 ▶ 約2億円
スポンサーに選定を 選手団の公式服装を受注したい	スポンサーに選定を協賛金を3.8億円以内に	スポンサー契約業務を担当したい		スポンサー契約業務を担当したい	公式マスコットのぬいぐるみを受注したい	

コモンズ	コモンズ2		アミューズ	三つのコンサル会社
代表	深見和政 元代表 （電通時代の後輩）		松井讓二 元代表 （ゴルフ仲間）	
高橋治之				**起訴** 受託収賄・収賄罪
元専務	元理事			
広告「電通」 ←	東京五輪・パラ大会組織委員会			

働きかけ　　　　業務委託

された総額は、汚職事件として過去最大級の約2億円にのぼる。

高橋元理事は非常勤の理事で、担当の職務は定款に明記されていない。そこで、特捜部は贈賄側の企業から依頼を受けて便宜を図ったエピソードを重ねて、「構造的な収賄」と示す戦略を取った。

東京五輪などをめぐる経緯

2013年	9月 開催都市が東京に決定
14年	1月 東京五輪・パラ大会組織委員会が発足
	4月 組織委が電通をマーケティング専任代理店に指名
	6月 高橋治之・電通元専務が組織委理事に就任
21年	7〜9月 東京五輪・パラ大会が開催
22年	6月 組織委が解散
	7月 東京地検が高橋元理事の会社や電通を捜索
	8〜10月 高橋元理事を5ルートの受託収賄容疑で4回逮捕
	11月9日 高橋元理事を4回目の起訴。捜査に区切り
30年	札幌市が招致を目指す 冬季五輪

高橋元理事が逮捕された根拠が「みなし公務員」の規定だった。税金をつぎ込む五輪は公共性が高いため組織委理事らは在職中、職務に関して金品を受け取ると収賄罪に問われる。検察幹部は「（元理事は）みなし公務員という意識が薄かったと思う」と語る。

事件を受け、再発防止に向けた動きも進む。東京都は、関与する国際スポーツ大会の運営を透明化する指針作りを決めた。スポーツ庁も大規模スポーツ競技会の運営の進め方を検討するプロジェクトチームを設置し、23年2月をめどに指針をまとめるという。　　　（社会部・金子和史）

関 連 用 語

◆受託収賄罪

公務員が職務に関して請託（依頼）を受けたうえで金品を受け取るか、金品の要求などをした場合に成立する。法定刑は7年以下の懲役で、悪質性が高いとして、単純収賄罪（5年以下の懲役）よりも重い。収賄罪には、ほかに自らが請託を受けてほかの公務員に不正行為をさせるあっせん収賄罪や第三者に賄賂を受け取らせる第三者供賄罪がある。

過去には、文部科学省の事業での便宜の見返りに息子の入試で加点してもらったとして同省元局長や、公共工事の受注で賄賂をもらったとして鈴木宗男・衆院議員（当時）が受託収賄罪で起訴された。

PLUS ONE
IOCの国際倫理規定

国際オリンピック委員会（IOC）の委員をはじめ、開催都市の大会組織委員会など五輪に関わる人が守るべき規則。謝礼や報酬の受け取りを禁止し、「オリンピック関係者の公正さと高潔性に疑いが持たれるようなものであってはならない」としている。東京五輪の招致では、招致委員会がシンガポールのコンサルタント会社に支払った資金の一部がIOC委員側への賄賂にあたるとして贈賄容疑で仏当局が捜査しているが、日本オリンピック委員会（JOC）は、IOCの倫理規定に違反しないと結論づけた。

寄付の悪質な勧誘を規制する新法

高額な寄付による財産被害を防ぐため、悪質な寄付の勧誘を規制する新法が2022年12月10日、成立した。7月の安倍晋三元首相銃撃事件をきっかけにクローズアップされた宗教法人「世界平和統一家庭連合」（旧統一教会）の問題を受けて、政府が対策に乗り出した結果だ。ただ、急ごしらえの法律には被害者支援に携わる弁護士らから「中身が不十分で、救済にならない」との批判が上がるなど、課題を残したままの立法となった。

新法は、政府が法案を閣議決定する前から、与野党が協議を重ねて内容を調整するなど、異例の展開をたどった。臨時国会での審議はわずか5日間。新法の成立を受けて、岸田文雄首相は「与野党の垣根を越えた圧倒的多数の合意のもとで成立させることができた」と述べた。

高額寄付問題が表面化したのは、7月の安倍元首相の銃撃事件〔●16ページ〕がきっかけだった。容疑者の母親は、旧統一教会の信者で、1億円以上を献金したとされる。教団は1980年代、「先祖のたたり」などと不安をあおり、壺や印鑑などを法外な値段で売る霊感商法への関与が指摘されていた。警察による関係団体の摘発などを受け、次第に、資金調達の重点が寄付に移行したとされる。

度重なる寄付により被害額は高額となり、同居する家族の生活まで苦しくなるなどの被害実態が明らかになった。信者は、マインドコントロール（洗脳）状態にあるため、自身

救済新法のポイント

の被害に気づきにくく、物を介さない寄付については法的ルールがないため、被害救済の難しさが問題とされた。

こうした問題点は、消費者庁で8月に始まった有識者検討会で議論された。10月に公表された報告書では、寄付に関する法整備の必要性などが提案された。岸田首相は臨時国会中の法案提出に意欲を示し、被害者救済の法案作りは急ピッチで進められた。

新法には、大きく二つの目的がある。第一に規制として、寄付の勧誘の際に相手を困惑させる行為などを

明示し、禁止とした。禁止行為に違反すれば、勧告や命令などの行政処分や罰則の対象となる。規制の対象は、宗教法人に限らず、個人に寄付の勧誘をするすべての法人や団体が含まれる。第二に、被害救済として、禁止行為により行われた寄付は取り消せるようにした。子どもや配偶者なども、扶養を受ける権利の範囲内で寄付を取り戻せる仕組みを盛り込んだ。

制度設計にあたっては、信教の自由や財産権を侵害しないように抑制的な仕組みを提案する政府・与党側と、救済の幅を広げようとする野党側の交渉も注目された。最終的に野党の主張も一部採り入れられ、多数の野党が合意した形での成立となった。

交渉過程では、マインドコントロール状態を利用して寄付を求める行為をどう規制するかが争点の一つだった。政府・与党は、マインドコントロール状態の定義が難しいとして、取り消しの対象となる禁止行為にはせず、配慮義務規定にとどめた。この問題に長年取り組んできた「全国霊感商法対策弁護士連絡会」の弁護士や当事者らは、「被害救済にほとんど役立たない」と批判した。家族が代わりに寄付を取り戻せるという仕組みも救済範囲が限定的だとし、引き続き見直しを求めている。

（くらし報道部・寺田実穂子）

関 連 用 語

◆宗教法人法に基づく解散命令

宗教法人法には、法人が「法令に違反して、著しく公共の福祉を害する行為」などを行った場合、所轄庁の請求により、裁判所が解散命令の是非を判断するという仕組みがある。解散命令が出れば、法人格が剝奪され税優遇を失う。過去に法令違反で解散命令を受けたのは、地下鉄サリン事件などを起こした「オウム真理教」と霊視商法詐欺事件が発覚した「明覚寺」だ。

旧統一教会については、組織的な不法行為が認められた民事裁判が積み重なっており、解散命令請求の要件に該当する疑いがあるとされた。政府は11月、請求の前段階として規定されている「報告徴収・質問権」を教団に対して行使した。

◆宗教2世問題

信仰を持つ親のもとに生まれた子どもたちが抱える貧困や虐待などの様々な問題のこと。2世の当事者らは、安倍元首相銃撃事件をきっかけに、SNS上などで声を上げている。

当事者は、信仰や結婚、進学などを自由に選択できず、親から強制されてきたことなどを訴えている。児童相談所や警察に親の虐待行為を相談しても、「宗教を理由に対応してもらえなかった」という実態が明らかになった。

拘禁刑の創設

　刑罰から懲役と禁錮をなくし、新たに拘禁刑をつくる改正刑法が国会で成立した。刑罰の目的を「懲らしめ」から「立ち直り」に移す大転換で、拘禁刑では刑務作業を一律には義務づけずに指導、教育を充実させる。背景には刑法犯が減少する一方で、再犯者の割合が近年は約５割と高止まりしている現状がある。刑罰の種類が変わるのは刑法が1907（明治40）年に制定されてから初めてで、2025年までに導入される。

　現行法の刑罰には、生命を奪う死刑、自由を奪う懲役、禁錮、拘留のほか、財産を奪う罰金、科料、没収がある。自由を奪う刑のうち、懲役は木工、印刷、炊事などの刑務作業が義務づけられ、禁錮は義務づけられない。拘留は30日未満の収容で作業の強制もない。

　20年に死刑と自由を奪う刑が確定するなどした受刑者のうち99.65％は懲役で、禁錮が0.32％。禁錮刑は過失による交通事故で適用されることが多いが、大半は希望して作業に従事しており、両者を区別する意味は薄れていた。

　改正法施行後は懲役と禁錮が廃止され、拘禁刑となる。拘禁刑の条文では「改善更生を図るため、必要な作業を行わせ、または必要な指導を行う」と明記。作業は一律の義務とはせず、個々の受刑者の特性に応じて作業と指導を柔軟に組み合わせられるようにした。

　改正の背景には、刑法犯が減少す

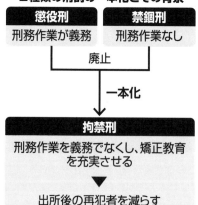

２種類の刑罰の一本化とその背景

懲役刑	禁錮刑
刑務作業が義務	刑務作業なし

廃止

一本化

拘禁刑
刑務作業を義務でなくし、矯正教育を充実させる

▼

出所後の再犯者を減らす

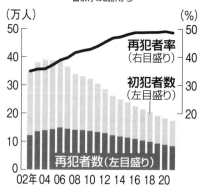

背景には…
増加傾向にある再犯者率
警察庁の統計から

再犯者率（右目盛り）
初犯者数（左目盛り）
再犯者数（左目盛り）

'02年 04 06 08 10 12 14 16 18 20

る一方で、再犯者の割合が近年は約5割で推移している現状がある。拘禁刑導入後の具体的な制度設計は未定だが、刑務作業を一律の義務にせず、指導プログラムを増やすなどして再犯防止を図る。

例えば、計算や読み書きが苦手な人には集中的に勉強させ、高齢者には出所後の生活を見越してリハビリを充実させる。窃盗では貧困や精神疾患といった要因別の指導、薬物や性犯罪に対してはすでに実施しているプログラムの拡充が想定される。

受刑者の処遇をめぐっては、名古屋刑務所で01〜02年、刑務官から暴行されて死傷した事件が起きた。これを機に、現行刑法と同時期に制定された監獄法が全面改正され、06年に刑事収容施設法と名を変えて施行。処遇の原則を「改善更生の意欲の喚起と社会生活に適応する能力の育成」と位置づけた。

刑法からも、懲らしめの意味合いが強い懲役をなくし、拘禁刑に「改善更生」を明記することで、受刑者の立ち直りや再犯防止をより具体的に実現する。

拘禁刑の導入は25年の見込みで、それまでに刑務所は必要な準備を進める。　　　　　（社会部・田内康介）

関 連 用 語

◆侮辱罪厳罰化

22年成立の改正刑法には、侮辱罪の厳罰化も盛り込まれた。法定刑が「拘留（30日未満）か科料（1万円未満）」から「1年以下の懲役・禁錮か30万円以下の罰金」に引き上げられた。プロレスラーの木村花さん（当時22）がSNSで中傷を受けて亡くなったことが大きなきっかけとなった。ネット上で深刻化する誹謗中傷の抑止効果が期待されている。

一方、厳罰化によって逮捕の条件が緩和され、政治家や公務員への批判などを萎縮させて「表現の自由が脅かされる」といった指摘が出た。法務省などは「正当な言論活動を処罰対象とするものではない」とする見解を出した。

◆再犯

20年の刑法犯検挙者数は18万2582人で、そのうち再犯者は8万9667人だった。刑法犯検挙者が減る一方で、再犯者率は5割近くで高止まりしている。また、刑務所を出た人が2年以内に再び刑務所に入る「再入率」でみると、満期釈放者は23.3％で全体より高く、課題の一つとなっている。

刑務所などは今でも刑務作業の合間に受刑者への改善指導を実施している。

犯罪の責任を自覚させ、社会生活に適応するのに必要な知識を習得させる「一般改善指導」のほか、薬物や性犯罪、暴力団などに着目した「特別改善指導」がある。

ウクライナ避難者の受け入れと難民認定

　ロシアのウクライナ侵攻〔⮕38ページ〕をめぐり、政府は2022年３月、ウクライナからの避難者の受け入れを始めた。異例の積極支援を続け、同10月までに日本に逃れた人は２千人を超えた。避難者は生活費などの支援のほか、１年間働ける在留資格「特定活動」への切り替えも認められた。仕組みの違いはあるが、21年までの40年間で915人にとどまる難民行政の消極性を際立たせる結果となり、抜本的な政策転換を求める声が上がる。

　岸田文雄首相がウクライナからの避難者の受け入れを表明したのは22年３月２日。４月以降は、ポーランドを訪問した林芳正外相が政府専用機に避難者を乗せて一緒に帰国したほか、民間機の座席の一部を政府が借り上げて支援するなどした。

　出入国在留管理庁によると、自力で来日した人たちも含め、避難者は２千人を超えた。このうち18歳未満の子どもは２割ほどだ。

　身寄りのない避難者らには、入国後まず一時滞在先のホテルで食事などを提供しながら、１日の生活費として最大１千円を支給。その間、住居などを用意する自治体や企業・団体とのマッチングを進める。ホテルを出たら一時金として最大16万円、１日の生活費として最大2400円を支給する枠組みをつくった。

　ウクライナの情勢改善の見通しが不透明なことから、支援期間は半年から１年に延長。医療費などの支援も含め、これらの費用は予備費の計約24億円で賄う。

　政府や自治体、企業は就労や日本語教育の支援に取り組み、日本の企業などで働いたり、学校で学んだりする避難者も出てきた。生活支援も本格化させ、企業などが提供する物資やサービスを紹介する専用サイトを立ち上げ、服や家具、通訳などを手軽に探せるようにした。

◎

　政府は、ウクライナの人たちを法的な根拠があいまいな「避難民」と位置づけ、「難民」とは区別している。

　難民条約に基づく難民は、人種、宗教などを理由に自国で「迫害」を受ける恐れがあって他国に逃れた人と定義される。

　日本は1982〜2021年に８万7892人から難民申請があったが、915人しか認定していない。難民認定はしないが人道上、在留を認めた人も3289人にとどまる。半年あまりで２千人を受け入れたウクライナとの落差が際立つ。

難民認定の申請中、生活費や住居費といった公的支援を受けられる制度はある。ただ、支給を受けられる人は一部に限られるうえ、支給までに平均で3カ月かかるなど、「難民を保護・救済しようという制度になっていない」との声が上がる。

ウクライナ避難者とほかの難民支援との差について、政府関係者は「第2次世界大戦以来の未曾有の危

佐賀空港に到着したウクライナからの避難者2人＝22年4月、佐賀市

機」と強調しつつ、「世論の大きな支持」を指摘。「結局は政治。国民がどう考えるかが重要だ」という。

21年に廃案になった出入国管理法改正案には、紛争から逃れた人を難民に準じて保護すべき「補完的保護対象者」とする新制度が盛り込まれていた。この改正案について、法務省は23年の通常国会で、再度提出したい考えだ。

難民施策に詳しい橋本直子・一橋大准教授は「ウクライナ支援を他の避難民にも標準化すべきだ」という。補完的保護の制度は「法制化するなら、認定基準を広げ、救うべき人を迅速に救える制度にしていく必要がある」と指摘している。

（社会部・田内康介）

社会

関 連 用 語

◆出入国管理法改正案

出入国管理法改正案は、強制退去処分になった外国人の収容長期化の解消が目的で、21年の通常国会に提出された。難民に準じて保護すべき「補完的保護対象者」にする制度の創設のほか、母国への送還が停止される難民申請を原則2回に制限する規定や、施設外の「監理人」のもとで生活する措置が盛り込まれた。

だが、スリランカ人の女性が収容中に死亡した問題で、批判が集中して政府・与党は成立を断念。再提出が検討されているが、「外国人の排除の強化だ」といった批判は根強い。

◆難民認定制度

難民認定は、難民条約に加入して1982年に整備した制度に基づく。認定されると5年間の「定住者」資格が原則与えられ、「永住者」になる要件も緩和される。日本人と同じく国民年金、児童扶養手当、健康保険も受けられる。ただ、日本は条約の解釈が厳格で、認定へのハードルは高い。一方、条約に基づかない「定住難民」として、人道上の観点から受け入れたケースもある。ベトナムなどから脱出したインドシナ難民と、一時的な難民キャンプから第三国に移動する「第三国定住」だ。

在外国民審査実施へ、法改正

　最高裁裁判官の国民審査をめぐり、海外の日本人が投票できないのは憲法違反かが争われた訴訟の上告審判決で、最高裁大法廷は「違憲」とする初判断を示した。大法廷は国民審査権について「選挙権と同様に保障された国民の権利だ」と指摘し、国会が法整備を怠った責任を認めて国に賠償を命じた。法令を違憲だと最高裁が認めた判決として戦後11件目だった。判決を受けて政府は、海外から投票ができるように法改正をした。

　国民審査は憲法79条に基づき、選挙権のある18歳以上がやめさせるべきだと思う裁判官に「×」印をつけて投票する。裁判官は任命後の初めての衆院選と、それから10年経過後の衆院選に合わせて審査される。×が有効票の半数を超えるとやめさせられるが、過去に例はない。

　最高裁裁判官への国民のチェックとして、米国などは就任時に国会が承認する。

　日本の国民審査は戦後、いまの憲法ができる過程で設けられた。国民が直接、意思を示す制度は世界的にも珍しいとされる。

　国民審査の手続きを定めた「国民審査法」は、海外からの投票を認めてこなかった。原告5人は2017年の国民審査の際、ブラジルや米国に住んでいて投票できず、翌18年に提訴した。

　原告は裁判で2点を求めた。一つは、将来の法改正を実現するために「次回の審査で原告に投票させない

のは違法だ」と裁判所が確認すること。もう一つは、国会が投票に必要な法改正を怠った「立法不作為」による原告の精神的苦痛に対し、国に賠償をさせることだった。

　一審・東京地裁と二審・東京高裁はどちらも、海外からの投票をまったく認めないことは「違憲だ」と判断したが、結論が異なった。地裁は国会の立法不作為を認めて国に賠償を命じたが、「違法確認」は認めなかった。逆に高裁は違法確認を認め、賠償は認めなかった。

　その後、最高裁大法廷が22年5月に言い渡した判決は、原告の完全勝利と言える内容だった。

　大法廷はまず、国民審査の権利について「国民主権の原理に基づいて

争点に対する判断	一審 東京地裁	二審 東京高裁	最高裁
在外邦人が投票できないのは憲法違反か	違憲	違憲	違憲
国会の立法不作為に基づく国への賠償命令	認める	認めず	認める
次回の審査に参加できないことの違法性	認めず	認める	認める

憲法に明記された主権者の権能で、選挙権と同様の性質がある」と述べた。国民審査法が海外からの投票をまったく認めていないのは、公務員をやめさせる権利を定めた憲法15条、国民審査を定めた79条に違反すると判断した。

国は裁判で「選挙権ほど重要ではない」「短期間のうちに投票用紙を世界中に送るのは不可能だ」と主張していたが、退けられた。

そのうえで大法廷は、原告が求めた違法確認と賠償の両方を認めた。

違法確認については、高裁と同様に「次回の審査」で投票できなければ違法だと認めた。国民審査権は、投票できなければ意味がなく、後から賠償などをしても権利を回復できないため、期限を区切る形で国会に法改正を求めた。

賠償については、05年に最高裁が国政選挙での選挙区の在外投票を認めないのは違憲と判断して法改正がされたことや、憲法改正の手続きを定めた07年制定の国民投票法でも在外投票が認められたことなどを指摘。国民審査の在外投票を認める立法の必要性が明白なのに、国会が長期にわたって怠った「立法不作為」にあたると認め、国に賠償を命じた。

半年後の同11月、投票用紙の様式を変えて海外からも投票できるようにする改正法が国会で成立した。

（社会部・根岸拓朗）

関 連 用 語

◆立法不作為

国家賠償法によると、公務員が職務上の法的義務に違反して国民に損害を与えたとき、国や自治体が賠償する責任を負う。国会議員の職務についても「法律の改正や廃止が明らかに必要にもかかわらず、長期にわたって対応を怠った」という場合は、例外的に「立法不作為」とされて国家賠償の対象となる。

国政選挙の選挙区での在外投票の制限が違憲とされた05年の最高裁判決でも立法不作為が認められたが、「三権分立」の原則がある中、国会の不作為について違法と認める裁判の例は少ない。

PLUS ONE
最高裁裁判官国民審査の導入

戦前は、政府の司法大臣が人事をはじめとした司法行政権を握り、司法大臣の下に、現在の最高裁長官にあたる大審院長がいるという位置づけだった。戦後、新憲法の制定過程で、政府からの司法の独立を強めつつ「司法の暴走を防ぐための国民のチェック」を担保する制度として、国民審査ができた。当時の帝国議会の議論では「国民に裁判官の審査などできない」との批判も強かったが、結局はGHQ（連合国軍総司令部）の意向に沿う形で国民審査は導入され、定着していった。

内密出産

「内密出産」は、予期しない妊娠をした女性が病院の担当者にのみ身元を明かして出産し、後に子どもが出自を知ることができる仕組み。熊本市の慈恵病院が母子の命を守るため独自に導入している。2021年12月に出産した女性が国内初となり、このケースを含めて、22年10月上旬までに7人の出産を病院は公表している。一方、国は同9月末に現行法内での内密出産に関する手続きなどをまとめた指針を公表した。

性暴力を受けての妊娠や、パートナーからのDVや親からの虐待などを受け、頼れる人がいない中での妊娠──。社会には、様々な事情で妊娠を誰にも言えず、苦しむ女性たちがいる。そうした女性と赤ちゃんの命を救おうと熊本市の慈恵病院が日本で初めて導入したのが「内密出産」だ。

慈恵病院では、内密出産を望む女性は、病院の担当者にのみ身元を明かす。子どもが一定の年齢に達したら、母親などの預かっていた情報を伝え、出自を知ることができる仕組みにしている。19年に、ドイツの内密出産制度を参考に、独自に導入を表明した。

同病院では、予期せぬ妊娠で悩む女性と赤ちゃんの命を救うため、親が育てられない子を匿名で預かる「こうのとりのゆりかご」（ベビーボックス）を07年に設けた。ゆりかごには15年間で161人の子どもが預けられ、命が救われた。一方で、医師などの専門家が立ち会わずに自宅などで出産した後に預ける人が多いことが課題だった。

そこで、安全に出産できる内密出産の取り組みを始めた。

21年12月に西日本に住む10代の女性が出産し、国内初の内密出産として同病院が公表した。

赤ちゃんは、乳児院で保護された。その後、児童相談所が、家庭で育つのと同様の環境での養育に向けて手続きを進めた。戸籍は、戸籍法の規定にのっとって、作られた。

結果的に、現行法の範囲内で戸籍の作成などは可能だったが、内密出産自体を定めた法律は日本にないため、一つひとつの手続きは病院と熊本市が手探りで進めることになった。現場からルールづくりを求める声が出る中で、国は22年9月末に、厚生労働省と法務省が共同で作ったガイドラインを初めて公表した。一方、法整備には慎重な姿勢だ。

ガイドラインでは、内密出産を推

奨するものではないと明記したうえで、手続きや手順を整理。母親の身元に関する情報については、出産場所となった医療機関が長期的に管理することが望ましいとした。ただし、

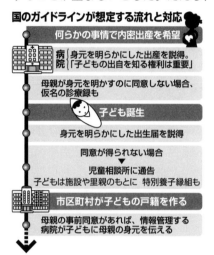

国のガイドラインが想定する流れと対応

何らかの事情で内密出産を希望

病院 身元を明らかにした出産を説得。「子どもの出自を知る権利は重要」

母親が身元を明かすのに同意しない場合、仮名の診療録も

子ども誕生

身元を明らかにした出生届を説得

同意が得られない場合
▼
児童相談所に通告
子どもは施設や里親のもとに 特別養子縁組も

市区町村が子どもの戸籍を作る

母親の事前同意があれば、情報管理する病院が子どもに母親の身元を伝える

情報を保管する公的機関の設置など、全国一律の仕組みづくりには踏み込まなかった。

慈恵病院の蓮田健院長は、ガイドラインには、子どもへの情報開示手順が具体的に定められていないことなど、課題があると指摘。さらなる改善を求めている。

また、同病院は同10月上旬までに、7人の女性が内密出産をしたと公表している。周囲に知られることを恐れて、出産直前に遠方から来院するケースもある。母子の命を救うためには、そうした女性たちの状況を理解し、匿名での出産や預け入れができる同様の施設が、全国各地に必要だと訴えている。

（熊本総局・堀越理菜）

関 連 用 語

◆児童福祉法

児童が良好な環境において生まれ、心身ともに健やかに育成されることを目的とした法律で、児童相談所や母子生活支援施設の設置などについても定めている。

22年6月には、改正法が国会で成立した。

改正法では、児童養護施設や里親のもとで暮らす子どもそれぞれに合った支援ができるよう、対象年齢を22歳までとしていた制限を撤廃することや、子育てに困難を抱える家庭への支援、虐待防止対策の強化などについて盛り込まれた。

◆孤立出産

妊婦が、医師や助産師ら専門家の立ち会いがない状態で、自宅などで出産すること。母子ともに命を落とす危険性を指摘されている。熊本市によると、慈恵病院が運営する「こうのとりのゆりかご」への預け入れでは、15年間で半数以上が孤立出産だった。予期せぬ妊娠など様々な事情で、周囲に妊娠したことを知らせることができず、病院を受診しないまま一人での出産に至るケースが多い。一人でパニックになって、赤ちゃんを遺棄したり死なせたりといった事件に至ることもある。

成人年齢引き下げで18歳から大人に

2022年4月1日から、これまで20歳だった成人年齢が18歳に引き下げられた。18年成立の改正民法が施行されたためで、16年に18歳に引き下げられた選挙権年齢とあわせ、若者の社会参加を促す狙いがある。成人年齢が変わるのは、1876（明治9）年に太政官布告で定められて以来、146年ぶりだった。成人になれば、親の同意なしで様々な契約ができるようになるが、消費者トラブルへの懸念も指摘されている。

成人年齢引き下げの議論の発端は、07年にさかのぼる。憲法改正の手続きを定めた国民投票法が同年に成立し、その投票年齢が18歳以上と決まった。

国の重要な政策を判断する年齢を18歳以上にする議論は進み、16年には公職選挙法も改正され、選挙権を持つ年齢が18歳以上に引き下げられた。

日常生活に関する基本的なことを定めた民法でも、18、19歳を「大人」として扱うことが適当という考えが広がり、18年の民法改正で、22年4月1日から成人年齢を18歳に引き下げることとなった。

成人になると、民法上は、1人で様々な契約をすることができるようになる。父母の親権に服さなくなるという意味もある。

これにより、例えば、携帯電話の購入やアパートの賃貸契約、クレジットカードの作成やローンを組むことが、親の同意なく1人でできるようになった。これまでは親などの同意を得ずに18、19歳の人が結んだ契約は、取り消すこともできたが、今後はそれができなくなった。

ただ、投資やマルチ商法、ネットビジネスなどで、若者に借金をさせて商品購入を迫るトラブルが増えており、若年層への被害が拡大しないか懸念された。

貸金業者の団体などは18、19歳に貸し付けないなどの自主規制を進めている。行政や学校も、消費者トラブルに巻き込まれないよう、お金の知識や主権者としての認識を深めるような教育に力を入れている。

改正民法の施行により、ほかにも10年有効のパスポート取得や、公認会計士や司法書士などの国家資格が必要な職業にも就くことができるようになった。

同時に、女性が結婚できる年齢（婚姻年齢）も変更された。これまで「男性は18歳、女性は16歳」だったが、4月1日から「男女とも18歳」

となった。性別変更の申し立ても、18歳でできるようになった。

一方、「大人」になるとはいえ、18、19歳ではまだできないこともある。

喫煙や飲酒、競馬や競輪などの公営競技の年齢制限は、20歳のままである。これらは別の法律で定められており、健康被害への懸念や、ギャンブル依存症対策の観点から維持されている。

また、選挙権年齢は引き下げられたが、議員や自治体の首長に就くことができる年齢（被選挙権年齢）は、衆院議員や自治体の議員であれば25歳以上、参院議員や知事は30歳以上と、変更はされていない。

成人式をいつ開催するかも話題となった。当事者らから「18歳は大学受験や就職活動で忙しい」などの意見があり、多くの自治体が「成人式」の名称を「二十歳のつどい」などと変更して、「ハタチ」での開催を続けている。　　　（社会部・伊藤和行）

社会

18歳、22年4月から変わったこと・変わらないこと

成人年齢引き下げで…		
● 携帯電話の購入 ● アパートを借りる ● クレジットカードを作る ● ローンを組むなど	→	契約が可能に
● 10年用パスポートの取得	→	可能に
● 性別変更の申し立て	→	可能に
● 女性の婚姻年齢	→	（従来の16歳から）男性と同じ18歳に
● お酒・たばこ ● 競馬・競輪・競艇 ● 養子をとること	→	従来と同様に20歳から

裁判でも…		
● 改正少年法施行で、裁判員に選任される年齢		（「20歳以上」から）「18歳以上」に 実際の選任は2023年から
● 実名報道	→	起訴された18、19歳について可能に 検察は、原則として裁判員裁判対象事件に限定して実名広報

関 連 用 語

◆AV出演被害防止・救済法

成人年齢の引き下げに伴い、18、19歳は親の同意なく結んだ契約の取り消しができなくなった。

これを懸念したアダルトビデオ（AV）への出演強要被害者の支援団体などが対策を求め、22年6月に「AV出演被害防止・救済法」が成立した。

性的動画の撮影や配信で出演者の心身や私生活に被害が起きるのを防ぐため、どの年齢、性別でも、映像を公表した日から1年間は無条件で契約を解除し、販売や配信の停止もできるようになった。

◆未成年者取り消し権

未成年のうちは、何らかの契約をしても、保護者の同意がないなどの条件を満たせば無効にできる「未成年者取り消し権」が民法で定められている。代金を払う義務がなくなり、すでに払った分の返還請求もできる。

18歳への成人年齢の引き下げで、18、19歳のAV出演の契約が取り消せなくなった。

AV出演強要被害者の支援団体は、18、19歳の「未成年者取り消し権」の復活を求めたが、新法「AV出演被害防止・救済法」では、復活は見送られた。

東電旧経営陣に13兆円賠償命令

　東京電力福島第一原発事故をめぐり、東電の勝俣恒久元会長ら旧経営陣4人に対し、連帯して13兆3210億円を東電に支払うよう命じる判決が2022年7月、東京地裁で言い渡された。地裁は、4人が事前に巨大津波を予見できたのに対策を先送りし、事故を招いたと判断。取締役としての注意義務を怠ったと認定した。旧経営陣個人の事故の責任が裁判で認められたのは初めて。賠償額は国内訴訟では過去最高とみられる。

　判決は、東電の個人株主らが12年に提訴した株主代表訴訟で言い渡された。株主らは「旧経営陣5人が津波対策を怠ったために原発事故が起き、会社に多大な損害を被らせた」と主張。計22兆円を東電に賠償するよう求めていた。

　原子力損害賠償法では、原発事故の賠償責任は原子力事業者が負うと定められており、東電が責任を負うこと自体には争いがない。一方、東電旧経営陣の「個人責任」は、勝俣氏ら旧経営陣3人が強制起訴された刑事裁判と株主代表訴訟で争われ、その行方が注目されていた。

　原発事故をめぐる各種裁判で大きな焦点の一つとなってきたのは、国が02年に公表していた「長期評価」と呼ばれる地震予測に、信頼性があったと言えるかどうかだった。福島沖でもマグニチュード8.2程度の地震が発生、大津波が起きうるとの内容だ。東電の子会社も08年、これに基づき、最大15.7mの津波が来ると

の計算を出していた。

　ただ、刑事裁判では19年、東京地裁が信頼性を否定し、3人は無罪となった。株主代表訴訟でも旧経営陣側は「津波対策に採り入れるべき信頼性はなかった」と主張した。

　これに対して朝倉佳秀裁判長は、長期評価の策定には「国のトップレベル」の研究者が関わったことなどを挙げ、「相応の科学的信頼性を有する知見だった」と判断した。東電の原発部門の担当取締役は当時、計算結果の妥当性の検討を土木学会に委ねるだけにとどまっており、「津波対策の先送りであり、著しく不合理で許されない」と指摘した。

　勝俣氏と清水正孝元社長も09年の社内会議で「14m程度の津波の可能性」を聞いており、対策をしない担当部署の判断について「不合理な点がないか確認すべきだったのに、怠った」とした。

　そのうえで、主要な建屋や機器の浸水対策をすれば事故は避けられ、

その工事は２年ほどでできたはずだと指摘。被告５人のうち、事故の２年以上前から取締役だった４人については、会社から委任された任務を怠り、損害を与えたと判断した。

東電に生じた損害が巨額なため、賠償命令額も高額になった。廃炉・汚染水対策（約１兆６千億円）、被災者への賠償（約７兆１千億円）、除染・中間貯蔵対策（約４兆６千億円）などが計上された。

判決は「原発事故が起きれば、国土の広範な地域や国民全体に甚大な被害を及ぼし、我が国の崩壊にもつながりかねない」とも指摘。原子力事業者には「最新の知見に基づき、事故を万が一にも防止すべき社会的・公益的義務がある」と判示した。

４人は控訴。株主側も、事故の前年に取締役に就任した元福島第一原発所長の小森明生元常務の責任が認められなかったことなどを不服として控訴した。

（社会部・田中恭太）

東京電力をめぐる株主代表訴訟の構図

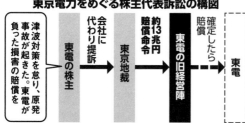

社会

関 連 用 語

◆株主代表訴訟

取締役らの違法行為や経営判断の誤りで会社に損害が発生したのに、会社がその責任を追及しない場合、会社の所有者である株主が会社に代わって取締役らに損害賠償を求められる制度。会社法に定められている。取締役ら個人が賠償を求められることになるため、不正の抑止にもつながるとされる。勝訴時の賠償金は株主ではなく、会社に支払われる。

過去には、仕手集団から約300億円を脅し取られた蛇の目ミシン工業（現ジャノメ）の旧経営陣５人に約583億円の賠償判決が確定するなど、数十億〜数百億円単位の賠償命令につながった例が複数ある。

PLUS ONE
最高裁、原発事故で国の責任認めず

原発事故をめぐる大型訴訟に、各地の避難者が国と東電に損害賠償を求めた訴訟がある。東電に対策を命じなかった国に責任があると言えるかどうかについては下級審で判断が分かれてきたが、最高裁は22年６月、福島、群馬、千葉、愛媛の各県の避難者が起こした訴訟の判決で、国の責任を認めない判断を示した。事故前の津波対策は「防潮堤の設置が基本だった」と位置づけたうえで、地震・津波は「想定よりはるかに大規模」で、仮に国が防潮堤を設置させていても、海水の浸入は防げなかった、と結論づけた。

ウィズコロナへ

　新型コロナウイルスの国内の感染者は、2020年1月に初めて確認されてから3年近くが経ち、累計で約2500万人に達した。国民の5人に1人が感染した計算だ。ただ、ウイルスは変異を続けて病原性は低くなり、ワクチンや治療薬も使えるようになって、感染しても重症化しにくくなった。政府は、感染対策と社会経済の両立を図る「ウィズコロナ」に向けた動きを本格化させた。

　国内では20年に計3回にわたり感染の「波」が到来し、年末までに新規感染者は約23万人を数えた。21年は変異株「アルファ株」「デルタ株」が流行し、約150万人にまで急増した。必要な入院ができず自宅で亡くなる人も相次ぎ、病床確保が大きな課題となった。

　この間、政府は「緊急事態宣言」や「まん延防止等重点措置」を発出し、飲食店の時短営業、県境をまたぐ移動の制限、イベント休止などの行動制限を実施した。日常からマスクを着け、リモートワークが広がり、病院で面会ができないなど国民の生活は一変した。水際対策〔→82ページ〕を厳しくする中、海外から多くの人を招いて東京五輪を開催することに対しては、賛否両論も巻き起こった。

◎

　22年の第6、7波では、新たな変異株「オミクロン株」が流行。さらに感染力が増し、累計感染者は7月に1千万人、それからわずか2カ月

政府が屋外でのマスク着用は原則不要とした後も、マスクを手放せない人は多い

弱で2千万人に達した。一方、重症化する人は減り、デルタ株が流行した第5波では重症者が一時約2200人いたが、第7波では最高でも約640人だった。

　ウイルスの性質の変化に加え、ワクチン接種の本格化も重症化率を下げたとみられる。1、2回目の接種率は80％にのぼり、3回目は若者については伸び悩んだが、高齢者だけみれば9割以上だった。治療現場では飲み薬の使用も始まった。

　ただ、死者は減っていない。内臓に持病がある高齢者が感染し、衰弱

して亡くなるケースが多い。1日に報告された死者数は第7波で過去最多の約350人を記録し、累計死者数は22年12月時点で約5万人に及ぶ。

医療現場の課題も変化した。無症状や軽症の感染者が爆発的に増え、病床の不足だけでなく、発熱外来に患者が殺到して逼迫。医療者が次々に感染し、人手不足も深刻化した。政府は抗原検査キットを使った自主検査を呼びかけ、受診者を減らそうとしたが、キットの不足が混乱に拍車をかけた。

第7波では、初めて行動制限が課されなかった。経済が停滞し、教育現場では行事が減るなどといった弊害にも目が向けられるようになった

ためだ。

また第7波の収束後、限られた医療資源を高齢者らに集中させるため、政府は「ウィズコロナ」の施策を本格化させた。その一つが「全数把握」の簡略化で、高齢者らは引き続き発生届を介して保健所が健康状態を把握するが、若者や軽症者は自己管理が基本となった。さらに感染者の自宅療養期間が短縮され、療養中の最低限の外出も容認された。

政府は今後、季節性インフルエンザなど他の感染症と新型コロナの差異を比較しながら、感染症法上の類型、治療やワクチン接種の全額公費負担について見直しを進める方針だ。

（くらし報道部・枝松佑樹）

医療・福祉

関 連 用 語

◆マスク論争

政府は屋外では原則不要とする一方、病院の中や高齢者と会うとき、人が多く集まる場所などでの着用を求める。国民の間で「熱中症リスクを高める」「子どもの発育に影響しないか」「脱マスクが進む海外の旅行客に理解されない」などと何度も大きな議論となり、着けない人を攻撃する「マスク警察」という言葉も生まれた。外すことによる感染リスク、着けることによる健康被害のいずれも様々な知見がある一方、「もう素顔を見せられない」という人もいて、着脱をめぐる世論は二分されたままだ。

◆新型コロナの教訓

政府は22年9月、コロナ禍の教訓を踏まえ、次のパンデミックに備えた具体策をまとめた。感染症法などの改正により、地域の大病院には医療提供を義務化し、水際対策では入国後の自宅待機に応じない場合の罰則を設ける。また、政府の司令塔機能を強化するための「内閣感染症危機管理統括庁」（仮称）を23年度に新設する。国立感染症研究所と国立国際医療研究センターを統合することで、感染症の研究と臨床が一体化した専門家組織「日本版CDC」（疾病対策センター）は、25年度以降の発足をめざす。

国産ワクチン開発の司令塔「SCARDA」発足

新たな感染症のパンデミック（世界的大流行）を見据え、政府は国産ワクチン開発の司令塔となる組織を2022年3月に発足させた。新型コロナウイルス対応では、米ファイザー社や米モデルナ社、英アストラゼネカ社といった欧米企業と比べ、いまだ国産ワクチンはなく、大きく出遅れた。基礎研究を担う大学などから、製品化をめざす企業までを一元的に支援し、国を挙げて開発する体制を整える。

新たに設立された組織は、「SCARDA」（先進的研究開発戦略センター）。医療研究に資金を出して支援する日本医療研究開発機構（AMED）内に新設した。医療研究全般を担うAMEDと異なり、スカーダは感染症に対するワクチン開発に特化。自ら情報収集や分析をし、有望な研究に投資する。

また、文部科学省とともに「世界トップレベル研究開発拠点」となる研究機関を選び、ワクチンにかかわる基礎研究を支援する。経済産業省とは、ワクチン開発に取り組むベンチャー企業を対象に、初期の臨床試験（治験）を支援する。治験では最終段階になるほど参加者を集めるための費用などが必要で、比較的資金を集めやすい大手企業よりもベンチャー企業は苦しくなるからだ。

◎

背景にあるのは、国産ワクチンの開発の遅れへの危機感だ。欧米の製薬企業が次々とワクチン開発を成功させる一方、日本では22年12月時点で承認されたものはない。塩野義製薬をはじめ、第一三共や明治グループのKMバイオロジクスなど5社が主に進めているが、いずれも実用化前だ。海外からの輸入に頼っていては、ワクチンが必要なときに迅速に確保できるかわからない。

日本では過去にワクチン接種後の副反応が社会問題となり、訴訟が相次いだこともあった。また、感染症の流行は予想が難しく、企業にとってはワクチンを開発しても投資回収の見通しがつきにくい。こうしたことから、企業や研究者が育たず、国内で開発力が培われなかった。

これを受け、政府は21年6月、ワクチン開発の長期戦略を閣議決定した。ワクチン開発を「外交や安全保障の観点からも極めて重要」と位置づけ、スカーダを新設することも表明した。

組織を動かす予算は、研究への投資に5年間で約1500億円。文科省と

経産省との共同事業はそれぞれ5年間で約500億円がついた。一方、5年を過ぎた後は未定で、支援が一時的で終われば、根本的な開発力の向上にはつながらない可能性がある。

また、海外と比べて支援の規模も見劣りする。米国は新型コロナの流行初期に、当時のトランプ政権が「ワープスピード作戦」を掲げ、有望なワクチン候補に1兆円規模の資金を投じた。利益をすぐには生み出しにくい感染症分野の開発は、公的な支援に頼らざるを得ない側面があり、日本でも支援のあり方が問われている。

（くらし報道部・市野塊）

ワクチン開発までの流れ

- 病原体の発見

スカーダが支援力
- **基礎研究**
  効果がありそうな物質を探す
- **非臨床試験**
  動物や細胞などでの実験
- **臨床試験**
  人に使って有効性や安全性を確認

- **規制当局の審査**
  厚生労働省に承認申請すると始まる
- **承認**
  国内で製造や販売が可能

- **実用化へ**

スカーダ設立についての内閣府の会見

医療・福祉

関 連 用 語

◆重点感染症

厚労省の専門家部会が、社会的な影響や流行の予見可能性などを踏まえて定めた、警戒すべき感染症。コロナウイルス感染症やデング熱など8種類の感染症のワクチン開発について、スカーダが今後の支援の対象としている。

対象はほかに、季節性や動物由来のインフルエンザウイルス感染症、RSウイルス感染症、エンテロウイルス感染症、ジカウイルス感染症、ニパウイルス感染症、天然痘・サル痘。重点感染症のうち、すでに国内で開発のシーズ（種）があるものや、国内外で臨床試験がしやすいものを選んでいる。

◆臨床試験

開発中の医薬品の有効性や安全性を調べるために、参加者を募集して行う試験。「治験」とも呼ばれる。集まったデータは、各国・地域の規制当局から、医薬品の製造や販売の承認を得るために使う。法律で実施方法が厳しく定められている。

試験は医療機関で3段階で実施する。最初の第1相では、少人数の健康な人を対象に、医薬品の安全性などを調査。第2相は実際に病気の患者に対し、治療の効果や用法・用量などを調べる。第3相はより多数の患者で検証する。一般的には国内のワクチン開発では、多くて数万人程度の参加者のデータが必要になる。

HPV ワクチン、積極的勧奨を再開

　子宮頸がん予防のHPVワクチンについて、厚生労働省は2022年4月、対象者に接種をすすめる「積極的勧奨」を約9年ぶりに再開した。13年4月に定期接種化されたが、接種後に体の広い範囲が痛むなどの症状が報告され、勧奨が差し控えられていた。この期間に接種する機会を逃した女性へのキャッチアップ接種も22年度に始まった。23年度からは9種類のHPV型に対応するワクチンも定期接種の対象になる。

　HPVワクチンは子宮頸がんなどの原因となるヒトパピローマウイルス（HPV）の感染を防ぎ、がんの予防をする。すでに感染したHPVを排除したり、子宮頸がんが治ったりするものではない。日本では、小学6年から高校1年相当の女子が定期接種の対象で、標準的には中学1年の間に接種する。

　HPVワクチンをめぐっては、10年11月に国が接種費用を助成する制度を始め、13年4月には定期接種に加えた。ところが、接種後に体の広い範囲が痛んだり、記憶障害が出たりするなどの「多様な症状」が相次いで報告されたことから、厚労省の部会は13年6月、定期接種は維持したまま、積極的勧奨を控えることを決めた。

　勧奨が差し控えられると、接種の対象者の家庭に予診票が届かなくなり、接種率は大きく減少した。大阪大の研究によると、公費助成で接種した世代にあたる1994〜99年度生ま

HPVワクチンとは

ウイルスのDNAは含まれず、外側の殻のみ
ワクチンに感染性や発がん性はない

ヒトパピローマ　　　　　　　HPVワクチン
ウイルス（HPV）　　　　　　の成分

効果
● HPVの感染を防ぐ効果がある
● すでに感染しているHPVを排除したり、病気の進行を遅らせたりする効果は確認されていない

接種対象
● 定期接種の対象は小6から高1相当の女子
● 22年4月以降3年間、1997〜2005年度生まれの女性も公費で接種対象に

れは5〜8割ほどが接種していたが、積極的勧奨が控えられた後の2002年度以降生まれの接種率は0％に近い。

◎

　厚労省の研究班が、思春期の子どもがどれくらいの頻度で多様な症状を訴えているのかを調べた。その結果、ワクチンを接種していなくても、多様な症状を訴える人が一定数いることがわかった。

　また、ワクチンの効果については、20年にスウェーデンの大規模な調査結果が公表された。接種した人では子宮頸がんの発生率が63％低く、16

歳までに接種した人に限ると88％低かった。

厚労省の部会は21年11月、「現時点でワクチン接種後に生じた多様な症状と、HPVワクチンとの関連性を示す研究結果は確認されていない」と判断し、接種後に生じた症状への理解も進んできたことなどを踏まえ、22年4月から積極的勧奨を再開することを決めた。

また、勧奨が控えられていたときに接種機会を逃した1997～2005年度生まれの女性にも、公費で接種できる制度をつくった。

さらに、23年4月からは、9種類のHPVの感染を防ぐ9価ワクチンについても、定期接種の対象とすることが決まった。

HPVは主に性交渉で感染するため、初めての性交渉の前にワクチンを接種することが望ましい。思春期は特に接種時に緊張し、失神などの血管迷走神経反射を起こしやすい。また、接種時の痛みや不安が、一時的な不調の原因になることがある。接種後は十分休み、場合によっては横になって接種しても良いとされる。

（くらし報道部・後藤一也）

関 連 用 語

◆若年性のがん

国内では年間約100万人が、がんと診断される。そのうち0～14歳の小児がん患者は約2千人、15～39歳の「AYA世代」と呼ばれる患者は約2万人とされる。国立がん研究センターの統計によると、30代で最も多いのが乳がんで22％、子宮頸がんは13％。AYA世代のがんの多くは女性のがんだ。子宮頸がんは、20歳以上で2年に1回の検診が推奨されている。

◆HPVワクチン

子宮頸がんの9割以上はHPVの感染が原因とされている。HPVは200種類以上あり、がんを起こしやすいのは20種類ほど。中咽頭がんや肛門がんなども引き起こす。若い女性ではHPVの16型と18型の感染が多く、この二つは感染すると早くがん化する。若くして子宮をとる人も少なくない。

すでに定期接種の対象となっている2価ワクチンは16、18型を、4価ワクチンは16、18型に加えて、良性のイボの原因となる6、11型の感染も防ぐ。23年度以降に定期接種化が予定されている9価ワクチンは4価に加え、31、33、45、52、58型のHPVの感染予防にも効果があり、子宮頸がんの原因の80～90％をカバーする。

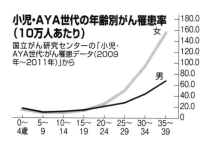

小児・AYA世代の年齢別がん罹患率（10万人あたり）

国立がん研究センターの「小児・AYA世代がん罹患データ（2009年～2011年）」から

医療・福祉

出生前検査の新制度

　妊婦の血液から、おなかの中の赤ちゃんの染色体異常を調べる出生前検査（NIPT）の新しい制度が2022年から始まった。これまでは大学病院などでしか検査が認められていなかったが、条件を満たした産婦人科クリニックでも検査ができるようになった。また、これまでは妊婦に対して検査があることについて積極的に知らせなかったが、母子手帳の交付時などで検査の情報を提供するようになり、大きく運用が変わった。

　国内では13年からNIPTが始まった。妊婦の血液中にある赤ちゃんのDNAから、ダウン症を含む三つの染色体の異常を調べる。

　この検査は、目的や結果の解釈について、丁寧な遺伝カウンセリングが求められる。そのため、日本医学会は産婦人科医と小児科医が常勤する大学病院など全国108の医療機関しか実施を認めていなかった。

　ところが、検査は採血のみで、特別な技術は必要ない。そのため、学会から認められていない医療機関でも検査を始めた。産婦人科を専門としないクリニックも多くあり、一部では、陽性の結果に対して十分な遺伝カウンセリングがされず、妊婦が戸惑うケースもあった。

　日本医学会は22年2月、NIPTについて新たな指針を公表した。これまでは妊婦に検査の存在を積極的に知らせなかった。今後は母子手帳の交付時などで、検査について知らせる。また、一定の研修を受けた産婦人科医が常勤していることを条件に、地域のクリニックを「連携施設」として認証することにした。学会が認めた医療機関で検査を受けやすくする狙いがある。

　連携施設の検査で陽性になった妊婦の遺伝カウンセリングは原則、臨床遺伝専門医のいる大学病院などの「基幹施設」の専門家が行う。

　22年9月時点で、169の基幹施設と204の連携施設（暫定連携施設も含む）が認証されている。

　　　　　（くらし報道部・後藤一也）

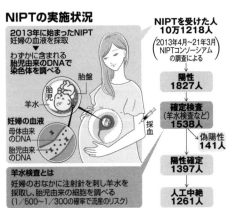

NIPTの実施状況

2013年に始まったNIPT
妊婦の血液を採取
わずかに含まれる胎児由来のDNAで染色体を調べる

胎児　胎盤　羊水

妊婦の血液
母体由来のDNA
胎児由来のDNA
採血

羊水検査とは
妊婦のおなかに注射針を刺し羊水を採取し、胎児由来の細胞を調べる
（1／500〜1／300の確率で流産のリスク）

NIPTを受けた人
10万1218人
（2013年4月〜21年3月 NIPTコンソーシアムの調査による）

陽性
1827人

確定検査（羊水検査など）
1538人

偽陽性
141人

陽性確定
1397人

人工中絶
1261人

結核「低蔓延国」に

　厚生労働省は、国内で2021年に結核との診断を受けた患者は1万1519人で、人口10万人あたりの新規患者数を示す罹患率は9.2人だったと発表した。統計が残る1951年以来、初めて10人を切り、世界保健機関（WHO）の分類で「低蔓延国」となった。かつて「国民病」と呼ばれた結核の患者減少に成功したが、主要7カ国（G7）では最も遅い実現となった。新型コロナウイルス流行の影響も指摘されている。

　結核は、結核菌が体内に入って起こる感染症。初期はせきやたん、発熱など風邪のような症状が多いが、2週間以上続くなど長期化する。肺以外に、腎臓、リンパ節、骨、脳などに影響が及ぶことがある。治療をしないと半数が亡くなるとされる。

　厚労省によると、国内で21年に結核と診断され、死亡した人は1844人。明治から戦前にかけては「不治の病」と恐れられ、最も死者が多かった1943年には17万人が亡くなった。貧しく栄養状態が悪いことで病気が広がったが、戦後、特効薬の登場や栄養状態の改善、感染対策によって患者は急激に減少した。

　しかし80年代以降、長期の潜伏を経て発病する高齢の患者が目立つようになり、減少のスピードは落ちた。先進国が続々と低蔓延国になる一方、罹患率が高い水準が続いた。

　97年には人口あたりの患者数が増加に転じ、99年に当時の厚生相が緊急事態を宣言。感染対策を進めて、

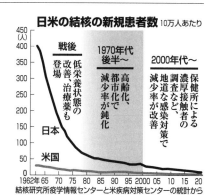

日米の結核の新規患者数 10万人あたり

戦後
改善
登場
日本
米国

戦後　栄養状態の改善、治療薬も

1970年代後半～
高齢化、都市化で減少率が鈍化

2000年代～
保健所による濃厚接触者の調査など、地道な感染対策で減少率が改善

結核研究所疫学情報センターと米疾病対策センターの統計から

罹患率は下がった。20年の低蔓延国入りをめざすも、同年の罹患率は10.1人だった。新型コロナの流行による受診控えの影響で、診断が遅れている患者がいる可能性も指摘され、引き続き対策を進める必要がある。

　世界的には結核対策は今なお、重要な課題だ。WHOによると、発症していない人も含め、世界の総人口の約4分の1がすでに結核に感染しており、毎年150万人が亡くなる。患者の多くは低中所得国に暮らし、先進国では少ない。

（くらし報道部・神宮司実玲）

医療・福祉

診療報酬の見直し

治療や薬の対価として患者が医療機関や薬局に支払う診療報酬は2年に1度大きく変わる。2022年度改定では、薬局などで一定期間内なら最大3回まで再使用できる「リフィル処方箋」が新たに導入された。また、医療機関に直接行かなくとも、自宅などでスマートフォンやパソコンを使って医師らの診察が受けられる「オンライン診療」の価格が引き上げられた。価格の引き上げによって、取り組む医療機関を増やす効果がありそうだ。

診療報酬は治療や入院、薬の公定価格。公定価格とは国が決める全国一律の価格のこと。医療現場の実情などを踏まえて新しい医療サービスの項目を設けたり、従来ある医療の価格を引き上げたりして2年に1度見直される。これを診療報酬改定といい、医療機関にとっては価格の変更などが収入に直結するため大きな関心事だ。22年度も診療報酬改定が行われ、4月から新たな診療報酬が始まった。

今回の改定の目玉の一つが「オンライン診療」の拡大と充実だ。オンライン診療はスマホやパソコンなどの通信機器を使い、医師からオンラインで診察を受けられる仕組み。現在はどの疾患に対しても公的医療保険が使える。また、初診はかかりつけ医が原則だが、患者の医学的な情報を得られる場合や診療前の相談でオンライン診療ができると判断した場合は、かかりつけ医以外でも可能だ。オンライン診療の初診料が対面

リフィル処方箋の仕組み

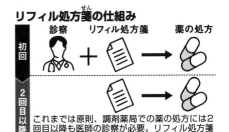

これまでは原則、調剤薬局での薬の処方には2回目以降も医師の診察が必要。リフィル処方箋は期限内なら再診がいらなくなる

の約74%から約87%に引き上げられ、医療機関側にとっても導入するメリットが大きくなった。

オンライン診療をめぐっては、離島やへき地での遠隔診療として15年に「事実上解禁」。その後は「オンライン診療料」と呼ばれるオンライン診療に特化した診療報酬が18年度に新設されていた。しかし、一定の条件を満たす生活習慣病を含む慢性疾患など一部の症状しか対象にならなかった。また、初診も対面である必要があった。医療機関側と患者側の双方にとって使いづらく、あまり浸透していなかった。

しかし、転機となったのは新型コ

ロナウイルスの感染拡大だ。全国での緊急事態宣言の発出などで医療機関に通院することが難しくなり、流行期に限って初診でもオンライン診療が可能になった。その後、国のオンライン診療の指針見直しなども踏まえて、オンライン診療が恒常化された。

◎

22年度の診療報酬改定のもう一つの目玉は「リフィル処方箋」の導入だ。欧米などでは導入が進んでいる制度で、医療機関でリフィル処方箋をもらうと最大3回まで繰り返し使える。以前は薬の処方には毎回医師の診察がセットになっていたが、リフィル処方箋では一定の期間内なら再診がなくとも薬の処方を受けられるようになる。たとえば、症状が安定していて毎日同じ薬を飲むような人の場合、リフィル処方箋に切り替えることで薬の処方箋をもらうためだけに医療機関を受診するということがなくなる。

患者にとっては通院の手間が省け、金銭的な負担が減るメリットがある。国にとっても国全体の医療費を減らせる効果があると導入に踏み切った。ただ、医療機関側は処方日数の長期化で患者の症状悪化の発見が遅れる恐れがあるとして慎重な意見も多い。

（くらし報道部・村井隼人）

関 連 用 語

◆紹介状なしの大病院受診

22年10月から、診療所などからの紹介状なしに大学病院などの大病院を受診すると、通常の窓口負担とは別に支払う定額負担と呼ばれる「特別料金」が大幅に引き上げられた。医科の初診の場合、これまでは定額負担は最低5千円だったが、これが最低7千円に引き上げられる。患者側の負担は増える。

患者が一部の大病院に集中すると、手術などの高度な医療を必要とする人に医師らの手が回らなくなってしまうことが背景にある。国は「普段はかかりつけ医、高度な医療は大病院」と、引き上げによって役割分担を明確にしたい考えだ。

◆オンライン資格確認

医療機関の窓口でマイナンバーカード〔➡90ジ〕が使える「オンライン資格確認」の本格運用が21年10月から始まった。スマホなどで一度手続きをして、医療機関に設置されている専用のカードリーダーにかざすと、従来の保険証の代わりとして使える。また、患者が同意すれば、医療機関側は患者の薬剤情報などを確認でき、国は医療の質の向上につながるとアピールする。ただ利用が低迷していたため、国は23年4月以降、原則すべての医療機関で使えるようにカードリーダーの設置など、オンライン資格確認対応を義務化する方針を明らかにしている。

介護現場、人員配置基準の緩和を検討

人手不足が深刻な介護現場。高齢者数がほぼピークとなる2040年度には介護職員が約69万人不足するといわれる。厚生労働省は、担い手不足を補おうと「入居者3人に職員1人」としている介護施設の人員基準の緩和に向けて、ロボットなどを活用した実証実験に取り組む。ただ業界では、介護の質の低下や、かえって職員の負担増につながる懸念がある。

現在、介護施設の人員配置の基準は「入居者3人に職員1人」と定められている。ただ今後、少子高齢化の加速が見込まれており、介護人材の不足はいっそう厳しくなる。

こうした状況を踏まえ、政府の規制改革推進会議で21年、介護現場の人員基準のあり方が議論された。会議では介護付き有料老人ホームなどを全国で運営する「SOMPOケア」（東京都品川区）などの介護事業者が、人員配置に関する取り組みを説明した。

SOMPOケアは心拍や呼吸数などが測れるセンサーを使って夜間の見守りをするデジタル技術などを活用して生産性向上を図っており、洗濯、食事配膳などの業務を介護補助者に置き換えていけば、人員配置を「4対1」にできると会議で説明した。

提案などを踏まえ、規制改革推進会議は22年5月、まずは条件を満たした介護付き有料老人ホームを対象に、人員配置基準の緩和をしていけるよう答申をまとめた。厚労省は介護ロボットなどを活用した実証実験を22年度中に実施し、24年度の介護報酬の改定に向けて基準を緩和できるか結論を出す。

一方で基準の緩和への懸念も強い。食事や排泄（はいせつ）の介助では職員が1人にかかりっきりになったり、有給休暇の取得や研修を受けたりと、「3対1」の配置でも回らないという。そのため介護施設では「2対1」とするところが多く、国の基準よりも手厚い人員を置いており、基準の緩和には課題が残る。

（くらし報道部・石川友恵）

関 連 用 語

◆介護報酬改定

介護サービスに対する価格について、介護分野における課題や経済情勢などを踏まえ、政府が3年に1度見直しをする。これまで、介護職員の賃上げをするため報酬の単位を引き上げたり、見守り機器を導入して夜間における人員配置の緩和をした場合に加算をつけたりしている。

年金受け取り開始75歳までに

　2022年4月から、年金を受け取り始められる年齢の上限が5歳引き上げられ、最高75歳になった。今後は60歳から75歳の間で、自分が受け取り始めたいタイミングで年金を受給できる。受給開始は原則65歳からだが、開始年齢を繰り下げるほど年金額が上乗せされる仕組み。「人生100年時代」といわれるほど寿命が延び、高齢でも働き続ける人が増えた。働き方やライフプランに応じて受給開始年齢を選べるように、制度を柔軟にした。

医療・福祉

　年金は基本的には65歳から受け取れる。ただ、手続きを踏めば65歳より早く受け取ったり、後ろ倒しで受け取ったりすることができる。これまで60〜70歳だったが、22年4月から60〜75歳に広がった。早くもらうのを「繰り上げ受給」、後ろ倒しにするのを「繰り下げ受給」という。

　繰り下げ受給は、受け取り開始年齢は遅くなるものの、年金の受給額がその分上乗せされる。具体的には、65歳から1カ月繰り下げるごとに本来の年金額に0.7％増額される。もし5年間繰り下げる場合は、42％（0.7％×60カ月分）の増額となる。75歳まで繰り下げれば、84％増額される。長生きをすれば、繰り下げない場合の受給額をいずれ追い越す。一方、繰り上げると月0.4％減額される。60歳から受け取り始めると基準の76％の額しか受け取れない。そして、一度受給を開始すると、減額された年金額が生涯続いてしまう。

　制度は個人が生活状況や働き方を

公的年金の受け取り開始 75歳まで引き上げに

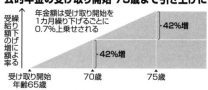

受け取り開始年齢と受給総額のイメージ

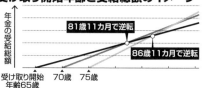

踏まえて、年金の受給時期を柔軟に選んでもらうのが目的。背景にあるのは、昔なら定年退職をして年金受給を始めていた年齢でも、今は働き続ける人が増えたことがある。働けなくなって年金をもらいたいと思う年齢も様々。今回選択の幅を広くしたことで、できるだけ長く働き、老後の年金額を増やしたいという人には新たな選択肢となる。しかし、年金額が増えると、社会保険料などが増える可能性もあり、注意が必要だ。

（くらし報道部・井村隼人）

深刻さ増す気候危機

地球温暖化の影響とみられる洪水や干ばつなどの異常気象が世界各地で頻発し、森林火災や熱中症などの被害も大きくなっている。世界は、産業革命前からの気温上昇を1.5度にとどめる目標に合意しているが、温室効果ガス排出量が減る兆しは見られない。科学は、目標の達成には2025年までに排出量を減少に転じさせ、30年までに半減する必要を指摘しており、残された時間は刻一刻と少なくなっている。

22年の北半球の夏、異常気象が世界各地を襲った。パキスタンでは、記録的な大雨によって国土の約3分の1が冠水したとされる。死亡者は1740人にのぼったという。

欧州は、干ばつや熱波に襲われ、農作物の不作や山火事に見舞われた。ドイツでは物流の要であるライン川が干上がり、船が通行できなくなった。中国も観測史上「最も暑い夏」になり、大河・長江が干上がった。

日本でも、6月下旬は東・西日本で、7月上旬は北日本で統計開始以降最高の暑さとなり、都心の猛暑日（最高気温35度以上）は、過去最高の16日間に達した〔●142ページ〕。

国際研究グループは9月、パキスタンの洪水について地球温暖化の影響で雨の激しさが最大75％増加したという分析結果を発表した。科学の進歩によって、わずか数カ月のうちに個別の気象災害に与える地球温暖化の影響が、かなりわかるようになってきた。

温暖化で増える極端な気象 IPCC第6次評価報告書から作製

1850〜1900年平均と比較した場合	現在(+1℃)	+1.5℃	+2.0℃	+4.0℃
熱波 「10年に1度」が起こる確率が…	2.8倍	4.1	5.6	9.4
干ばつ	1.7倍	2.0	2.4	4.1
豪雨	1.3倍	1.5	1.7	2.7

パリ協定は、世界の平均気温上昇を産業革命前に比べて2度より十分低く抑えるとしている。21年に英国・グラスゴーで開かれた国連気候変動枠組み条約締約国会議（COP26）では、目標を1.5度に強化することで合意した。

日本を含めて120カ国以上が今世紀半ばまでに温室効果ガス排出の「実質ゼロ」を掲げ、経済や社会も変化しつつある。

世界気象機関（WMO）によると、大気中の主要な温室効果ガスである二酸化炭素、メタン、一酸化二窒素の21年の世界平均濃度は、いずれも

観測史上最高を更新した。メタンの年増加量は観測史上最高だった。

21年の世界の平均気温は、1891年の統計開始以降、6番目に高い値となった。上位五つはいずれも2015年以降に集中している。日本の平均気温は3番目に高かった。

国連環境計画（UNEP）によると、現在の各国の削減目標が実現されたとしても、今世紀末の世界の平均気温は2.4〜2.6度上昇する。UNEPのアンダーセン事務局長は「1.5度目標の可能性は残っているが、電力、輸送、建築、食料のシステムや投資パターンを大幅に変えるだけでなく、より高い目標を持つ必要がある」と話す。

22年11月にエジプトで開かれたCOP27では取り組みの強化が期待されたが、新型コロナの流行やロシアのウクライナ侵攻〔➡38ジ〕など直近の危機対策に追われる世界は、気候対策を後回しにしがちだ。国連のグテーレス事務総長は「このままでは絶望的な状況に陥る。すべての指導者に、気候変動を国際的な議論の中心に戻すことを求める」とツイートした。

国連気候変動に関する政府間パネル（IPCC）の最新評価報告書は「気温上昇は今後20年に1.5度に達する可能性がある」と指摘しており、残された時間は減り続けている。

（科学みらい部・石井徹）

関連用語

◆IPCC 評価報告書

気候変動対策の科学的な土台になるのは、1988年に設立されたIPCCが作成してきた評価報告書だ。8年ぶりとなる最新の第6次報告書は、21年8月から三つの作業部会ごとに公表されている。

これまでに「温暖化の原因が人為的な温室効果ガス排出であることには疑う余地がない」「すでに広い範囲で損失や被害を引き起こしている」「気温上昇を1.5度に抑えるには、25年までに排出を減少に転じさせる必要がある」などと指摘。これらをまとめた最も重要な統合報告書は23年3月に公表予定だ。

◆国連気候変動枠組み条約（UNFCCC）

大気中の温室効果ガス濃度の安定化を究極的な目的とする国際条約で、1992年に採択され、94年3月に発効した。約200の国や地域が参加し、締約国会議（COP）がほぼ毎年、開かれている。

97年のCOP3で採択された京都議定書や2015年のパリ協定は、UNFCCCを達成するための具体的な枠組み条約。22年11月にエジプトで開かれたCOP27では、温暖化による途上国の損失や被害に対する先進国の責任や補償の問題が中心的な議題になった。

脱炭素へ、排出量取引スタート

　企業間で二酸化炭素（CO₂）の排出量を取引する「カーボン・クレジット市場」の実証事業が2022年９月、東京証券取引所で始まった。再生可能エネルギーの利用などで削減した分を、株式や債券のように売買する。先行する欧州のように、政府が排出量の上限を定めて削減を義務づけるわけではないが、温室効果ガスの排出を実質ゼロにするカーボンニュートラル（脱炭素）の実現に向けた取り組みとして注目されている。

　日本版の排出量取引の実証事業は、経済産業省の委託で行われ、電力会社や金融機関、製造業など幅広い分野から約170社・団体（22年11月時点）が参加。太陽光や風力といった再エネの利用、省エネ機器の導入、植林などによるCO₂の吸収分を削減量とし、国が認証する「Ｊ－クレジット」として実際に売買する。

　実証事業の初日は、CO₂が１ｔあたり1600〜１万円で取引された。参加企業の意見を聞きながらシステムを改善し、26年度の本格稼働をめざす。

　経産省は、脱炭素に積極的な企業を集める「GX（グリーン・トランスフォーメーション）リーグ」という枠組みづくりも進めていて、22年11月末時点で約590社が賛同を表明している。将来的には、このGXリーグに参加する企業が自主的に排出量の削減目標を決め、その目標を上回って削減できた分を売買できるようにする方針だ。削減目標に届かな

22年９月、訪問先のニューヨークでカーボン・クレジット市場の26年度の本格稼働を表明した岸田首相

かった企業は、市場を通じて排出量を購入すれば、削減したとみなされるようにする。企業が簡単な目標を設定しないように、国がチェックすることを検討している。

　気候変動対策への機運が世界的に高まる中、政府は20年10月に50年のカーボンニュートラル実現を宣言した。産業界の負担増を懸念し、排出量取引の本格導入に消極的だった経産省の幹部も「脱炭素を実現するためには、企業間で排出量を調整する

必要がある」と説明する。鉄鋼メーカーや化学メーカーのように化石資源を原料に使っている業種では、CO_2排出を完全にゼロにするのは難しい。このため、国全体で「実質ゼロ」を実現するためには、企業間で排出量を調整する仕組みが不可欠というわけだ。

排出量取引は、CO_2に「価格」をつけ、排出量を減らすほど得をするようにして削減を促す「カーボンプライシング」と呼ばれる取り組みだ。CO_2に価格がつくことで、CO_2を回収して地中に閉じ込めたり、CO_2で新しい燃料をつくったりする脱炭素ビジネスが広がることも期待されている。

排出量取引を05年に導入した欧州連合（EU）では、特定の産業を対象に、排出量の上限を定めて削減を義務づけている。一方、日本では参加は自由で罰則もない。企業の自主的な取り組みを後押しする形のため、排出削減が十分に進むかどうか不透明な面もある。

（経済部・長崎潤一郎）

関　連　用　語

◆GX経済移行債

政府は、50年のカーボンニュートラル実現に向けて、今後10年間で官民合わせて150兆円超の投資が必要になるとの試算を示している。燃やしてもCO_2が出ない水素やアンモニア、CO_2を地中に閉じ込める技術などが投資先として想定される。民間投資を促すための呼び水として150兆円のうち20兆円は政府が負担する考えで、新たな国債「GX経済移行債」（仮称）を発行する方針だ。GX債の返済財源には、電気料金に上乗せして徴収することや、炭素税、排出量取引による収入が候補に挙がっている。

◆国境炭素税

欧州連合（EU）は、環境対策が緩い国からの輸入品に事実上の税を課す「炭素国境調整措置」（国境炭素税）を26年から本格導入する方針

GX経済移行債（仮称）

使い道は？	●再生可能エネルギーの拡大 ●水素・アンモニアの活用
財源候補は？	●電気料金上乗せ ●炭素税の導入 ●排出量取引の活用
課題は？	●国民負担への理解 ●脱炭素関連市場の活性化

だ。鉄鋼、アルミ、セメントなど5分野が対象で、EUと同等の環境規制がないと見なされた国・地域からの輸入品に課税する。規制の厳しいEU域内の企業が競争で不利にならないようにするための措置で、ほかの分野に対象が拡大される可能性もある。日本国内の対策が遅れれば、日本企業が国際競争力を失う恐れがあり、政府は脱炭素化の取り組みを加速させる考えだ。

原発再稼働

　岸田文雄首相は2022年8月、原発の再稼働について、これまでに再稼働した10基に加え、東京電力柏崎刈羽原発6、7号機（新潟県）や関西電力高浜原発1、2号機（福井県）など、原子力規制委員会の主要な審査を終えているが再稼働に至っていない7基について、再稼働を進める方針を示した。「国が前面に立ってあらゆる対応をとる」とするが、原発に対する世論は二分していて、再稼働へ地元の同意を得られるかも見通せない。

　11年の東電福島第一原発事故後、国内の原発は運転を停止した。再稼働には原子力規制委員会の審査を受けて、事故後に新たに作られた新規制基準に適合すると認められなければならない。審査の申請があった27基のうち、これまでに10基が再稼働している。

　岸田首相が電力需給逼迫（ひっぱく）の緩和に向け再稼働を進める方針を示した7基は、規制委の主要な審査を通り、すでに電力会社が再稼働に向けて動き出している原発だ。ただ、7基の中には、再稼働のめどが立っていない原発もある。

　柏崎刈羽原発は、社員が他人のIDカードを使って中央制御室に不正入室するなどのテロ対策の不備が相次いで発覚し、規制委が核燃料の移動を禁じる是正措置命令を出している。命令が解除されない限り、再稼働は事実上できない。

　日本原子力発電東海第二原発（茨城県）をめぐっては、21年に水戸地裁

で運転差し止めを命じる判決が出た。判決では、周辺自治体の避難計画の不十分さが指摘された。東海第二原発の半径30km圏内には約94万人が住んでおり、移動手段の確保は困難を極める。再稼働に向けて、地元の同意を得られるかどうかも不透明だ。

◎

　ロシアによるウクライナ侵攻〔●38ジ〕を契機にしたエネルギー価格の高騰や電力需給の逼迫〔●76、78ジ〕を背景に、岸田首相は原発回帰の姿勢を鮮明にしている。

　8月にあった脱炭素の実現について議論するGX（グリーン・トランスフォーメーション）実行会議では、原発の新増設や建て替え（リプレース）について検討を進める考えを表明した。新増設や建て替えを「想定していない」としてきた方針を変えたもので、福島事故以来の大きな政策転換となる。革新軽水炉などの次世代革新炉と呼ばれる次世代型原発の開発・建設や原則40年の原発の運

転期間の延長についても検討を指示した。

　原発の運転期間は、福島事故後の法改正で原則40年となった。規制委が認可すれば最長20年延長できる。運転期間の規制を変えることには、安全規制の観点から懸念の声も出ている。

　原発回帰の動きが強まる一方で、長年指摘され続けている原発の課題は解決されていない。原発はひとたび事故が起きれば、取り返しがつかない被害が出る。「後処理」の問題も進展していない。

　政府は、使用済み核燃料からプルトニウムなどを取り出して再び発電に使う核燃料サイクル政策を推進し

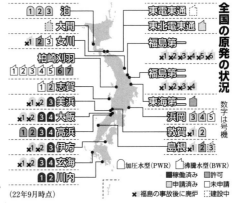

ている。核燃料サイクルに不可欠な青森県六ケ所村の再処理工場は1993年に着工したが、相次ぐトラブルでいまだに完成していない。再処理で出る高レベル放射性廃棄物（核のごみ）の最終処分場も決まっていない。

（科学みらい部・山野拓郎）

環境・国土

関連用語

◆次世代革新炉

　現在の原子炉よりも効率よく発電でき、安全性も高いとされる次世代型の原発。経済産業省が22年7月に示した開発のロードマップ案では、「革新軽水炉」「小型軽水炉」「高速炉」「高温ガス炉」「核融合炉」の5種類が示された。ロードマップ案で「最優先に取り組む」とされたのは革新軽水炉で、30年代に商用運転をめざす。いまある原子炉の設計にデジタル技術などの新技術を導入し、最新の安全設備を搭載する。

　小型軽水炉は大型炉より発電の出力が小さく、海外で開発が進む。

◆原発の40年超運転

　福島事故後の法改正で、原発の運転期間は原則40年となり、規制委が認めれば最長20年延長できる。これまでに認められたのは、高浜原発1、2号機と美浜原発3号機（いずれも福井県）、東海第二原発（茨城県）の4基。うち美浜3号機が21年6月に再稼働した。

　九州電力は22年10月、24〜25年に運転開始から40年を迎える川内原発1、2号機（鹿児島県）について、20年間の運転延長を規制委に申請。関西電力は11月、高浜3、4号機についても運転延長の方針を決めた。

福島第一原発の処理水

東京電力が福島第一原発から海に放出しようとしている「処理水」は、原子炉建屋などにたまった高濃度の放射性物質を含む汚染水から大半の放射性物質を除去し、さらに海水で薄めて国の基準濃度をクリアしたもの。東電は2023年春にも放出を始めようと、トンネルの建設などを進めている。政府は、敷地内で水をためているタンクが満杯になりそうで、「処分は避けて通れない」と主張するが、放出に反対する声は根強い。

2011年3月の福島第一原発事故で溶け落ちた核燃料（燃料デブリ）は、1～3号機の原子炉建屋に残されていて、冷やすために常に水をかけ続けている。こうした水と、建屋に入り込む地下水や雨水が混ざることで、高濃度の汚染水が増え続けている。

事故直後は1日あたり500t以上、汚染水が増えていた。建屋に入る前の地下水をくみ上げ、建屋の損傷部をふさいで雨が入るのを防ぐことで増加量が減ってきているが、21年も1日あたり約150tの汚染水が発生した。

これらの汚染水は、62種類の放射性物質を除去するという専用設備「ALPS」で処理したうえで、原発敷地内のタンクにためている。22年9月時点でタンクは1千基超あり、ためている水の量は131万t余り。東電は、23年夏から秋ごろにタンクが満杯になる見通しだと説明している。

政府は21年4月、処理水の海洋放出を決定。タンクの限界が迫っていることに加え、廃炉作業を進めるには、タンクを解体・撤去して燃料デブリの保管施設などを建てるスペースを確保したいといい、「処理水の処分は避けて通れない」と説明した。

タンクの水にはALPSで除去できない放射性物質トリチウムが含まれるため、大量の海水と混ぜることで希釈し、法律で定める濃度基準をクリアして、海に流すとしている。

◎

22年7月には、原子力規制委員会が約半年間の審査を経て、東電の放出計画を認可した。計画では放出による環境や人への影響は十分小さく、安全性に問題がないと判断した。

翌月には、原発が立地する大熊、双葉両町長と福島県の内堀雅雄知事が、関係する設備工事の着工に了解し、その2日後に東電が工事を始めた。

ただ、この了解は、県と2町、東電が交わす安全協定に基づき、設備

の安全性を確認する手続きにすぎない。内堀知事は「県民や国民の理解が十分に得られているとは言いがたい」と指摘。放出への理解を得る努力を続けるよう、政府と東電に求めた。

放出に反対する人は少なくない。放出によって魚介類の買い控えなどが起こる「風評被害」を心配したり、トラブル続きの東電に不信感を持っていたりするからだ。

政府は専門家会議などで処分方法を検討して放出を決めたが、市民や漁業者と議論して解決策を探る機会は乏しかったため、「海洋放出ありきだった」と方針の決め方に不満を持つ人もいる。

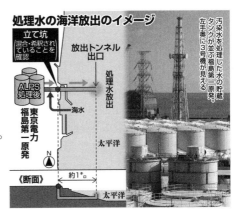

処理水の海洋放出のイメージ

立て坑（混合・希釈されていることを確認）
放出トンネル出口
ALPS処理後
福島第一原発 東京電力
海水
処理水放出
太平洋
N
《断面》
約1㌔
太平洋

汚染水を処理した水の貯蔵タンクが並ぶ福島第一原発。左手奥に3号機が見える。

政府と東電は処理水の安全性の情報発信を強化し、風評被害が起きた場合の補償体制づくりも進めてはいるものの、放出の開始までに十分な理解が得られるかどうかは不透明だ。

（福島総局・福地慶太郎）

関　連　用　語

◆燃料デブリの取り出し

処理水の放出が始まれば、タンクを解体・撤去し、燃料デブリの保管施設などのスペースを確保できると政府や東電は説明するが、肝心の取り出しはまだまだ先だ。

燃料デブリは1～3号機に推計880tあるとされる。特殊なロボットアームなどを使い、まず2号機で試験的に数グラムを取り出し、徐々に量を増やす計画だ。当初は21年中に始める予定だったが、新型コロナの影響や、設備が壊れるトラブルなどで延期を繰り返した。22年8月時点で、取り出しの着手は23年度後半をめざすと説明している。

PLUS ONE
漁業者と政府・東電の約束

政府と東電は15年、処理水については「関係者の理解なしには処分しない」と福島県漁業協同組合連合会（福島県漁連）に文書で伝えた。建屋に入って汚染される前にくみ上げた地下水を海に流すにあたり、交わした約束だ。にもかかわらず、漁業者が放出に反対する中で工事などが進む。県漁連の野崎哲会長は「非常に残念だ」と失望を隠さない。政府は約束を「順守する」と言うものの、「関係者」とは誰なのか、どうやって理解が得られたことを判断するのか、具体的な説明を避けている。

「異常な状態」の猛暑と大雨

　2022年の夏は「異常」ずくめだった。例年なら梅雨まっただ中の6月に晴天が続き、各地で猛暑に見舞われた。気象庁は多くの地域で梅雨明けを宣言。この時点では「過去最短の梅雨」とニュースになった。7、8月は一転、梅雨に戻ったかのような長雨に。9月には過去4番目の勢力の台風も上陸した。

　地球を取り巻く温暖化の影響で、22年は日本だけでなくスペインで7月に40度超、英国でも過去最高気温の更新が報じられるなど世界的に顕著な高温となった。

　日本では6月下旬から、上空を西から東に吹く偏西風が北に蛇行した。その結果、太平洋高気圧がこの時期としては記録的に強まって日本付近に張り出したことが猛暑の主要因とみられる。

　7月上旬までに全国914地点のうち24地点で観測史上最高気温を更新した。特に群馬県伊勢崎市では、最高気温40度超えの日が7月1日まで

6月における各地点の歴代最高気温ランキング

順位	地名	℃	観測日
1	群馬県伊勢崎市	40.2	2022年6月25日
2	埼玉県鳩山町	39.9	22年6月30日
3	埼玉県寄居町	39.8	22年6月30日
〃	栃木県佐野市	39.8	22年6月27日
〃	群馬県桐生市	39.8	22年6月25日
〃	埼玉県熊谷市	39.8	11年6月24日
7	群馬県前橋市	39.5	22年6月25日
8	静岡県浜松市天竜区	39.4	22年6月30日
〃	岐阜県多治見市	39.4	22年6月30日
〃	群馬県館林市	39.4	22年6月25日

に3日あった。東京では最高気温が35度以上の猛暑日が6月25日から9日連続で観測された。気象庁の異常気象分析検討会は「異常と言って差し支えない」と総括した。

　6～8月の平均気温は統計を開始した1898年以降、2010年に次いで2番目に高かった。

　6月27日には、関東甲信、東海、九州南部で速報値として梅雨明けが発表された。3地方では梅雨の期間が「最短」になるとみられたが、9月に気象庁が発表した梅雨明けの確定値はいずれも7月下旬。平年並みか平年より遅かった。これほどの規模で、速報値から変わった例は過去になかった。

　太平洋の東側の赤道近くの海面水温がいつもより低くなる「ラニーニャ現象」が21年秋から続いていることが、偏西風の蛇行などの異常気象に影響したとみられる。

　　　　◎

　8月に入ると前線が東北から北陸地方に停滞した。日本の南で発生し

た台風からは多量の水蒸気が供給され続けた。

気象庁は8月3、4日にこの年初となる大雨特別警報を山形、新潟の両県に発表した。山形県では最上川などが氾濫。新潟県関川村では24時間で最大560.0㎜の雨が降った。前線の移動に伴い、北陸などでも大雨に見舞われた。

9月になると「最強台風」が接近した。台風14号は9月18日、中心気圧935hPaという過去4番目の勢力で鹿児島県に上陸。海面水温が平年より高く、日本に近づいても大きく勢力が衰えなかった。台風による特別警報が沖縄以外に出されたのは初めてだった。

8月の豪雨で冠水した新潟県村上市のJR坂町駅付近＝2022年8月4日

上陸前の急発達ぶりに、気象庁の黒良龍太予報課長は「30年あまりの気象庁勤務でも見たことがない」と驚きを見せたほどだった。

（社会部・宮野拓也）

関 連 用 語

◆線状降水帯予測

気象庁は22年6月から、短時間で集中的な豪雨をもたらす「線状降水帯」の予測情報の発表を始めた。発生する可能性がある場合、半日ほど前に、全国を11地方に分けた広域での予測を伝える。

線状降水帯は、次々と発生した積乱雲が線のように列をつくり、数時間にわたってほぼ同じ場所で雨が降り続く雨域。7月には運用開始後初めて九州・山口に線状降水帯予測を出したが線状降水帯は発生せず、翌日に呼びかけを終了した。精度はまだ十分ではないが、住民の早めの避難準備に生かすことが期待される。

◆救急搬送困難事案

関東甲信や東海を中心に記録的な猛暑となった6月27日～7月3日の1週間に全国で熱中症で救急搬送された人数は、1万4353人だった。総務省消防庁によると2010年以降の同時期と比べ最多だった。

熱中症に新型コロナウイルス感染の第7波が加わり、救急患者の搬送先がすぐに決まらない「救急搬送困難事案」が相次いだ。8月8～14日の1週間では全国で6747件と、3週連続で過去最多を更新した。東京消防庁管内では、要請を受けてから病院に搬送するまでに過去最長の約36時間かかった例もあった。

首都直下地震の被害想定見直し

東京都は2022年5月、首都直下地震が起こった場合の被害想定を10年ぶりに見直した。想定の中心に据えた「都心南部直下地震」では最悪の場合、都内だけで死者は6148人、負傷者は9万3435人、建物被害は19万4431棟と推計した。建物の耐震化が進んだことなどで、人的・建物被害ともに12年の想定から3〜4割減った一方、高層ビルやタワーマンションの林立などの新たなリスクも浮き彫りとなった。

首都圏の地下は、陸側の北米プレート（岩板）の下に、フィリピン海プレートと太平洋プレートがあり、三つのプレートが力を及ぼし合う複雑な構造をしているため、地震が起こりやすい。政府の地震調査委員会は、22年1月時点で、都心に限らず南関東のどこかで30年以内にマグニチュード（M）7級の地震が起こる確率を70%と評価している。

今回、都が被害想定を出した震源の異なる四つの地震のうち、最も大きな被害を見込むのが都心南部直下地震だ。大田区付近を震源としたM7.3の地震で、区部の約6割に震度6強以上の激しい揺れが広がる。

倒壊や火災の恐れが高い木造住宅密集地域（木密）の解消や建物の耐震化が進んだことで、被害想定は前回よりも改善したが、死者数は都内だけでなお約6200人と、阪神・淡路大震災に匹敵する。

内閣府が13年に公表した同様の地震の被害想定では、死者は隣県を含めて約1万6千〜2万3千人にのぼる。間接的な影響も含めた経済被害は約95兆3千億円で、国家予算1年分に匹敵する。首都機能がまひすれ

首都直下地震の最大被害想定
東京都発表

想定した地震	2012年 東京湾北部地震	今回 都心南部直下地震（冬・夕方）
建物被害	30万4300棟 ▶	19万4431棟
揺れなど	11万6224棟 ▶	8万2199棟
火災	18万8076棟 ▶	11万2232棟
死者	9641人 ▶	6148人
負傷者	14万7611人 ▶	9万3435人
避難者	約339万人 ▶	約299万人
帰宅困難者	約517万人 ▶	約453万人

日本列島周辺のプレート

北米プレート
ユーラシアプレート
太平洋プレート
フィリピン海プレート

東京近辺で発生する地震のタイプ
❶浅いところで起こる地震
（立川断層帯地震など）
❷フィリピン海と北米の両プレート境界の地震
（1923年の関東大震災など）
❸フィリピン海プレート内の地震
（都心南部直下地震、多摩東部直下地震など）
❹フィリピン海と太平洋の両プレート境界の地震
❺太平洋プレート内の地震
❻フィリピン海、北米、太平洋の3プレート境界の地震

北米プレート
フィリピン海プレート
太平洋プレート

ば全国に多大な影響が及ぶ。

◎

　帰宅困難者の大量発生も忘れてはならない難題だ。今回の想定では、震災時に自宅から10km超離れた場所にいる帰宅困難者は最大約453万人。そのうち、勤務先など滞在する施設がなく、行き場を失うのは約66万人とされる。都は条例で、従業員の一斉帰宅を抑制し、3日分の水や食料などを備蓄するよう事業者に求めている。

　また今回、都は数値で示しにくい被害についても、発災後に起こりうるシナリオを示した。携帯電話の基地局の電源が切れ、通話やメールの不通は3日たっても解消されない、

家庭の備蓄が底をつき、避難所に行く人が日々増える——といった具合だ。

　大都市ならではのリスクも指摘している。例えば前回想定の12年以降、急増したタワーマンションでは、ビルをゆっくりと揺らす「長周期地震動」による人や家具の転倒や、エレベーター内への閉じ込めが相次ぐことなどをあげる。

　都は、建物の耐震化や家具の固定などの対策によって被害は大きく減らせるとしている。23年は関東大震災から100年を迎える。行政や事業者だけでなく、一人ひとりが防災意識を高め、対策を積み重ねることが大切だ。（科学みらい部・佐々木凌）

関 連 用 語

◆南海トラフ巨大地震

　静岡県沖の駿河湾から九州の東方沖まで、約700kmにわたる海底のくぼみ「南海トラフ」で想定される地震。大陸のプレートの下にフィリピン海プレートが沈み込んでいる。ひずみを解放する大地震が約100〜200年の間隔で発生しており、地震調査委員会は、22年1月時点で、30年以内にM8〜9クラスの巨大地震が起こる確率を70〜80％と評価している。

　政府は19年5月、最大クラスの地震が発生した場合、太平洋沿岸の広い範囲で10m超の津波が襲い、死者・行方不明者数は約23万1千人にのぼるとの推計を発表している。

◆日本海溝・千島海溝地震

　東北沖から北海道・日高沖に続く日本海溝と、十勝沖から千島列島にかけての千島海溝を震源とする地震。政府は21年12月、最大クラスの場合、死者数は日本海溝地震（M9.1）で約19万9千人、千島海溝地震（M9.3）で約10万人にのぼるという推計を発表した。20年3月に政府が公表した報告書では、巨大津波の発生周期は300〜400年で、前回の1600年代から時間が経って切迫していると考えられるとしている。政府は22年11月、想定震源域などでM7以上の地震が起こった際に「後発地震注意情報」を出すと決めた。

環境・国土

プラスチックごみのリサイクル

身の回りのプラスチックごみを減らしたり、リサイクルしたりする取り組みが加速している。2022年4月に新しい法律が施行され、コンビニや飲食店、クリーニング店などに使い捨てプラスチック製品の削減が義務づけられ、自治体は文具やCDなど製品プラスチックごみの分別収集、リサイクルが努力義務とされたためだ。大量消費型社会から、資源を有効活用する循環型社会に転換していき、気候変動対策につなげる狙いがある。

使い捨てプラ製品の削減が義務づけられた業種は小売業や飲食店、持ち帰り・配達飲食サービス業、宿泊業、洗濯業のうち年間5t以上の使い捨てプラを配っている事業者。フォークやスプーン、ヘアブラシ、ハンガーなど12品目が対象になった。対策が不十分な場合は国が勧告や命令を出し、従わないと50万円以下の罰金になる。

削減の具体策として国は、有料化▷代替素材品の提供▷客に必要か意思確認▷ポイント還元などを示す。コンビニなどではスプーンやフォークに穴を開けるなど軽量化を進めるほか、「餃子の王将」がスプーンとレンゲを各5円に有料化、ファミリーマートがフォークの提供を原則やめるなどの動きが出た。

また、これまでリサイクルが義務化されていた食品トレーや洗剤容器など「容器包装プラスチック」に加え、「製品プラスチック」の分別収集が自治体の努力義務となった。対象は、原材料の全部または大部分がプラスチックからできているもので、自治体は国が例示するボールペンやCD、洗面器など157品目を参考に収集対象を定める。

プラごみの2割強にとどまる製品や材料へのリサイクル率の向上をめざす。燃やせば二酸化炭素を出すプラごみを減らせば、温暖化対策にもなるとの考えもある。収集費用を負担する自治体への支援や、住民の理解もカギとなる。

（科学みらい部・関根慎一）

PLUS ONE
「第一号」は仙台市

仙台市は23年4月から、製品プラスチックごみを分別収集し、素材にリサイクルする取り組みを始める。市内のリサイクル業者に委託、プラスチック製品の原料となるペレットにリサイクルし、物流用パレット（台）を製造するという。国は22年9月、同市の「再商品化計画」を全国で初めて、新法に基づき認定した。

福岡高裁、諌早湾開門命令「無効」判決

国営諌早湾干拓事業（長崎県）をめぐり、堤防排水門の開門を命じた確定判決を強制せず、事実上「無力化」するよう国が求めた請求異議訴訟の差し戻し審の判決が2022年３月、福岡高裁であった。高裁は国側の主張を認め、開門の強制執行の効力を否定する判断を示した。開門を求める漁業者側は４月、高裁判決を不服として上告し、最終的な判断は最高裁にゆだねられることになった。

堤防排水門の開閉をめぐっては、漁業者が起こした訴訟で開門を命じる福岡高裁判決が10年12月に確定。しかし、反対する営農者などが起こした複数の訴訟で開門を認めない判決が確定し、司法判断がねじれている。開門命令の「無力化」を認めた今回の高裁判決によって、今後開門を認めない司法判断への統一に向かう可能性がある。

判決は、諌早湾周辺の漁獲量が「（確定判決後の）13年を境に増加傾向に転じている」とし、閉門後から低迷しているとする漁業者側の主張を退けた。また、最近の短時間強雨〔⊃142ペ〕の増加などを踏まえると堤防の防災機能は増していると指摘した。

確定判決時からのこうした「事情の変動」を踏まえ、「門の閉め切りによる漁業への影響は軽減する一方、堤防の公共性は増大している」と判断。開門の強制は権利の乱用にあたると結論づけた。

一方、判決は「付言」として「問題は判決によって直ちに解決するものではない」とし、解決のためには当事者双方が協議を継続させる必要があるとした。

判決を受け、当時の金子原二郎農林水産相は「国としては、『開門によらない基金による和解をめざすことが問題解決の最良の方策』であるとの考えには、変わりはありません」とのコメントを出した。

（西部報道センター・布田一樹）

諌早湾干拓事業をめぐる動き

1952年	長崎県が食料増産目的の大干拓構想を発表
89年	農地造成と防災強化を目的に規模を縮小して着工
97年	諌早湾を鋼板で閉め切る。通称「ギロチン」
2000年	有明海で赤潮が発生、養殖ノリが大凶作
02年	漁業者らが国に工事の差し止めを求めて提訴
08年	営農開始。佐賀地裁が国に常時開門を命じる判決
10年	福岡高裁も国に開門を命じ、国が上告せずに判決確定
11年	営農者らが開門の差し止めを求めて提訴
13年	長崎地裁が開門差し止めの仮処分決定
15年	国が漁業者に罰金を支払う義務が最高裁で確定
17年	長崎地裁が開門差し止めの判決、国は控訴せず19年に確定
18年	10年の確定判決について福岡高裁が「無力化」を認める判決
19年	最高裁が開門命令の「無力化」を認めた福岡高裁の判決を差し戻し
22年	差し戻し審で福岡高裁が開門命令の「無力化」を認める

「リュウグウ」の砂からアミノ酸

宇宙航空研究開発機構（JAXA）の探査機「はやぶさ2」が地球に持ち帰った小惑星「リュウグウ」の砂から、イソロイシンやバリン、グルタミン酸といった23種類のアミノ酸が見つかった。アミノ酸はヒトの体内にあるたんぱく質を形作るもので、生命のもととなる物質は宇宙から来たという説を後押しする結果となりそうだ。ただ、科学的にはまだ謎が残っていて、今後の研究成果にも期待が高まっている。

リュウグウから戻ったはやぶさ2が、カプセルを地球に送り届けたのは2020年12月のこと。中には目標としていた0.1gを大きく上回る約5.4gの砂や石が入っていた。

JAXAはまず、試料全体の分析を実施。21年6月からは、より詳細な分析を進めていた。

リュウグウは、初代「はやぶさ」が訪れた小惑星「イトカワ」とは違い、炭素や窒素といった有機物を構成する物質が多いことが知られていた。実際、砂の初期分析では有機物が含まれていることが明らかになっていた。そして、次の段階としてアミノ酸の存在が期待されていた。

アミノ酸は生命の源で、私たちの体内にあるたんぱく質を形作るのに欠かせない物質だ。もともと、46億年前に誕生したばかりの地球にもアミノ酸はたくさんあったという見方がある。しかし、その後、地球はマグマに覆われた時期があり、いったん失われ、地球が冷えた後に飛来した隕石がアミノ酸を改めてもたらしたのではないかとする仮説があった。

はやぶさ2、カプセル帰還後の流れ

20年	12月6日	カプセルが豪州の砂漠地帯に帰還
	8日	カプセルがチャーター機で帰国
	18日	約5.4gの砂や石が入っていたと公表
21年	1月13日	砂や石をカタログ化する作業が本格化
	6月17日	初期分析で有機物を確認したと公表。14カ国の研究者が本格分析入り
22年	6月10日	砂からアミノ酸が見つかったと発表

豪州の砂漠で回収されたはやぶさ2のカプセル（JAXA提供）

そのアミノ酸がリュウグウの砂から見つかれば、生命の誕生の謎に迫ることができるといわれていた。

実はそのアミノ酸は、19世紀にフランスに落下した隕石などからも見つかっていた。ただ、地球で混入した可能性を否定できていなかった。他にも、欧州の探査機が彗星の近くでコラーゲンの材料になるグリシンを検出した報告例もある。

今回、リュウグウの砂から、23種類のアミノ酸が見つかった。イソロイシンやバリン、グリシン、うまみ成分として知られるグルタミン酸もあった。

◎

この研究成果は、生命のもととなる物質が宇宙由来である可能性を後押しする結果となりそうだ。ただ、科学的にはまだ謎が残っている。アミノ酸には構成する原子の数や種類が同じでも、鏡に映すと左右対称な左手型と右手型がある。地球の生命はほとんどが左手型でできていて、なぜこのような左右差が生じているのかは謎で、今回検出されたアミノ酸の左右の割合はわかっていない。

今後の分析の結果で、もしリュウグウのアミノ酸が同じ左手型であれば、私たちのふるさとがリュウグウのような小惑星だった可能性がさらに高まり、生命の起源の解明が進むとみられる。一方、偏りがなければ、生命の起源がどこなのか、謎が深まることになりそうだ。

（西部報道センター・小川詩織）

関 連 用 語

◆H2Aロケット

はやぶさ2は2014年、日本の主力ロケット「H2A」で打ち上げられた。01年に初号機が初飛行して以来、現在まで45機が打ち上げられ44回成功している。成功率は97.8%と高い信頼性を誇っている。

H2Aは1回あたりの打ち上げ費用が100億円ほどかかる。JAXAと三菱重工業は、コストを下げて海外からの受注を増やそうと後継機「H3」ロケットを開発中だ。打ち上げ費用はH2Aの半分の50億円程度に抑えるという。H3の初打ち上げは22年度中をめざしている。

PLUS ONE
MMX 計画

JAXAは初代はやぶさ、はやぶさ2の経験を生かし、火星の衛星フォボスから砂を地球に持ち帰る「MMX計画」を進めている。成功すれば、火星圏からの初のサンプルリターンになる。

24年度に探査機を打ち上げ、29年度の帰還をめざす。フォボスには火星から飛んできた砂が多くあるといわれており、その砂を持ち帰ることで、火星での生命の痕跡を探れるかもしれない。

米国や欧州、中国は、火星表面で探査機が採取した砂を地球に持ち帰る計画を進めている。

ISSへの宇宙旅行本格化

　米ロを含む15カ国で運用してきた国際宇宙ステーション（ISS）。宇宙航空研究開発機構（JAXA）や米航空宇宙局（NASA）の宇宙飛行士らは、いまも交代で地球の上空400kmの軌道を回り続けるISSを訪れ、無重力に近い環境での科学的な実験や、宇宙服を着用しての船外活動を続けている。一方、NASAが月や火星の探査に軸足を移す中、ISSを民間企業が利用できる機会が増えつつあり、「旅行先」の一つにもなっている。

　米フロリダ州のケネディ宇宙センターで2022年4月、米宇宙企業スペースXの宇宙船ドラゴンに米国とカナダ、イスラエルの投資家3人が乗り込んだ。いずれも1席5500万ドル（約66億円）とされるチケットを購入した「宇宙旅行客」だ。

　案内役として同乗したのはNASAの元宇宙飛行士で、現在は米宇宙企業アクシオムスペースの幹部のマイケル・ロペス・アレグリア氏。4人は地球を飛び立ち、ISSに滞在した後、無事、地球に帰還した。当初は10日間の旅程だったが、着水予定の海域の天候の都合で、1週間延長し、計17日間の旅となった。

　ISSはこれまで、NASAやJAXAといった、国の宇宙機関の宇宙飛行士が滞在するのが中心だった。民間の宇宙飛行士がISSをまるで「宇宙ホテル」のように利用したことは、宇宙空間を使った旅行ビジネスが本格化することを強く印象づけた。

　これまでにも民間人がISSを訪問

民間企業初の国際宇宙ステーション（ISS）旅行

米航空宇宙局（NASA）など

宇宙企業
アクシオムスペース
●旅行の企画
●宇宙飛行士の訓練
●滞在中のオペレーション

スペースX
輸送手段

地球

することはあった。衣料品通販サイト運営会社「ZOZO」の創業者で実業家の前沢友作さんは21年に滞在。ロシアの俳優や映画監督もISSで映画撮影をしている。

　ただ、これらはロシアの宇宙機関ロスコスモスが打ち上げた宇宙船ソユーズを使っていて、民間主導ではなかった。

　今回のアクシオムスペースがISSへの宇宙旅行を実現できたのは、NASAが19年にISSの商業利用を解禁する方針を打ち出したことが大き

い。当時は、30日間ほどの滞在で1人あたり1泊約3万5千ドル（約370万円）となる見通しを示していたが、今回の旅行でNASAなどISSの運用側にいくら支払ったかは公表されていない。

NASAは2030年までISSの運用を続ける計画で、民間に協力して20年代のうちに新しいステーションを建設させ、NASAや各国の宇宙機関は顧客として、民間のステーションを利用する。

今回、アクシオムスペースは旅行の企画やチケットの販売、宇宙飛行士のための訓練に加え、宇宙に滞在中のオペレーションも担った。次回の旅行も計画しているほか、24年にもISSに接続させる自社の施設を打ち上げる予定だ。

ISSへの滞在はしないが、米アマゾンの創業者ジェフ・ベゾス氏が手がける宇宙企業「ブルーオリジン」は21年から、顧客を乗せた自社の宇宙船をロケットで打ち上げ、数分間の宇宙を体験できる宇宙旅行を定期的に実施している。

スペースXも21年に自社の宇宙船ドラゴンで、世界で初めての民間のみでの地球の軌道を周回する旅行を実施。同社は23年に、開発中の大型宇宙船を使った宇宙旅行を提供する予定で、前沢さんが月を回る旅行を計画している。前沢さんは22年12月、月旅行に同行するメンバー8人を発表した。

（アメリカ総局・合田禄）

関 連 用 語

◆ロシアのISS離脱

ISSは米ロを含む15カ国で運用されてきた。ロシアがウクライナに侵攻〔●38ページ〕した後も、米国の宇宙飛行士がロシアの宇宙船ソユーズで地球に帰還するなど、ロシアに制裁を加える西側諸国との協力が続く数少ない分野の一つとなっている。ただ、ロシアは24年以降に離脱する意向を示している。NASAはISSの運用を30年まで続ける提案をしており、日本は22年11月、同意することを表明した。一方、中国は独自に宇宙ステーションをつくり、運用を初めている。

宇宙旅客機

ブルーオリジンが手がけているような宇宙を短時間で往復する飛行は、地球を周回するオービタル（軌道）飛行とは違い、「サブオービタル」（準軌道）と呼ばれる。このサブオービタル飛行の技術は新たな地上の地点間の高速輸送手段につながるかもしれない。地球から発射された後に、いったん宇宙空間に出て飛行を続け、再び地球の別の地点に着陸する「宇宙旅客機」だ。例えば、東京とニューヨークを1時間で結ぶような航路が誕生する日が来るかもしれない。

アルテミス計画

　人類が初めて月面着陸したアポロ計画から半世紀を経て、再び月をめざす「アルテミス計画」が米国主導で進む。米航空宇宙局（NASA）はこの計画で、初の女性飛行士の月面着陸のほか、月を回る軌道上に新しい宇宙ステーション「ゲートウェー」を建設する。ここを足がかりにして、2030年代後半にも有人火星探査をめざす。探査が進んで月で活動する環境が整えば、月旅行などが実現し、月へ行くことが身近になるかもしれない。

　17年、当時のトランプ米大統領は、月探査計画を承認する「宇宙政策指令1」に署名。28年の月面着陸をめざすとしていた。だが、19年、トランプ政権は着陸を4年前倒しとし、「24年に男女2人の飛行士を月面に着陸させる」というアルテミス計画を発表した。しかし、21年、新型コロナウイルスの影響によるロケットなどの開発の遅れなどを理由に、月面着陸は25年以降になると発表された。

　計画の「アルテミス」は、ギリシャ神話に出てくるアポロの双子のきょうだいの月の女神の名前にちなむ。初の女性飛行士の月面着陸をめざそうと名づけられた。

　NASAは、新たにロケット「SLS」と有人宇宙船「オリオン」の開発にとりかかった。SLSは、アポロ宇宙船を打ち上げた史上最大のロケット「サターンV」に迫る大型のロケットだ。その先端にオリオンを取り付

「アルテミス計画」のスケジュール

2022年11月	無人での初飛行。宇宙船「オリオン」をロケット「SLS」で打ち上げて月周辺を飛行させる。約25日で地球に帰還
2024年	初の有人飛行で、月のまわりを飛び、地球に帰還
2025年	人類が月面着陸する。初の女性による着陸をめざす
2020年代後半	日本人宇宙飛行士で初めての月面着陸の実現を図る
2030年代	火星の有人探査へ

新型ロケット「SLS」と、その先に付けられた宇宙船「オリオン」

けて、月へ向かう。

　計画では、まず飛行士を乗せない無人試験を実施する。計画の第1弾となる無人試験は、22年8月に予定されていたが、エンジンに問題が見つかったり、液体燃料の漏れが検出されたりして打ち上げの延期が続き、11月に打ち上げられた。地球の軌道上で太陽光パネルを展開させてから月への軌道に入り、月を周回して、地球に戻る。約25日の飛行を終えると、太平洋に着水する。この第1弾がうまくいき、計画が順調に進めば、

第２弾として24年に有人の月周回飛行を予定している。ここでは月面着陸はせず、25年の第３弾で女性を含む２人の月面着陸をめざす。

月の南極には水資源が豊富にあると見込まれている。この水を電気分解して水素をつくり燃料として使えれば、将来、地球から火星に行くよりも効率的に、月から火星をめざすことができると期待されている。飲み水としても利用できるか探ろうとしている。

◎

各国が計画への参加を表明しており、日本も参加する。開発中の無人補給機「HTV-X」で、新たにつくるゲートウェーに物資を届けるほか、有人月面探査車の開発でも貢献したい考えだ。

装備や機器の開発には民間企業も加わる。月面着陸時に使う宇宙服の開発企業には、米企業アクシオムスペースが選ばれている。また、米起業家イーロン・マスク氏が経営するスペースＸが、計画で使う月着陸機の開発をする。オリオンだけでは月面に着陸できないため、飛行士は月の軌道上でこの月着陸機に乗り換えて、月へ降り立つ。

（科学みらい部・玉木祥子）

関　連　用　語

◆日本の月探査本格化へ

アルテミス計画の第１弾では、小型探査機10機が搭載された。このうち２機が日本の探査機だ。一つは、月面着陸をめざす「OMOTENASHI（オモテナシ）」。世界最小かつ日本初の月面着陸機になるはずだったが、地球との通信が安定せず、着陸を断念した。もう一つは「EQUULEUS（エクレウス）」。地球と月の重力が釣り合う月の裏側に約１年半かけて向かう。

日本のベンチャー ispace は民間初の月探査計画「HAKUTO-R」を掲げる。22年に月着陸機を打ち上げ、24年に探査を行う予定だ。宇宙航空研究開発機構（JAXA）も23年度に月探査機「SLIM」を打ち上げて、月への着陸技術の実証をめざしている。

PLUS ONE
宇宙飛行士、４千人が応募

JAXA は、13年ぶりに新たな宇宙飛行士の選抜試験を実施している。今回の募集には前回の4.3倍にあたる4127人が応募し、過去最多だった。書類選考の後、英語や一般教養の試験、身体能力の測定やプレゼンテーションなど４段階の選抜を経て、23年２月ごろに飛行士候補者が若干名選ばれる。これまで募集は、自然科学系の大学の卒業者に限ってきたが、今回は学歴を不問とし、文理問わず３年以上の社会経験があればいいとした。選ばれた候補者は、その後の訓練を経て飛行士となれば、アルテミス計画で、日本初の月面着陸を果たす可能性がある。

SI接頭語に「クエタ」など追加

スマートフォンのデータ通信量の話題で、よく耳にする「ギガ」。数の桁を表すときの約束事「SI（国際単位系）接頭語」の一つだ。2022年11月、単位の定義の改定などを議論する「国際度量衡総会」という会議で、ギガよりはるかに大きい「クエタ」や「ロナ」など四つが、新たに接頭語に加わった。実に31年ぶりの〝ルーキー〟加入。背景にあるのは、情報科学の発展によるデジタルデータ量の爆発的な増加だ。

SI接頭語は、十進数の桁数（主に3桁ごと）に名前を定めたもの。身近な例なら「キロ（10の3乗）」や「ミリ（10のマイナス3乗）」だ。「メートル」や「ヘルツ」といった単位の前に使うことで、とても大きな量やごく小さな量を簡潔に表すことができる。

例えば、「1000000000ヘルツ」と書かれても読みにくい。「10^9ヘルツ」と指数で表せばコンパクトだが、表示環境によっては肩つき文字で書けない。そんな時、接頭語を使えば、10の9乗は「ギガ」なので、「1ギガヘルツ」と表せる。

これまで接頭語で表せる最も大きな桁は10の24乗の「ヨタ」、小さな桁は10のマイナス24乗の「ヨクト」だった。そこに10の30乗を表す「クエタ」と27乗を表す「ロナ」、10のマイナス27乗を表す「ロント」とマイナス30乗を表す「クエクト」が加わった。

接頭語は科学技術の進歩を見越し、常に「先回り」で追加されてきた。今回の追加は、1991年以来、31年ぶり。背景にあるのがデジタルデータ量の増加だ。

米国の調査会社IDCによると、2010年に世界に存在したデジタルデータ量は約1ゼタ（10の21乗）バイトだった。しかし、25年には約175ゼタバイトになると予測されている。

（科学みらい部・水戸部六美）

SI接頭語の一覧

名前	記号		大きさ	制定年
クエタ	Q	10^{30}	1 000 000 000 000 000 000 000 000 000 000	2022年
ロナ	R	10^{27}	1 000 000 000 000 000 000 000 000 000	
ヨタ	Y	10^{24}	1 000 000 000 000 000 000 000 000	1991年
ゼタ	Z	10^{21}	1 000 000 000 000 000 000 000	
エクサ	E	10^{18}	1 000 000 000 000 000 000	1975年
ペタ	P	10^{15}	1 000 000 000 000 000	
テラ	T	10^{12}	1 000 000 000 000	
ギガ	G	10^{9}	1 000 000 000	
メガ	M	10^{6}	1 000 000	
キロ	k	10^{3}	1 000	
ヘクト	h	10^{2}	100	
デカ	da	10^{1}	10	1960年
デシ	d	10^{-1}	0.1	
センチ	c	10^{-2}	0.01	
ミリ	m	10^{-3}	0.001	
マイクロ	μ	10^{-6}	0.000 001	
ナノ	n	10^{-9}	0.000 000 001	
ピコ	p	10^{-12}	0.000 000 000 001	
フェムト	f	10^{-15}	0.000 000 000 000 001	1964年
アト	a	10^{-18}	0.000 000 000 000 000 001	
ゼプト	z	10^{-21}	0.000 000 000 000 000 000 001	1991年
ヨクト	y	10^{-24}	0.000 000 000 000 000 000 000 001	
ロント	r	10^{-27}	0.000 000 000 000 000 000 000 000 001	2022年
クエクト	q	10^{-30}	0.000 000 000 000 000 000 000 000 000 001	

ヒトゲノム完全解読に成功

　米国立ヒトゲノム研究所などからなる研究組織「Telomere-to-Telomere（T2T）コンソーシアム」が2022年春、これまで未解読の領域が８％残っていたヒトのゲノム（全遺伝情報）の「完全解読」に成功したと発表した。従来の技術と比べて、一度に多くの塩基数が読める技術を使うことで、未解読だった部分も読めるようになった。今後、人間の生物学的・医学的な研究に活用されることが期待されている。

　生物の遺伝情報は、アデニンやグアニンなど４種類ある塩基が連なったDNAが担う。ある生物が持つDNAの全配列は「ゲノム」と呼ばれ、その長さはヒトでは約30億塩基対ある。１塩基対＝１文字で換算すると、「広辞苑」200冊以上ものボリュームになる。

　1990年にヒトのゲノムを解読する「ヒトゲノムプロジェクト」が始まり、米国、英国、ドイツ、日本などが参加した。大まかな解読が00年に終わり、03年に「解読完了」が宣言されていた。

　しかし実は、解読できない領域が残されていた。未解読の領域はゲノム上に散らばっていて、合計するとヒトゲノム全体の８％ほどあった。

　このような領域の代表例は、同じ配列が何度も繰り返される構造をしていて、当時の技術では繰り返しの回数などが正確にわからなかった。03年の「完了」以降も技術の進歩とともに、未解読の領域を少なくする努力は続けられていた。

　今回、T2Tコンソーシアムは、一度に最大100万塩基読むことができて多少精度が低い機器と、２万塩基ほど読めて精度が非常に高い機器を組み合わせて解読に使った。手作業での修正も加えて、未解読の８％を含む全DNA配列を読むことに成功。科学誌「サイエンス」で報告した。

　今後、様々な遺伝的ルーツを持つ300人以上のゲノムの完全解読も計画する。医療への応用だけでなく、ヒトの進化などの研究基盤になることが期待される。

（くらし報道部・野口憲太）

ゲノム「完全解読」のイメージ

人間のゲノム　約30億塩基対

長く読む×高精度
機器を組み合わせて「完全配列」を決定

↓

今回解読できた8%の「空白」

↓

・約２千個の新たな遺伝子の発見
・医療や進化の研究に活用

KDDI大規模通信障害

2022年7月、携帯電話大手KDDIで通信障害が発生した。復旧するまで61時間以上かかり、延べ3千万人以上が影響を受けた。過去最大規模の障害は、周知の遅れなどもあって利用者の混乱を招いたほか、緊急通報やコネクテッドカー（つながる車）など、日常で使う様々なサービスに影響が及んだ。通信が生活に不可欠となる中、障害時にも代替手段を用意できるよう、総務省と事業者の間で検討が進んでいる。

過去最大規模となったKDDIの通信障害は、7月2日午前1時35分に始まった。ネットワークの保守作業中に通信の経路を誤って設定したことがきっかけだ。人為的なミスで、誤って古い手順書を使ったという。ミスにより、回線が混み合う「輻輳（ふくそう）」が発生し、音声通話とデータ通信の両方が全国で利用しづらい状況となった。

輻輳は音声をデータに変える交換機や、電話を使う際に利用者の情報を照合する加入者データベースなど、複数のシステムで発生した。KDDIは輻輳の解消を急いだが、再び障害を起こさないよう少しずつ作業を進める必要があり、完全に復旧するのに時間がかかった。

発生当初、KDDIは障害についてホームページで説明するだけで、十分に周知できておらず、利用者がauショップに詰めかけるなど混乱も招いた。影響はKDDIの回線を使う気象庁の気温観測システム「アメダス」や銀行のATM、コネクテッドカー、物流など様々に及んだ。110番、119番などの緊急通報が使えず、体調を崩した人が通報できない例も報告された。

総務省は状況を把握するため、官邸の指示も受けて、2日深夜にKDDIの都内の拠点に幹部を連絡要員として派遣した。金子恭之総務相（当時）も3日に会見を開き、障害が電気通信事業法上の「重大な事故」にあたるとの認識を示した。

KDDIは7月28日に総務省に事故報告書を提出し、音声通話で2316万人、データ通信で775万人以上に影響したと報告した。24時間以上通信がまったく使えなかった場合に返金する、という約款の規定に該当した278万人に返金し、影響を受けた利用者全員に一律200円の「おわび返金」も実施した。総額は75億円にのぼった。

総務省は8月、大臣名でKDDIを厳重注意し、作業準備の徹底や、復

旧手順の確立、再発防止策の提出を求めた。重大さを踏まえた異例の措置で、通信障害での大臣名による指導は初めてだった。

今回の通信障害を受け、非常時に他社の通信回線に乗り入れることで通信を使えるようにする「ローミング」の導入に向け、総務省が有識者会議を設置した。11月末にまとめた案では、緊急通報に加え、一般の通話やデータ通信も可能な「フルローミング方式」をできる限り早く導入する方針が示された。今後、運用ルールを検討し、ガイドラインを作成するという。

ただこの方式は、7月のKDDIの障害のように、通信網の中枢部分にあたるシステムに障害が起きると実施が難しい。有識者会議では、こうした場合に緊急通報ができる方法を検討するほか、利用者への周知方法などについて、議論を続けていく予定だ。　　　　　（経済部・杉山歩）

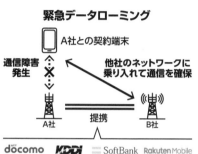

緊急データローミング

A社との契約端末

通信障害発生

他社のネットワークに乗り入れて通信を確保

A社　提携　B社

docomo　KDDI　SoftBank　Rakuten Mobile

検討会での今後の論点

対象	条件	代替手段
緊急通報のみ／一般の通話・データ通信を含むのか	どういった規模の通信障害で発動するのか	ローミング以外に公衆無線LANも活用するのか

関 連 用 語

◆ローミング

契約している通信事業者の通信網が使えないときに、他社の通信網に乗り入れて通信を使うこと。海外旅行の際や、楽天モバイルが自社の基地局設備が不十分な地域でKDDIの通信を使う例など、身近に利用されている。

海外では米国や韓国などで、災害で基地局が使えない場合などを想定し、携帯電話事業者などにローミングを義務づけている。KDDIの通信障害を受けて、総務省は導入に向けた有識者会議を立ち上げ、22年9月に初会合を開いた。年内に方向性を示す方針だ。

PLUS ONE
電気通信事業法の「重大な事故」

電気通信事業法は、電気通信サービスで「重大な事故」が発生した場合などに、事業者に対し総務大臣への報告を求めている。

具体的には、119番などの緊急通報を扱う音声通話のサービスが、1時間以上停止し、かつ3万人以上に影響した場合や、対価をもらわないインターネットサービスが24時間以上停止し、10万人以上に影響した場合などが該当する。

事故をおこした事業者は、30日以内に総務省に詳細な報告を提出しなければならない。

増加するサイバー攻撃

　サイバー攻撃とは、コンピューターシステムへの不正なアクセスや悪意ある膨大な通信を発生させることで、情報を盗んだり、動作不能にしたりする反社会的行為のことだ。2022年は、二つの要因によってその脅威が一気に高まった。「新型コロナウイルス」と「ロシアの軍事侵攻」だ。社会の不安定化はハッカーにとって、格好の機会が訪れたといえる。世界的な課題への対処に立ち遅れていた日本も、ようやく重い腰を上げた。

　カネ目当てのハッカーにとって、20〜22年は「当たり年」といえるかもしれない。「ランサムウェア」（身代金ウイルス）によるサイバー攻撃で、莫大（ばくだい）な金を手にしたのだ。

　手口はこうだ。ハッカーは狙った組織から内部情報を盗み出すと同時に、データを破壊して組織の機能停止を図る。組織に対し、盗んだ情報を暴露すると脅し、データの復元と引き換えに金銭を要求する。

　世界が最も震撼（しんかん）したのが21年5月、米国東海岸の燃料供給網がマヒしたパイプライン会社の被害だ。約1週間の操業停止に追い込まれた会社は、「身代金」440万ドル（約4億8千万円）相当の暗号資産を支払った。のちに米連邦捜査局（FBI）が大半を取り戻したが、バイデン大統領は「国家安全保障上の脅威」と危機感をあらわにした。

　米国のインテリジェンス企業レコーデッド・フューチャーによれ

ば、20年1月に世界で月間10件程度だった被害が、半年で300件に迫る勢いに増加。22年も毎月100〜300件超確認されているという。

　要因は、新型コロナウイルスで急速に普及したテレワークにあった。自宅から会社や組織にインターネット接続する「VPN機器」が大量に設置された。これに対しハッカーが、あるメーカーのVPN機器の欠陥を見つけ、世界中の組織に侵入した。

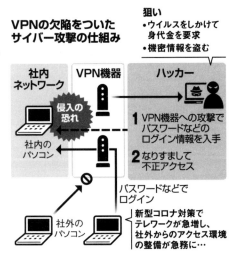

**VPNの欠陥をついた
サイバー攻撃の仕組み**

狙い
- ウイルスをしかけて身代金を要求
- 機密情報を盗む

社内ネットワーク　VPN機器　ハッカー

侵入の恐れ

社内のパソコン

1 VPN機器への攻撃でパスワードなどのログイン情報を入手

2 なりすまして不正アクセス

パスワードなどでログイン

社外のパソコン

新型コロナ対策でテレワークが急増し、社外からのアクセス環境の整備が急務に…

徳島県の病院が2カ月にわたり機能停止に追い込まれた被害も、これが原因だ。

ロシアの軍事侵攻〔→38ページ〕の陰に、「親ロシア派」ハッカー集団の存在がちらつく。

その一つ「Conti」と名乗る集団はロシア政府の支持を表明したところ、ウクライナのハッカーとされる人物によって、メンバー同士のロシア語での会話など内部情報が暴露された。

これにより「ロシア・東欧系」という組織の実態が明らかになったと同時に、諜報機関であるロシア連邦保安局（FSB）の関与をうかがわせる会話が見つかった。

コンティ壊滅をめざす米国は22年8月、幹部とされる5人の情報提供を呼びかけ、最大1千万ドル（約14億円）の賞金を出すと発表した。脅し取った身代金は1億5千万ドル（約210億円）超という。

ロシアは武力攻撃にサイバー攻撃を組み合わせた「ハイブリッド戦」を仕掛けているとされる。だが今回、サイバー攻撃によるウクライナ側の被害が見えてこない。そこには米マイクロソフトなど欧米のIT企業が裏支えする実態が見え隠れする。

ロシアはサイバー空間において、巨大IT企業との戦いを強いられているといえるのかもしれない。

（社会部・須藤龍也）

関連用語

◆サイバー特別捜査隊

サイバー空間の脅威の深刻化を踏まえ、警察庁が22年4月に発足させた。国境のないサイバー攻撃に対処するため、国の機関が初めて直接捜査にあたる。機密情報を狙った国家レベルの攻撃など重大なサイバー事案の実態解明をめざしている。

警察庁が国会や講演の場で訴えた必要性の一つに、「エモテット」と呼ばれる世界規模のウイルス感染被害への対応がある。欧米の捜査機関がハッカー集団のアジトを摘発するなどした壊滅作戦に、日本は参加できなかった。こうした海外の捜査機関との連携強化も重要な課題だ。

PLUS ONE
最恐ウイルス「エモテット」

メールの添付ファイルを開くことでパソコンがウイルスに感染。ウイルス入りのメールを、返信になりすまして送る手口で感染を広げる。22年3月、かつてない勢いで国内に広がり、「迷惑メールを送ってしまった」という組織のおわび発表が相次いだ。

19年から20年にも全世界で猛威を振るった。単純な手口で感染するため、収束は困難を極めた。ハッカーは遠隔操作できるパソコンの情報を大量に集め、闇サイトで売り出すことが狙い。売られた情報は別のサイバー攻撃に悪用される。

イーロン・マスク氏のツイッター買収と混乱

　米電気自動車大手テスラのイーロン・マスク最高経営責任者（CEO）が2022年10月、当初の合意通り米ツイッターを総額440億ドル（約6.2兆円）で買収した。すると、マスク氏は買収から約1週間で大幅な人員削減を開始。アカウントが利用者本人のものだと示す「認証済みバッジ」の有料化を始めた直後、なりすましアカウントが急増するなど、混乱が続いている。

　マスク氏は22年4月、ツイッターを1株あたり54.20ドルで買収することで合意した。「世界一の富豪」が、利用者2億人超のSNSを所有すると注目を集めた。

　当初、マスク氏が買収の大義名分として掲げたのが、「言論の自由」だった。マスク氏は「ツイッターは事実上の公共の広場になった。法律の範囲内で、人々が自由に話ができると感じられることがとても重要だ」と話し、投稿への介入を減らす考えを示した。

　21年1月の米議会襲撃事件後、ツイッターはトランプ前大統領のアカウントを「永久凍結」とした。マスク氏はこれについても「道徳的に間違いで、まったく愚かなことだ」として、永久凍結を撤回する意向を示した。

　マスク氏は7月、買収合意の撤回を表明し、ツイッター側が合意の履行を求めて提訴。曲折を経たものの、10月27日に買収を完了した。

　マスク氏は買収直後、パラグ・ア

グラワル前CEOら幹部を解任。買収から約1週間後の11月4日、ツイッターは全従業員の約半分にあたる約3700人の人員削減を始め、日本法人の社員も対象となった。

　マスク氏はツイッターの買収前から、投稿管理の基準を緩める方針を示していた。マスク氏の方針で悪質な投稿が増えるとの懸念から、ツイッターへの広告を止める動きが広がった。

マスク氏のツイッター買収をめぐる経緯

マスク氏		ツイッター
● 2022年 ツイッター株の9.2%を 　3/14　取得し、筆頭株主に		
	マスク氏を 4/5 ● 取締役に迎えると発表	
● 4/9 取締役就任の予定日 　だったが、当日朝に辞退		
● /14 ツイッターに買収を提案		
	買収防衛策を導入 /15 ●	
	買収受け入れを発表。/25 ● 総額6兆円	
● 5/13 買収の一時保留を発表。 不正アカウントの数を問題視		
● 6/6 買収撤回の可能性を 示唆する書簡を公表		
● 7/8 買収を撤回したことが明らかに		
● 10/4 買収の合意履行を提案した ことが明らかに		
● /27 買収完了		

米メディアによると、米自動車大手ゼネラル・モーターズ（GM）や独フォルクスワーゲン、米製薬大手ファイザーなどがツイッターへの広告出稿を一時的に停止した。

ツイッターは11月初旬、アカウントが利用者本人のものだと示す「認証済みバッジ」を月額7.99ドルの有料サービス「ツイッターブルー」の一部として提供し始めた（日本での提供は未定）。だが直後、著名人や企業などになりすますアカウントが急増し、数日で「一時停止」に追い込まれた。

ツイッターは従来、アカウントのなりすましを防ぐため、政府関係者や著名人などを対象に申請を経たうえで認証バッジを無料で提供してきた。有料化でお金を払えば誰でも認証バッジがもらえることになり、不正行為への懸念が当初から出ていた。民主党の上院議員らは11月、マスク氏がツイッターを買収した後、「利用者が深刻な影響に直面している」として、米連邦取引委員会（FTC）に調査を求める書簡を出した。

米国では、16年の大統領選で、フェイスブックから最大8700万人分の個人情報が流出し、悪用されていたことが発覚。SNS各社は、ヘイトスピーチや偽情報対策を強化してきた。マスク氏は差別的発言などで凍結されたアカウントの復活なども表明しており、混乱がさらに広がる可能性がある。（サンフランシスコ支局・五十嵐大介）

関 連 用 語

◆ツイッター

06年創業、本社は米カリフォルニア州サンフランシスコ。140字以内で発信できる手軽さから利用が広がり、1日あたりの利用者は世界で約2億人。日本は米国に次いで2番目に多くの利用者がいる。ただ、フェイスブックを抱える米メタ（グループでは1日あたり約29億人が利用）、中国発の動画投稿アプリ「ティックトック」（世界で10億人超が利用）など他のソーシャルメディア大手に大きく水をあけられている。純損益は21年まで2年連続の赤字で、収益面での課題も多い。

◆イーロン・マスク氏

1971年、南アフリカ生まれの実業家。電気自動車メーカーのテスラに出資後、08年にCEOに就任。宇宙ベンチャー「スペースX」、脳とコンピューターをつなぐ技術を開発する「ニューラリンク」、都市の渋滞を解消するため地下にトンネルを掘って新たな交通機関をつくる「ボーリングカンパニー」など革新的な事業を幅広く手がける。米誌フォーブスの世界の長者番付では、マスク氏の総資産は約2千億ドル（約30兆円）で世界一。マスク氏のツイッターのフォロワーは1億人を超える。

Web3.0時代への期待と現実

「Web3.0（ウェブスリー）」という言葉が世界的に注目を集めている。「次世代のインターネット」と呼ばれ、ビットコインなどの暗号資産やデジタルアートの希少性を証明する「NFT」といった技術で知られる。市場拡大への期待が高まる中、日本では現行の規制や税制がビジネスの足かせになっているという課題が指摘され、政府が対策の議論を本格化する。一方、利用者保護の観点から、詐欺や投機的な動きなどを問題視する意見もある。

Web3.0は「Web 1.0」、「Web 2.0」に続く次世代のインターネットとされる。Web1.0は利用者がホームページなどで情報を閲覧するだけだったネット黎明期（れいめい）を指し、Web2.0はSNSなどで誰もが情報を発信できる今のネット環境を指している。

Web 2.0は「GAFA」と呼ばれる米国の大手プラットフォーマー（PF）が情報を独占する「中央集権型」のネット空間でもある。大手PFが覇権を握るWeb 2.0の弊害が各国で問題視される中、Web 3.0はそれに対抗する形で盛り上がりを見せ始めた。

Web 3.0は特定のPFに依存しない「非中央集権型」のネットといわれる。その基盤となるのが、ブロックチェーン（分散型台帳）技術だ。取引に関わる複数の参加者が取引履歴を分散共有することで、データの改竄（かいざん）が難しくなり、特定の管理者がいなくても取引の信頼性が担保される仕組みを実現している。

ブロックチェーンはビットコインなどの暗号資産で知られるが、デジタルアートなどの鑑定書として（NFT、●198ページ）や、既存の金融機関を介さない分散型金融サービス（DeFi）といった活用例もある。ゲームやメタバース（仮想空間）で資産価値を生み出すことも可能で、遊びながら報酬として暗号資産を受け取れる「Play to Earn」や、歩いたり走ったりすることで暗

Web3.0の仕組み

ブロックチェーン（分散型台帳）
- 取引の内容が公開されたデータとして記録され、改竄が困難
- 暗号資産（仮想通貨）などで使われ、Web3.0の土台となる技術

NFT（非代替性トークン）
- ブロックチェーン技術を使ったデジタル証明書
- アート作品などを対象としたNFTが取引されている

DAO（分散型自律組織）
- トークン（暗号資産）を発行してお金を集め、トークンを買った人たちが組織を運営する
- 暗号資産を使った「協同組合」ともいわれる
- スタートアップ企業への投資や慈善活動など、共通の目的を持った人たちが集まってプロジェクトを運営

インターネットの歴史

Web1.0
利用者がホームページなどを閲覧、収益はサイト運営者へ

▼

Web2.0
SNSなどで利用者がコンテンツをつくって発信。大手プラットフォーマーが運営し、収益を得る（中央集権型）

▼

Web3.0
利用者がコンテンツをつくる。利用者が運営し、収益も得る（非中央集権型）

号資産を稼げる「Move to Earn」といったモデルを持つサービスも登場。スタートアップだけではなく大手企業も相次いでWeb 3.0に参入する。

しかし、日本では規制や税制が起業の「壁」となり、シンガポールやドバイに渡るWeb3.0の起業家も少なくない。また日本円や暗号資産と交換できるトークンを報酬とするゲームの場合、仕組みによっては景品表示法の規制や刑法の賭博罪に抵触する恐れがあるともされる。

こうしたWeb 3.0を取り巻く事業環境を整え、成長戦略に位置づけようと、政府は2022年6月に閣議決定した「デジタル社会の実現に向けた重点計画」に「Web 3.0の推進」を掲げた。デジタル庁や経済産業省など関係省庁で様々な議論が動き出している。

ただWeb 3.0を冷ややかにみる向きもある。米電気自動車大手テスラのイーロン・マスク最高経営責任者（CEO）は21年末、「誰かWeb 3を見たことある？ 私は見つけられない」と皮肉をツイートした。

暗号資産をめぐっては詐欺や投機性の高さも問題視され、利用者保護の面から課題も多い。一時的な熱狂で終わるのか、それとも社会に浸透していくのか。Web3.0はまだ混沌としているといえそうだ。

（経済部・中島嘉克）

関　連　用　語

◆トークン

Web 3.0では、企業や開発チームが発行する「トークン」による経済圏が生まれている。トークンは「しるし」や「記念品」を意味する英単語で、ブロックチェーン技術で発行された暗号資産を指す。企業が独自トークンを発行して資金調達をするなど株式のような性質がある。

Web 3.0では、特定の管理者がいない「DAO」（分散型自律組織）という新しい組織の形も注目されている。DAOに参加するメンバーには「ガバナンストークン」と呼ばれるトークンが与えられ、組織内で議決権を行使することができる。

PLUS ONE
「暗号資産」課税見直し

Web3.0の起業家が日本から海外に流出する原因として、暗号資産への課税の問題がある。現在の法人税法上の仕組みでは、自社が発行し自社で保有するトークンについて「活発な市場が存在する」とみなされれば、期末時点の時価評価で課税される。現金収入が少ない場合でもトークンの含み益が大きければそれだけ多くの税金が課されることになり、「起業の壁」と指摘される。

金融庁と経産省が23年度の税制改正で、この課税方式について見直しを求めている。

楽天モバイルの苦戦

楽天グループの携帯電話事業が低調だ。「第4の携帯電話事業者」として2020年に携帯サービスに本格参入し、先行する大手3社に比べて割安な料金を顧客獲得の大きな手段と位置づけていた。だが、政府が旗を振った携帯料金の引き下げに大手3社が応じたこともあり、料金で差別化しきれず、顧客を思うように増やせていない。基地局をつくるコストで営業赤字が膨らみ、楽天全体の業績の足を引っ張っている。

22年6月末時点の楽天モバイルの契約数は546万件（格安スマホサービスのMVNOを含む）となり、3月末時点から22万件減った。携帯サービスを本格的に始めた20年4月以降、四半期ごとの集計では初めてのマイナス。9月末時点の契約数は518万件で、さらに減っていた。総務省がまとめた携帯事業者のシェアでも、22年6月末時点で楽天モバイルは2.3％で、3月末時点に比べ0.1ポイント下がった。

契約減の原因の一つと考えられるのが、料金プランの見直しだ。データ通信1ギガバイト（GB）まで「0円」とするプランを廃止し、3GBまで月額980円（税抜き）とする新たなプランを導入することを22年5月に発表していた。0円の廃止を見越して顧客離れが一部で起きていたとみられる。

基地局整備などの巨額投資が負担となり、赤字幅も大きくなっている。楽天の22年6月中間決算では、モバイル事業の営業赤字は2593億円。前年同期から3割増えた。インターネット通販事業やクレジットカードなどが好調な金融事業の利益を食いつぶす構造が続いている。楽天グループの純損益も1766億円の赤字を計上した。楽天グループの三木谷浩史会長兼社長は5月の記者会見で「0円でずっと使われても困っちゃうのがぶっちゃけな話。正直に言って」と、収益改善を図る狙いを述べていた。

◎

楽天はもともと、格安スマホといわれるMVNO事業を手がけていたが、20年4月に携帯事業に本格参入した。携帯の契約者に楽天が手がける他の様々なサービスも使ってもらい、サービス間の相乗効果を上げる狙いもあった。寡占市場に風穴が開くことで、国際的に高いとされた携帯料金が下がることを期待する政府も後押しした。

楽天が契約数を増やすために用意したのが、大手3社の当時の大容量

プランに比べて割安な料金プランだ。料金は月額2980円に一本化し、データ使用量は無制限とした。

だが、参入後に目算が狂い始めた。当時の菅義偉政権が携帯大手3社に値下げを求めた結果、20年12月にNTTドコモが月額3千円を切る格安プラン「ahamo」を発表。KDDIやソフトバンクも同水準の新プランで追随した。安さで先行していたは

楽天モバイル、契約数の推移

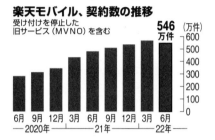

受け付けを停止した
旧サービス（MVNO）を含む

546万件

（万件）600 500 400 300 200 100 0

6月 9月 12月 3月 6月 9月 12月 3月 6月
└─2020年─┘└──21年──┘└─22年─┘

ずの楽天も見直しを迫られた。データ容量20GBまでなら1千円引き下げて1980円とするなど、容量に応じた料金プランになった。その結果、黒字化に必要な契約数について、当初は700万件としていたが、さらなる上積みが必要になっている。

「0円」プランをとりやめることで、契約者1人あたりの収入は上向くとみられる。他方、契約獲得に向けたアピール材料を一つ失ったかたちだ。他社に後れを取る通信品質の改善が待ったなしの状況でもある。基地局整備の負担が続く中、モバイル事業の持続的な成長を成し遂げられるか注目される。

（経済部・鈴木康朗）

関連用語

◆プラチナバンド

700～900メガヘルツの周波数帯は携帯の電波が届きやすく、「プラチナバンド」と呼ばれている。障害物ではね返されずに回り込む特性があり、都市部の建物が密集したエリアでも通信がつながりやすくなる。ソフトバンクは12年に使い始め、通信品質の改善を販売戦略の前面に出して顧客獲得につなげた。NTTドコモとKDDIも含めた大手3社が独占するプラチナバンドについて、楽天は自社にも再割り当てするよう主張している。割り当てる場合の方法や費用負担などのあり方を総務省の有識者会議が検討している。

PLUS ONE
携帯電話用周波数の再割り当て

携帯電話会社などへの周波数の割り当てを見直しやすくする改正法が22年10月に施行された。公平で有効な電波利用を進め、会社間の競争を促す狙いがある。携帯電話や放送に使われる周波数は電波法に基づく免許制で、総務相が割り当てる。携帯電話用の周波数は5年ごとの更新制だが、ひとたび割り当てられた後は更新を重ねて使い続けることが事実上できていた。法改正により、公平性などの観点から総務相が必要と認めた場合や希望事業者が申し出た場合に、割り当ての見直しができる。

変わる新卒採用

2025年春に入社する学生を対象にした採用活動から、企業はインターンシップに参加した学生の情報を採用活動に使えるようになる。産学からの要請を受け、政府はルールを変えた。現状に合わせてルールを見直したに過ぎず、影響は少ないとされるが、インターンシップの重要性が高まり、就職活動の早期化や企業の負担増加などにつながる可能性もある。

従来の政府のルールでは、インターンシップを採用活動に使うことは認められていなかった。就職活動の早期化を招き、学業がおろそかになりかねないという懸念があったためだ。

ただ、このルールには罰則があるわけではなく、形骸化していた。インターンシップで学生を評価し、選考時に利用する企業は増えていた。政府主導のルールでは、説明会などの広報活動は最終学年に入る直前の3月、面接などの選考活動は最終学年の6月から始まることになっているが、企業としては学生といち早く接触し、優秀な人材を確保したいためだ。

こうしてルールと実態が乖離(かいり)していることで、学生を混乱させているとして、経団連と大学側でつくる「採用と大学教育の未来に関する産学協議会」は22年4月、インターンシップの扱いを見直すよう報告書で要望した。この報告書に基づき、政府も同6月、インターンシップを採用活動にも利用できるようにルールを改定した。

新しいルールでは、インターンシップについて、学生がその仕事に就く能力が備わっているかどうかを見極めるために、関心分野や将来のキャリアに関わる就業体験を積むものだと定義した。

そのうえで、条件もいくつか定めた。学業との両立のため、実施は、大学3、4年生や大学院生の夏休みなどの長期休暇に限る。期間は通常5日間以上(専門性を生かすインターンシップは2週間以上)とした。期間の半分以上は、職場などで就業体験をする。社員が学生を指導し、終了後にはフィードバックをする必要もある。募集時には、プログラムの趣旨や実施期間などをホームページで公表することも求めた。

これらの条件を満たしたインターンシップは、採用活動に使うことを事前に示しておけば、企業は学生の仕事の能力を評価し、選考活動のための材料とすることができる。募集

要項に、産学協議会の基準に準拠していることを示すマークを記載することもできる。

これまでの実態に合わせてルールを変更したに過ぎず、大きな変化は起きないという見方も強いが、学生、企業双方にとって、インターンシップの比重を高めることになりそうだ。

夏休み中のインターンへの参加者を募集している企業の話を聞く大学生ら＝22年8月、東京都港区

インターンシップに力を入れる学生が増えれば、就職活動の早期化や長期化につながるという見方もある。

一方、人員の限られる中小企業にとっては、条件を満たすインターンシップを開催するには難しさもある。日本商工会議所が22年7〜8月に中小企業6007社を対象に実施した調査では、「条件を満たすインターンシップの実施を検討する」と回答した企業は、35.1％にとどまった。実施に向けた課題としてあがったのは、「実施に係る社内人員の確保」（41.4％）、「実施に係る社内スケジュール・時間の確保」（39.9％）だった。

（経済部・三浦惇平）

関 連 用 語

◆webインターン

新型コロナウイルスの感染拡大で、インターンシップもオンライン開催が広がった。学生は職場に出向かず、自宅からパソコンやスマートフォンの画面越しに参加ができる。

就職情報会社のディスコが21年に実施した調査では、学生が参加したインターンシップの開催形式を尋ねたところ、「オンラインのみ」が71.5％で、「対面のみ」（22.7％）を大きく上回った。オンラインで実際に業務の一部を体験したり、社内や工場を見学したりするプログラムも増えるなど、企業も工夫を凝らしている。

PLUS ONE
「専門人材」の日程前倒し

政府は22年11月、「専門性の高い人材」について、就活日程の前倒しを検討すると決めた。26年春に入社する学生から対象とする。面接や説明会の開始時期を定めた政府主導の就活ルールは徹底されておらず、採用競争が激化する中で、企業の不公平感を和らげる狙いもありそうだ。

具体的にどんな人材が対象になるかは明らかにされていないが、採用需要が高まっているデジタル人材などが想定される。政府は23年秋までに、日程の見直しについて結論を出す方針だ。

労働

「ハイブリッド型」勤務

　コロナ禍が、画一的な事務机が並ぶオフィスの風景を変えている。コロナ前のように全員が出社する働き方が当たり前ではなくなった。一方、対面でのコミュニケーション不足は、若い従業員を中心に「会社」への帰属意識を維持することを困難にしている。そのため、コロナ禍3年目でテレワークと出社を効率的に組み合わせる工夫をする会社が増えてきた。社員が出社したくなるオフィスを作る動きが広がっていることが象徴的だ。

　パーソル総合研究所が2022年7月に約2万人を対象に行った調査では、テレワークをした人の割合は5月の37.2％から7月には25.6％まで減った。5月は完全テレワークで出社しない人が15.1％いたが、7月には4.3％に減った。コロナ禍も3年目になり、テレワークと出社を状況によって使い分ける「ハイブリッド型」の勤務に移行する傾向が見て取れる。

　JR品川駅に近いコクヨの実験的なオフィス「ザ・キャンパス」の9階建てのビルは、5〜7階がフロアの床を打ち抜いた階段でつながっている。21年に築40年のビルを思い切ってリノベーションしたもので、4〜9階の約3千㎡で社員が実際に働きながら、取引先の企業が見学もできるショールームの役割も果たしている。

　フロアごとにテーマがあり、社員は好きな場所で働く。

　8階は「集う」で、会議室が並んでいるが、個別に仕事をする場所や

ウェブ会議ができるブースもある。チーム単位で定期的に集まり、テレワークで不足しがちなコミュニケーションを補うことが目的のため、会議をする必要はないという。

　5階は「整う」がテーマで、会社にいる時間が比較的長い総務などの社員の居心地がよいように植物が多く配置されている。6階は「育む」で、新入社員らがくつろいで話せるようソファなどが配置されている。7階は設計やデザインのための「試す」。4階は仕事に集中する場所で、9階は役員が中心のフロアだが、一般社員も使える。

　オフィスには随所に小型発信機（ビーコン）が設置され、社員のスマホを検知することで、フロアごとの利用状況や、集まる社員の傾向をつかみ、フロアの改善や商品開発につなげる。

　同じ敷地にはドコモやソニーも参画する「オープンラボ」があり、オフィスと在宅ワークをつなぐコミュ

ニケーション手段などを開発している。高速通信の５Ｇで、大型モニターを通じて臨場感のあるやりとりをしたり、自分の分身のように動き回るロボットを遠隔操作したりする実験を重ねている。

こうしたオフィスの多様化について、コクヨワークスタイル研究所の

ABWを取り入れたリクルートのオフィス。机は簡単に移動できるよう工夫され、素材も軽い＝22年8月、東京都千代田区

山下正太郎所長は「オフィスはかくあるべしというイメージが完全に崩れた。コロナ禍で集まって働くことが当たり前ではなくなった影響が大きい」と指摘する。

今後は、会社が重視する価値やワーカーに期待する行動がオフィスに表れるようになるという。

それは、①社員が共に働く場②集中して働く場③会社のカルチャーを共有する場④取引先と打ち合わせる場――などで、こうした要素から「自社にとって何が重要で、どのような場やワークスタイルを提供するか、作りながら考えることになる」（山下所長）という。

（経済部・松浦新）

関 連 用 語

◆デジタル格差

東京都が従業員30人以上の都内企業に毎月行っている「テレワーク実施率調査」で、22年9月の実施率は51.9％と、8月よりも6.7ポイント下がった。緊急事態宣言が出ていた21年8月が65.0％でピークだったが、その後も50％以上が続く。全国を対象とした諸調査の結果を大きく上回る。テレワークはデジタル化を強く促しており、都市部と地方のデジタル格差の要因といえる。

東京都の調査（9月）でも、従業員300人以上は85.1％が実施しているが、従業員30〜99人は40.1％で、企業規模の差も大きい。

◆ABW

「アクティビティ・ベースド・ワーキング」の略。同僚と議論をしたり、1人で集中して仕事をしたりと、職場での様々な「活動」に合わせて、社員が最適な場所を選んで働くこと。1990年代にオランダのコンサルティング会社、ヴェルデホーエン社が提唱した考え方で、日本ではコロナ禍で進みつつある。

ヴェルデホーエン社は、仕事を10種類の活動に分解した。ABWを導入したい会社は、それぞれにどれだけの時間を割いているかを調べてオフィスのレイアウトを計画することになる。

技能実習制度見直しへ

外国人が日本で働くためには、必要な在留資格をとらなければならない。「介護」「経営・管理」「教育」など、在留資格によってできる仕事が決められている。資格の一つに「技能実習」があり、この資格で働く外国人を「技能実習生」という。この制度の評判がすこぶる悪い。原則として転職できず、技能実習生に対する賃金の未払いやハラスメントなどが横行している。2022年11月、政府は制度見直しへ有識者会議を設けた。

日本で働く外国人は約173万人いる（21年10月末時点）。最近6年で倍近くに増えた。日本は実態としてはすでに「移民大国」とも言われる。

経済界は、日本の労働力不足を補うため、外国人受け入れを強く求めてきた。政治は、移民を増やすことの是非について正面からの議論を避けたまま、なし崩し的に受け入れを拡大。外国人労働者を都合のいい「労働力」としてばかり扱い、日本で暮らす「生活者」「隣人」としてとらえる視点にも乏しかった。その結果、あちこちでひずみが生まれている。その一つが技能実習制度だ。

技能実習制度は1993年、途上国への「技術移転」による「人づくり」に協力することを目的として始まった。「建築大工」「機械加工」など約80の職種で最長5年間、働くことができる。転職は原則としてできず、家族の帯同も認められない。

14年には安倍晋三政権が受け入れ拡大を表明。東日本大震災からの復興に加え、東京五輪開催を前にした建設ラッシュが見込まれたことが背景にある。21年10月末時点で技能実習生は約35万人おり、ベトナム国籍が約20万人で最多となっている。

法律には「技能実習は、労働力の需給の調整の手段として行われてはならない」と書かれている。だが実際は、日本人のやりたがらない作業や人手不足の仕事を外国人に低賃金で担わせる、需給調整の手段に変質した面がある。外国人を受け入れる「裏口の制度」とも表現される。

加えて、悪質な業者や企業も少なくない。出身国の送り出し業者の中には、実習生から様々な名目でお金を巻き上げる者もいる。実習生は来日した時点で、渡航費などをはるかに上回る多額の借金を抱えることになる。日本の勤務先には弱い立場を見透かされ、劣悪な労働条件で働かされるケースが後を絶たない。

「1カ月100時間を超える違法な時間外労働」「割増賃金が未払い」「無

資格で運転した重機が横転、下敷きになって死亡」……。21年に全国の労働基準監督署などが技能実習生の働く事業場を対象に行った監督指導では7割超で法令違反が見つかった。

性暴力、パスポートの取り上げ、高額の違約金、最低賃金〔●172ページ〕未満での酷使など、人権侵害が横行

リンゴ農家で働く技能実習生＝22年9月、長野県安曇野市

し、失踪も多発。「借金まみれで転職の自由もなく、まるで奴隷労働」とも批判される。日本弁護士連合会は制度の即時廃止を求めている。

一方で、人手不足の深刻な地域や産業では、技能実習生なしでは事業を存続できない現実もある。新型コロナの影響で技能実習生の入国が制限された21年には、収穫作業の滞る農家や廃業する酪農家も出た。また、アジアの貧困対策として機能している、との意見もある。

政府は22年11月、有識者会議を設け、制度の見直しに着手した。廃止して特定技能に一本化するかも焦点になる。　　　　（経済部・石山英明）

関 連 用 語

◆特定技能

政府は19年4月、在留資格「特定技能」を新設した。「技術移転」が建前だった技能実習制度とは異なり、人手の足りない産業での人材確保を目的としている。資格を得るには日本語能力などの試験があるが、同じ分野で技能実習を3年間良好に終えれば試験は免除される。

資格は「1号」と「2号」に分かれ、1号は「農業」「介護」「飲食料品製造業」など12分野で最長5年働ける。同じ分野なら転職も可能だ。また、「建設」「造船・舶用工業」の2分野は、試験に合格すれば2号に移れる。家族の帯同が認められ、期間の上限もなくなる。

国際社会、厳しい視線

PLUS ONE

技能実習制度に向ける国際社会の視線は厳しい。

国連の人種差別撤廃委員会は20年、技能実習生が「劣悪で債務労働型の状況にある」として、日本政府に対して「懸念」を表明した。

米国務省は、世界各国の人身売買に関する年次報告書の中でたびたび技能実習制度に言及。22年版でも強制労働の問題としてとらえ、日本政府の姿勢を批判した。

なお、過去には韓国にも似たような制度があったが、批判を受けて政府が廃止した。かわりに「雇用許可制」を導入している。

労働

最低賃金改定

　人を雇って働かせる側（使用者）が、そこで働く人（労働者）に最低でも支払わなければいけない「最低賃金」。2022年10月からは、全国平均で961円と、前の年と比べて31円上がり、上昇幅はこれまでで最も大きくなった。ただ、最高額の東京都と最低額の10県の差は219円と、十数年前と比べて倍近くに広がった。賃金が最低賃金を下回る人の割合も増えていて、最低賃金を上げながら、雇用も守ることの両立が課題だ。

　企業や団体、官公庁といった、人を雇って働かせる側（使用者）が、そこで働く人（労働者）に最低でも支払わなければいけない「最低賃金」。1時間あたりいくら、で表され、パートやアルバイトで働く人の時給の目安にもなっている。

　22年10月からは、全国平均で961円と、前の年と比べて31円上がった。上昇幅はこれまでで最も大きくなった。人材サービス大手「リクルート」の調査研究機関の調べでは、22年10月の三大都市圏（首都圏・東海・関西）のパートとアルバイトの平均時給（募集時）は1151円。1年前より3.0％増えて、過去最高になった。

　最低賃金は毎年、見直される。景気の動向に加えて、労働者の生活費や賃金の動向、使用者の支払い能力も考えて決めるためだ。まず、その年の夏までに、会社経営者や経団連の幹部といった「使用者側委員」と、労働組合の幹部などの「労働者側委員」、経済や労働問題に詳しい大学

教授などの「公益委員」の3者が、「厚生労働省中央最低賃金審議会」の小委員会を開き、金額を前の年から上げるか、それとも変えないかの目安を示す。並行して、各都道府県にある「地方最低賃金審議会」でも議論して、その年の秋から「発効」する金額を決める。この一連の手続きが「最低賃金改定」だ。

　最低賃金は、都道府県によって違う。仕事の数と、仕事を探している

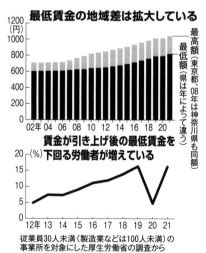

最低賃金の地域差は拡大している

最高額（東京都、08年は神奈川県も同額）
最低額（県は年によって違う）

賃金が引き上げ後の最低賃金を下回る労働者が増えている

従業員30人未満（製造業などは100人未満）の事業所を対象にした厚生労働省の調査から

人の数が、地域ごとに違うからだ。22年10月からの場合、最も高いのは東京都の1072円。次いで神奈川県の1071円、大阪府の1023円と続く。一方、青森県や秋田県、高知県や沖縄県などの10県は853円だった。大都市圏ほど高く、東北や四国、九州といった過疎が進む地方ほど低くなっている。

この「地域差」は広がっている。22年の最高額と最低額の差は219円と、十数年前と比べて倍近くになった。1990年代前半の「バブル経済」崩壊以降、不景気が長く続き、特に人口が減った地方は、経済規模がどんどん縮んで仕事も減った。さらに、新型コロナウイルスからの景気の回復度合いにも、都市部と地方で差が出ている。

このため、経営状態が苦しい中小・零細企業で働く人の中には、いま支払われている賃金が最低賃金ぎりぎりの人も増えている。関東で自動車の部品を作っている中小企業の社長は、「様々な原材料に加えて電気代などのコストが値上がりし、会社のもうけが少なくなっているのに、従業員の賃金は上げられない」と話していた〔➡72、76、78ページ〕。

ただ、これまでで最も高くなったとはいえ、日本の最低賃金は、1500円前後の英国やフランスと比べても低い。誰もが安心して暮らせるためには、最低賃金を上げながら、雇用も守ることの両立が必要になる。

（経済部・上地兼太郎）

関 連 用 語

◆最低賃金法

最低賃金の根拠となる法律で、「使用者は、最低賃金の適用を受ける労働者に対し、その最低賃金額以上の賃金を支払わなければならない」と定めている。たとえ労働者と使用者が最低賃金よりも低い賃金を支払うことで合意しても、最低賃金法によって「無効」となり、最低賃金額と同じ額を支払わなければならない。また、各都道府県別に決められた最低賃金額を支払わない場合には、「50万円以下の罰金」などの罰則がある。労働基準法で定められていた最低賃金制度を分離・独立させてできた。

◆生活保護水準

生活保護は、その人の資産や能力をすべて使っても暮らしに困るとき、困窮具合に応じて、日々の生活費や住居費、病気の治療費といった「生活保護費」を給付する制度。保護の申請は全国民が持つ権利だ。支給の目安は、国が決める「生活保護水準」で、最低生活費と収入を比べて、収入が最低生活費に満たない場合に、最低生活費から収入を差し引いた額が保護費として支給される。かつては、最低賃金で働いたときの収入よりも、生活保護で受け取る額のほうが高い「逆転現象」も見られた。

男女の賃金格差の公表義務化

　企業内で働く男女の賃金にどの程度の格差があるのか、開示を義務づける制度が2022年7月から始まった。男性の賃金に対し、女性の賃金が何％にあたるかで示す。賃金の格差があることは、女性が社内で活躍できていない状況ともつながる。こうした企業には投資家や求職者から厳しい視線が注がれていることから、開示によって企業が格差を是正するよう取り組むことを政府は期待している。

　男女の賃金格差の開示は、常時雇用する労働者が301人以上の企業が対象となった。22年3月末時点で国内に約1万8千社ある。全社員における男女の賃金格差に加えて、正社員・非正規社員それぞれにおける男女の平均賃金の格差も事業年度ごとに開示するよう義務づけている。

　公表は、各社のホームページや厚生労働省の専用データベースなど、求職者が確認できるような方法をとることとされている。開示義務に違反し、労働局の指導にも従わないなどの悪質なケースでは、厚労省が企業名を公表することもある。

　制度化に踏み切った背景には、日本は男女間の賃金格差が海外に比べて大きいことがある。経済協力開発機構（OECD）の調べでは、日本の女性の賃金は中央値でみて男性の77.5％で、韓国とイスラエルに次いで格差が大きい。調査した43カ国・地域の平均は88.4％だ。

　国内の働く女性をめぐっては、賃金が低い非正規労働者の割合が高いことや、賃金が高い管理職の割合が低いこと、出産・育児で退職すると再就職後は勤続年数が短くなって賃金が上がりづらいといった問題がある。米国や欧州主要国、シンガポール、フィリピンなどでは管理職に占める女性の割合がおおむね3〜4割台で、日本の約13％を大きく上回る。

日本は男女の賃金格差が大きい

男性賃金に対する女性賃金の割合 OECDの調査から

国	割合
ベルギー	96.2%
ニュージーランド	95.4
イタリア	92.4
フランス	88.2
英国	87.7
米国	82.3
日本	77.5
韓国	68.5

企業に賃金格差の開示を義務づけ、解消を図る

対象は…	全社員のほか、	上場企業などは…
労働者301人以上の企業	正社員と非正規社員それぞれにおける男女の賃金格差を示す	有価証券報告書にも記載

政府は主に、育児休業給付を手厚くするなど、正社員の女性が出産後も同じ仕事を続けられるよう支援してきた。平均賃金では男女の格差が20年間で10ポイントほど改善したが、それでも女性は男性の75％ほどだ。

英国やフランス、ドイツでは企業に男女の賃金格差の公表を義務づけている。日本でも1999年までは上場企業などに有価証券報告書で開示を義務づけていたが、連結決算を本格導入した際に企業の負担感も踏まえて廃止された。一方で近年は、女性活躍に関する情報が投資の判断にも使われている。国内の労働力人口が少子高齢化で減っていく中、政府としては女性の就労を促すために待遇差の是正を図る必要もあった。

岸田文雄首相は22年1月の施政方針演説で、男女の賃金格差に触れて「是正に向け、企業の開示ルールを見直す」と発言。5月には政府の「新しい資本主義実現会議」で制度化を表明した。

開示制度は、女性の働きぶりについて企業に情報開示を求める「女性活躍推進法」に基づく。従業員が101〜300人の企業も選択項目の一つとして、100人以下の企業も努力義務として開示を求めている。今後は上場企業などが提出する有価証券報告書にも記載を義務づける方針で、内閣府令を改正し、早ければ23年から適用する。　（経済部・橋本拓樹）

関　連　用　語

◆女性活躍推進法

「女性活躍推進法」は15年に施行された。企業内で女性の登用を進めるために、労働者や役員・管理職に占める女性の割合などの把握・開示や、こうした項目のいずれかで数値目標や具体的な取り組みを定める「行動計画」を策定することを企業に義務づけている。

第2次安倍政権で女性の労働参加を推進する目的でつくられ、22年4月からは対象の企業を従業員301人以上から101人以上に広げた。ただ、この間に女性の就業者数は増えたが、管理職比率や勤続年数は微増か横ばいにとどまっている。

◆ジェンダーギャップ指数

世界経済フォーラムが毎年発表している「ジェンダーギャップ指数」は、経済と教育、健康、政治の4分野で各国の男女間の格差を評価している。指数が1に近いほど平等で、22年7月の公表結果で日本は0.650。146カ国中116位と先進国では最低レベルだ。

日本は経済（0.564）や政治（0.061）の評価が低い。政府の「女性版骨太の方針」は、背景に国内の各種制度や賃金格差などの労働慣行、性別ごとの役割分担意識があるとし、「女性の経済的自立」を取り組みの中核に位置づけている。

労働

ギグワーカー

ネットを介して単発の仕事を請け負うギグワーカーの保護が国際的な課題となっている。働き手に「報酬の決まり方が不透明」「仕事を仲介するプラットフォーム（PF）企業から一方的に仕事を打ち切られる」という不満があるためだ。訴訟が続いた欧州では一定の条件に当てはまる場合、雇われた労働者と同じように扱うことが検討されている。日本では裁判例などの蓄積も乏しく、政策論議も遅れている。

「ギグ」は音楽用語で、ライブハウスなどでゲストとして一時的に演奏に参加することを意味した。それが、インターネットを介した単発の働き方を指す言葉として使われるようになった。

ギグワーカーの大半は個人事業主だ。代表例が米国発のウーバー。タクシーの代わりに個人が運送を請け負うサービスで成長した。日本でも飲食宅配代行のウーバーイーツを展開している。

ギグワークは働く時間や場所を自分で決められ、自由な働き方だとされてきた。会社に長時間拘束されるのを嫌い、空いた時間に副業として働きたい人にとっては好都合な面もある。

しかし、必ずしもバラ色な働き方ではない。ウーバーのように仕事を仲介するPF企業は、様々なルールや働き手を評価する制度を導入している。働き手には「一方的に報酬制度を変えられた」という、システムの透明性に対する不満が根強くある。ギグワーカーは仕事に使う「アカウント」をPFに作るが、そのアカウントが急に停止されるという問題もある。日本政府が2020年に実施した実態調査では、フリーランス336人のうち「アカウントを一方的に凍結・消去された」と回答した人が約15%いた。

PF企業には本来、雇用主としての責任はない。ところが、不満を抱いた働き手による訴訟が相次いだ欧州では、労働者と同じ権利を認める判決が続いた。欧州連合（EU）の行政府にあたる欧州委員会も、PF企業を「雇用主」として扱う場合の判断基準を提案している。さらに、PF企業がギグワーカーの評価に使う人工知能（AI）のアルゴリズムの透明性を高めるようにも求めている。

日本では、PF企業を介さず発注企業と直接契約を結ぶ人を含むフリーランス全体で約460万人いると試

算されている。仕事を発注する企業より立場が弱いため、契約をめぐるトラブルが目立つ。書面がない場合が多く、報酬が値下げされたり、理由もなくやり直しを求められたりすることもある。

　仕事によるけがや病気もフリーランスが抱えるリスクの一つ。労災保険の特別加入制度の対象が広げられ

東京都内で配達するウーバーイーツの配達員＝20年4月、港区

ており、ウーバーイーツの配達員も対象になった。ただ、保険料は配達員の自己負担だ。

　ウーバーイーツの配達員は労働組合を作って報酬制度の透明化などについて団体交渉を求めている。しかし、ウーバー側は応じていない。労組側の申し立てに対し、東京都労働委員会は22年11月、団体交渉に応じる義務があるという命令をウーバー側に出した。配達員が「労働組合法上の労働者」にあたるという判断だ。政府も手をこまねいているわけではなく、フリーランスを保護する新法を検討している。ただ、実効性には不透明な部分が多い。

（編集委員・澤路毅彦）

関　連　用　語

◆個人事業主

　会社をつくらずに、個人で事業をしている人。会社などと請負契約や業務委託契約で働くことが多い。ほとんどが雇用保険や労災保険の対象外だ。このため、失業したり病気になったりした場合の保障が弱い。賃金や労働時間を規制している労働法の保護も原則として及ばない。ただし、実際には会社に強く拘束されて働いているケースもある。働き方の実態が雇われて働いている人に近ければ、労働者としての権利が認められることもある。プロ野球選手のように、労働組合を作って団体交渉ができることもある。

PLUS ONE
アマゾン配達員が労組結成

　ネット通販大手アマゾンの荷物を配達するドライバーが労働組合を作る動きが続いている。22年6月に神奈川県横須賀市、9月には長崎市で結成された。ドライバーはアマゾンの下請けの運送会社と契約を結ぶ個人事業主で、アマゾンが提供するアプリを使っている。労組側は、実際の働き方はアプリで管理された「労働者」だと主張して、運送会社だけでなく、アマゾンにも労働条件の改善を求めている。運送会社とは話し合いが行われているが、アマゾンは応じていない。

労働

ジョブ型雇用

　日本型の雇用はメンバーシップ型と呼ばれ、一括採用した新卒の社員（メンバーシップ）に様々な経験を積ませて年齢とともに賃金を上げていく仕組みだ。これに対し海外で主流のジョブ型雇用は、会社が先に仕事（ジョブ）と賃金を定め、それに見合った人を個別に採用する。人に仕事を当てはめるか、仕事に人を当てはめるかで正反対といえる。いま国内の大手企業が相次いでジョブ型と名づけた人事制度を採り入れ始めている。

　ジョブ型雇用の基本は、働き手は決められた仕事以外を原則せず、賃金がほぼ変わらないことだ。欠員が出ればそのつど採用され、社内から仕事そのものがなくなれば解雇につながる。年齢に関わらず高度なジョブに就けば賃金も上がる。日本以外では一般的な昔ながらの形態だ。

　日本の大企業で導入されてきたメンバーシップ型雇用のほうが世界的には珍しい。年功型賃金と終身雇用を背景に働き手が異動も転勤も受け入れて忠実に働くことが、日本の経済成長に貢献したと評価されてきた。

　しかし弊害も現れている。

　年功型では即戦力になる社内外の人材を登用しづらい。さらに自社に適した社員教育だけでは他社でも通用するほどの人材が育ちにくく、最適なキャリア形成や労働市場の流動化を妨げているとの指摘もある。

　中高年の人件費を抑える狙いもある。長時間労働ができて賃金の安い若手社員が労働力の中心だった時代には、企業はその恩恵を受けてきた。だが中高年が主体となると、そうはいかない。仕事と賃金を固定するジョブ型雇用であれば、年齢や勤続年数が上がるほど給料が上がる構造を変えられる側面がある。

　そんなジョブ型雇用に注目が集ま

「ジョブ型」と「メンバーシップ型」の違いは？

ジョブ型（欧米型）
- 特定の職務について雇用契約を結ぶ
- 会社が必要なときに労働者を採用する
- 決められた職務以外のことはしない
- 同じ職務をしている限り賃金は大きく変わらない
- 会社の業績が悪くなって職務がなくなれば解雇される（米国は解雇自由）
- 会社の外で職業能力を身につける

メンバーシップ型（日本型）
- 会社のメンバーであることが重視される
- 新卒時に一括して採用され、定年で退職する
- 人事異動があり、違う職務を経験する
- 年功的に賃金が上がる
- 会社の経営が厳しくなっても簡単には解雇されない
- 会社内での訓練が重要

るきっかけとなったのは、経団連の経営労働政策特別委員会が2020年1月に公表した報告書だ。

ただちに制度全般や全社員をジョブ型雇用へ移行するのは現実的ではないとしつつ、「自社の経営戦略にとって最適な『メンバーシップ型』と『ジョブ型』の雇用区分の組み合わせを検討することが基本」と、見直しへの方向性を示した。

時期を同じくして、資生堂、三菱ケミカルグループ、KDDI、富士通、日立製作所といった大手企業が次々と、ジョブ型と名づけた制度を導入した。仕事と賃金を明確化し、社内外から人材を登用する。仕事に人を当てはめるジョブ型そのものだ。

ただ、その名称はジョブ型「雇用」ではなく、ジョブ型「人材マネジメント」「人事制度」などが多い。新卒一括採用を変えず、転勤や異動を残す企業がほとんど。会社が社員を思うように配置できる強力な人事権を手放すまでには至っていない。完全に移行するには社会保障や教育のあり方も一緒に考えていく必要が出てくる。

メンバーシップ型雇用は、男性を中心とした正社員が、異動や転勤、長時間労働を許容する仕組みだった。働き方改革が叫ばれる中、女性、高齢者、障害者といった多様な労働力を活用する意味でも、見直しは進んでいくだろう。（経済部・伊沢健司）

関 連 用 語

◆メンバーシップ型雇用

メンバーシップ型雇用とジョブ型雇用という言葉は、日本とそれ以外の国の雇用の仕組みを対比させるため、労働政策研究・研修機構の濱口桂一郎・労働政策研究所長がつくった。著書『ジョブ型雇用社会とは何か　正社員体制の矛盾と転機』（岩波新書）で、日本型のメンバーシップ型雇用で得をしてきたのは、経験や技能で劣っても採用された若者だったと指摘する。転勤や長時間労働に柔軟に対応できるためだ。その一方、育児や介護を担ってきた女性は、それらに柔軟に対応できず損をしてきた、と説明する。

◆職務記述書

ジョブ型雇用では、会社があらかじめ仕事の内容や責任範囲、必要な技能を明確にした「ジョブ・ディスクリプション」（職務記述書、JD）を定め、そこにふさわしい人材が配置される。ジョブ型の導入には膨大にある仕事を分解し、一つひとつのJDをつくる必要があるため時間と手間がかかる。

例えば、日立製作所は21年までにJDの標準版をつくり、まずは管理職1万人を対象にジョブ型を導入した。その後はJDの詳細版を順次つくって22年7月から一般社員2万人にも対象を広げた。

労働

官民で急速に進む「教育DX」

「教育DX」という言葉があちこちで聞かれるようになった。DXは「Digital Transformation」（デジタル・トランスフォーメーション）の略。デジタルやデータの活用で教育をよりよく変革するという意味だ。文部科学省やデジタル庁だけでなく、民間教育産業もDX化に乗り出し、CBT（コンピューターによるテスト）、AI（人工知能）教材など、日本の教育界にDXの波が急速に押し寄せている。

OECD（経済協力開発機構）の国々と比べても、デジタル化が遅れている日本社会。政府は2016年の「第5期科学技術基本計画」で、近未来の姿として、「Society5.0」という、仮想空間と現実空間を融合させ、経済発展と社会的課題の解決を両立する社会に向けた取り組みを提唱した。デジタル人材の育成とともに、「教育の情報化」「学校の情報化」などが叫ばれ、19年末には、全国の小中学生に1人1台のパソコンやタブレット端末を配備し、全小中高校に高速ネットワークを整備する「GIGAスクール構想」が打ち出された。この事業が、新型コロナウイルスの感染拡大で前倒しされ、21年4月までに全国の大半の小中学校で端末が完備された。

◎

あわせて文科省では、20年12月に「デジタル化推進プラン」をまとめ、ポストコロナ時代のニューノーマルに対応するため、ソフトとハードの

22年度の高1から始まった新科目「情報Ⅰ」。1人1台の端末でも授業の内容がわかるように設定する生徒＝東京都立立川高校、同校提供

両面から各分野のデジタル化を加速させるビジョンを示した。その中には、▷1人1台の端末を活用した遠隔・オンライン教育の推進▷学習者用デジタル教科書の普及促進▷全国学力・学習状況調査などCBT化の推進▷ICT（情報通信技術）の支援体制の充実▷大学や幼稚園のデジタル活用の推進▷校務の情報化——などが盛り込まれた。

また大きな柱として、「教育データの利活用」による、個人に適した学び、教師の指導・支援の充実など

も提唱。22年1月には、デジタル庁〔➡24ページ〕、総務省、文科省、経済産業省の合同で「教育データ利活用ロードマップ」も示された。「誰もが、いつでもどこからでも、誰とでも、自分らしく学べる社会」をめざすとし、学習履歴などの活用を推進する。

翌2月には、文科相の下に「学校DX推進本部」も立ち上がった。

国の動きに先んじて、民間の教育産業では、AIドリルや学習アプリなど、教育DXは進んでいた。国の方針やGIGA端末が拍車をかけ、デジタル教材や自動採点システムなど、教育と関係のなかった企業も教育DX分野に乗り出している。

（編集委員・宮坂麻子）

学校現場のデジタル化への壁

国がDXを急速に進める一方で、学校現場ではまだデジタル化への壁が高い。公立小中学校ではこれまで、家庭とのやりとりは連絡帳か手紙、テストは赤ペンで丸つけ、授業は黒板……とアナログが原則だった。これで困っていないため、端末が配備されても、学級閉鎖など緊急時しか使わない、一部の教科で使うだけ、などの学校がまだある。また、通信環境が悪くて一斉に使えない学校もある。家庭への持ち帰りも、故障やゲームをする懸念などから日常的には認めていない学校もあり、地域や学校による活用差が大きい。

関 連 用 語

◆デジタル教科書24年度から本格導入

デジタル教科書は、指導者用と学習者用があり、教科書検定を受けた紙の教科書と同一内容だ。学校教育法改正で、19年度から紙に代えて使用可能になった。図や文字の拡大縮小、背景色変更、書き直しできるマーカー、機械音声読み上げなどの機能があるものが多い。また、実験・資料動画や、立体図形が回転するなどのアニメーションなど、付属のデジタル教材と連携してわかりやすく学べる。文科省は24年度にまず英語から全小中学校へ本格導入し、広げることを決めた。ただ視力への影響や定着度など不安の声もある。

◆校務の情報化と働き方改革

教育DXの中でも、特に教員の働き方改革につながるのが「校務の情報化」だ。学校・学級運営に必要な情報や、児童生徒の出欠や成績などをコンピューターで一元管理する。18年度から5カ年計画で、文科省は「統合型校務支援システム」の整備を進め、全国の8割近い自治体まで進んだ。だが、校務用端末は学校に限られた台数が固定され、各教員に配布された端末では活用できない自治体も多い。学習系や福祉系のデータと連携し、教育や支援に生かすために、次世代の校務デジタル化が文科省で検討されている。

教育

教員不足

全国の小中学校や高校などで、教員が足りなくなる例が相次いでいる。小学校では学級担任が足りなくなり、校長や教頭らが授業に入る例も。理由の一つには、教員の忙しさが知られ、なりたがる人が少なくなっていることがある。文部科学省は社会人を雇うよう促すなどの対策に乗り出しているが、正規教員を増やして長時間労働を解消したり、いまは出ない残業代が出るようにしたりする、抜本的な環境改善が急務となっている。

学校の教員は学級に1人ずつを最低限として、ほかに教員のまとめ役である教務主任や、学級を二つにわける少人数教育の担当なども加えて都道府県などの教育委員会が必要な数を決める。実際に働ける教員がこの数より少ないことを文科省は教員不足と言っている。

文科省の調査では、2021年4月には全国の公立学校の5.8%に当たる1897校で2558人が不足していた。このうち小学校は1218人、中学校は868人、高校は217人だった。21年5月時点では、小学校の学級担任が474人足りなかった。代わりに、教務主任や、管理職である校長や教頭が授業をした。もともとの仕事はなくならないため、働く時間が増えたり、授業がおろそかになったりしやすい問題がある。

◎

教員不足が起こるのはなぜか。

学級の数は子どもの数によって決まる。4月には、年度が始まる直前に学級が増えることがあり、その場合は1年間などの期限付きで働ける人を新たに雇わなければならない。子どもを産むために休んだり、体調

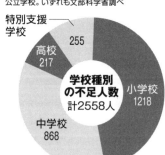

21年4月の教員不足の状況
公立学校。いずれも文部科学省調べ

特別支援学校 255
高校 217
中学校 868
小学校 1218

学校種別の不足人数 計2558人

教員不足の学校の割合が高かった都道府県と政令指定市

小学校		中学校	
神奈川県	21.4%	福岡市	40.6
埼玉県	18.3	福岡県	25.9
熊本県	18.3	茨城県	24.9
相模原市	18.3	長崎県	24.4
福岡県	18.1	神奈川県	23.2
全国	4.9	全国	7.0

教員不足の実態調査の結果を説明する文科省の担当者ら＝22年1月

を崩して急に休んだりする教員の代わりも必要だ。文科省によると、この「代打」を務められる人が少なくなっているのが原因だ。

「代打」は、公立学校の採用試験に不合格だった人が試験に再チャレンジする間に務めることが多い。だが近年、ベテラン教員が大量退職したことで採用枠が大きく増え、採用試験に不合格のまま再チャレンジする人が少なくなったと文科省は説明する。大量退職が起きたのは、子どもが多かった40～50年前に大量採用された教員が近年、定年を迎えたためだ。

ただ、専門家は、教員の長時間労働など忙しい実態が知られ、なりたい人が減ったのが最大の要因だと指摘している。

実際、採用試験を受ける人自体が大きく減っている。文科省によると、22年春採用の公立教員採用試験の受験者数は高校で過去最低の2万3991人。小学校も中学校も10年ほど減り続けている。小中高のほか特別支援学校なども含めた全体の採用倍率（受験者数を採用者数で割った値）は3.7倍で過去最低だった。

文科省は、民間企業などで働く人も教員になりやすいよう、教員免許がなくても教員になれる「特別免許状」を活用するよう都道府県教育委員会に促した。教育委員会が、試験の一部を免除する枠を拡大する動きもある。　　　（社会部・高浜行人）

関 連 用 語

◆教員免許取得件数も減少

学校で教えるには原則、大学で一定の単位を取ることで得られる「教員免許」が必要だ。この免許を取る人が減っているという実態もある。

文科省が22年6月に発表した20年度の免許状授与件数は計19万6357件で、データのある03年度以降で初めて20万件を切り、最少だった。特に高校は最多だった06年度から4割近く減り、中学校も2割以上減っている。免許があるか、取る見込みがなければそもそも採用試験が受けられないため、教員になる気が少しでもある学生が減っていることを意味している。

PLUS ONE

定額働かせ放題

公立学校の教員の給料は、いくら残業しても増えない仕組みになっている。残業代を支払わない代わりに、月給4％分を一律で支給するとした、1971年制定の教職員給与特措法（給特法）があるためだ。

給特法では、修学旅行や災害時など四つの場合（超勤4項目）を除いて残業はさせないと規定する。だが、実態は多くの教員が手当なしで残業していることから、「定額働かせ放題」の制度だとの批判がある。現役教員や専門家からは抜本的な見直しを求める声が上がっている。

教育

小学校「教科担任制」本格始動

　小学5、6年生の一部授業で専門の先生が教える「教科担任制」が、2022年度から本格的に始まった。文部科学省は優先的に対象とする教科を英語、理科、算数、体育と示し、22年度、導入のために950人の教員を増員し、予算上は週1コマ程度、担任以外の教員が教える体制が整った。文科省は25年度までに計3800人を増やす計画で、実現すれば週3.5コマを教科担任が教えることになる。

　小学校の教科担任制は、中学校と同様に担任以外の専門教員が特定の教科で授業を受け持つ。文科省の18年度の全国調査では、6年生で音楽は55％、理科は47％、家庭は35％で導入されていた。

　一方、教員の働き方改革のため授業数を減らすとともに、特定の教科を教えるのが得意な教員が担当することで授業の質を上げようと、文科相の諮問機関・中央教育審議会が21年、英語、理科、算数について22年度をめどに本格導入するよう答申した。さらに、文科省の有識者会議は体育の追加も提言した。

　文科省は当初、22〜25年度で計8800人の教員の増員を計画。初年度となる22年度予算の概算要求では2千人の増員を財務省に求め、折衝の末に22年度は950人増えることになった。25年度までに計3800人を増やすめどが立っているという。実現すれば、25年度には週3.5コマで教科担任制が実施される計算になる。

小学校の教科担任制のイメージ

茨城県教委の資料をもとに作成

　高学年になると授業が難しくなる算数、理科のほか、国際化教育にも力を入れていることから、英語も対象とした。また定年後も働く先生が増えており、体力面を考えて体育も採用した。

　先行導入している自治体では、教員の残業が減ったという学校もある。ただ、学級担任が直接指導する時間が減るため、子どもに目が届きにくくなる心配もある。きめ細かく学習や生活状況を把握する取り組みが必要だ。

（社会部・桑原紀彦）

教員免許更新制廃止と教員研修新制度

　教員免許に10年の期限を設け、講習を受けなければ失効する教員免許更新制が2022年7月1日、法改正により廃止となった。09年度から始まった免許の有効期限や更新講習がなくなった。23年度からは、教員一人ひとりについて研修の記録を義務づけ、校長らがこれをもとに受講すべき研修内容を助言する新たな制度が始まる。教員の自主性が損なわれるのでは、と懸念する声もあがっている。

　教員免許更新制は、教員の資質確保を目的に07年、第1次安倍政権の「教育再生会議」が導入を提言。教育職員免許法の改正を経て09年度から始まった。免許に10年の期限を設け、その2カ月前までの2年間で計30時間以上の講習を受ける必要があった。

　だが、多忙な教員が講習を受けられるのは夏休みなどの長期休暇で負担が大きかったことなどから、見直しを求める声が高まり、21年8月に萩生田光一文部科学相（当時）が廃止を表明。22年5月に参院本会議で廃止法案が可決された。

　23年度からは新しい研修制度が始まる。教員の受けた研修履歴が都道府県教育委員会の管理するシステムなどに記録され、校長らがこれをもとに面談で受講すべき研修内容を助言する。記録対象となる研修は、都道府県・政令指定市教委が実施するものは必須とし、職務研修として市町村教委が行ったり、学校内で実施

されたりするものは都道府県教委が判断する、などとした。

　一方、教員が法定研修や、ICT（情報通信技術）など必要性の高い研修を再三促されても受講しなければ、職務命令として受けさせられる。免許更新制がなくなることで教員の質低下を懸念する自民党の意見も踏まえ、テストやリポート提出などで成果の確認も求められることになった。

　教員からは「校長らから勧められることで、受けたい研修が認められなくなるのでは」との声もあがっている。　　　　　（社会部・桑原紀彦）

文部科学省が示した教員研修新制度の枠組み

記録内容	研修名、内容、主催者、時期、対面型かオンデマンド型かといった実施形態などの中から、都道府県教委が必須事項と、望ましい事項を定める
記録範囲	都道府県・政令指定市教委の研修は必須。市町村教委や労働組合などの研修は都道府県教委で判断
記録方法	各都道府県教委で運用する情報システムや電子ファイルなど。文科省が2023年度中に全国統一の記録システムを稼働
問題のある教員への対応	法定研修やICTなど必要性の高い研修を再三促されても受講しなければ職務命令で受けさせる。従わなければ懲戒処分も

教育

「生徒指導提要」改訂案

文部科学省は2022年8月、小中学校や高校での生徒指導についての教職員向けの手引書「生徒指導提要」の改訂案を発表した。近年、問題視された理不尽な校則の見直しを促す記述を追加した。教員による不適切な言動の禁止や、性的少数者の子どもに対する対応策も盛り込んだ。生徒指導提要は10年につくられ、改訂は初。現場が記述の趣旨に沿った生徒指導ができるよう、研修や教員態勢の充実が必要との指摘もある。

生徒指導提要には、生徒指導の定義や授業との関係のほか、いじめや少年非行、自殺、性といった子どもを取り巻く課題についての対応手順が示されている。

改訂案では、校則についての記述が大きく変わった。学校のホームページで公開するよう促すとともに、社会の変化を踏まえて意義を適切に説明できないものは、見直すよう求めた。また見直しにあたっては、児童生徒らの意見を聞くことが望ましいとした。性的少数者の児童生徒に関しては、教職員が理解を深めることや、支援チームをつくり組織的に支えることが必要だとした。

教員による不適切な指導についても新たに盛り込まれた。「威圧的、感情的な言動」や「他の児童生徒に連帯責任を負わせる」などの例を挙げ、不登校や自殺につながる場合もあるとして注意を呼びかけた。

また、近年急増している児童生徒の自殺をめぐり、予防のあり方から

新たな生徒指導提要の校則をめぐる記述のポイント

- 校則を学校のホームページなどで公開するよう促す
- 校則の内容について子どもや保護者から意見を聞き、議論の場を設けることを推奨
- 意義を適切に説明できない校則の見直しを求める

近年問題視された公立校の校則の例

- 下着は白
- 髪を染めていないか確認する「地毛証明書」の提出
- 髪を一律に黒く染める
- ツーブロックの禁止
- 政治活動の禁止

事後対応までそれぞれの場面での対応に言及。児童生徒が出すサインの具体例も挙げつつ、対処法も記した。

課題は、学校現場に浸透するかだ。改訂前の生徒指導提要には、認知度が不足しているという指摘もあった。改訂案の内容は多岐にわたり、多忙な教員がすべてを頭に入れるのは難しい面もある。文科省の担当者は「まずは問題が起きたときの参考資料に使ってもらいつつ、研修などを通じて少しずつ理解が広がれば」と話す。　　　　（社会部・高浜行人）

激減する海外留学

　政府が後押しし、増え続けていた日本の高校生や大学生らの海外留学は、2020年春からのコロナ禍以来、各国の入国制限もあって激減した。その後、様々な制限の解除により、海外に渡航して学ぶ生徒・学生の数は回復しつつあるが、国際感覚を身につけた若者の減少に危機感を抱いた文部科学省は22年7月、高校生を中心とする若い世代に向けた留学支援策などを掲げ、「グローバル政策の方向性」を打ち出した。

　コロナ禍による留学の激減は世界的な現象だったが、日本は出入国のハードルを上げた後、他国より長く緩和しなかったため、留学生は受け入れも送り出しも激減した。

　文科省によると海外へ留学する大学生らはコロナ禍以前は増加傾向で、18年度は過去最高の約11万5千人。それが、20年度は1500人を下回り、前年度から約99%減となった。国別の留学先の人数を見ると、①韓国265人②米国240人③カナダ189人④オーストラリア109人⑤英国89人で、いずれも前年度から大幅に減少した。「ゼロコロナ」政策を続ける中国への留学は特に減った。

　21年秋は、一部で海外渡航を再開する動きも見られ、22年秋はさらに加速した。ただ、10月には1ドル140〜150円台という急激な円安〔❷74ページ〕になり、日本人留学生や保護者にとっては新たな試練となった。

　文科省は22年7月、5年後までに、送り出しと受け入れの留学生をコロナ禍前の水準に回復させる目標を掲げた。その柱の一つが、民間の寄付を活用する「トビタテ！留学JAPAN」。もともと22年度までの予定だったが、5年後まで続けることにした。

　重点としたのは、大学入学前の留学を後押しすること。5年間で高校生計約4千人、大学生約1千人を支援して海外へ送り出す。早めに海外で学べば、その後あらためて留学を志す人が増えると期待する。

（社会部・上野創）

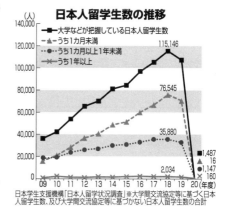

日本人留学生数の推移

- 大学などが把握している日本人留学生数 … 115,146 → 1,487
- うち1カ月未満 … 76,545 → 16
- うち1カ月以上1年未満 … 35,880 → 1,147
- うち1年以上 … 2,034 → 160

(単位：人)

日本学生支援機構「日本人留学状況調査」※大学間交流協定等に基づく日本人留学生数、及び大学間交流協定等に基づかない日本人留学生数の合計

教育

大学ファンド

世界トップレベルの研究力をめざす大学を支援するため、政府が10兆円の基金をつくり、その運用益から１大学あたり年数百億円を配る制度。2022年５月、仕組みを定めた国際卓越研究大学法が成立した。政府は、基金を充実させて研究力を伸ばした米英のトップ大学をモデルに、日本の大学の国際競争力を復活させたいと考えている。22年度に国際卓越研究大学を公募、23年度から支援先を決め、24年度から支援を始める。

日本の研究力低下が続いている。研究力の強さの物差しに使われるのが、注目度が高い科学論文の数、いわゆる「トップ10％論文」の数だ。他の論文に引用された回数が、各分野で上位10％に入る論文の数を示す。この数が、日本は横ばいだが、他の国は増えているため、相対的に順位が下がっている。

文部科学省によると、日本は00年代半ばまでは米国などに次ぐ４位をキープしていた。それ以降は順位が徐々に下がり続け、22年８月に公表された最新の順位では12位。10位だった前回から、スペインと韓国に抜かれて順位を二つ落とした。

今回の日本の論文数は3780本で、１位の中国の１割弱。しかも、強いとされてきた基礎生命科学や化学、物理学といった分野で、注目度が高い論文の割合が減っている。

◎

政府は、日本経済を再び成長させるには、イノベーション（技術革新）が欠かせないと考えている。それだけに、イノベーションの前提となる研究力の低下が止まらないことに強い危機感を持つ。

研究力を上げるには、研究開発費を増やすことが欠かせない。実際に中国は近年、莫大な研究開発費を大学などに投じて研究力を伸ばし、いまや米国をしのぐまでになった。

だが財政難の日本が、大幅に研究予算を増やすことは難しい。そこで少数の大学に集中的に資金を投下して、世界トップレベルの研究成果を出してもらおうと考えた。財政投融資を主な原資にした10兆円の「大学ファンド」（基金）を、株式や債券で運用。生まれた利益から、毎年３千億円を上限に、最大５〜７大学に年数百億円ずつ配ることにした。

22年５月に成立した国際卓越研究大学法に基づき、政府は23年度以降、段階的に大学を選び、24年度から支援を始める。

研究に対して、これまでにない巨

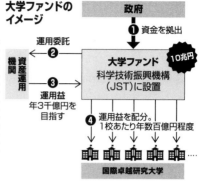

引用数が上位10％に入る質の高い論文数は中国が順位を上げ、日本は下がっている
文部科学省の調査から

（グラフ）1位〜13位、中国、日本
1998〜2000年平均、00〜02、02〜04、04〜06、06〜08、08〜10、10〜12、12〜14、14〜16、16〜18、18〜20

大学ファンドのイメージ

政府
❶資金を拠出

運用委託
❷

機関 資産運用

大学ファンド
科学技術振興機構
（JST）に設置
10兆円

❸
運用益
年3千億円を
目指す

❹運用益を配分。
1校あたり年数百億円程度

国際卓越研究大学

額の予算が投じられること自体は、多くの研究者も歓迎している。だが、ファンドから支援を受けられる国際卓越研究大学に認定されるには、年３％の事業成長や、経営と研究を分離したガバナンス改革といった高いハードルを越える必要がある。

心配されているのが、大学が稼ぐことに躍起になり、資金を得られやすい研究ばかり重視し、基礎研究がおろそかにならないか、という点だ。支援を受けられない大学との格差が、これまで以上に拡大することも懸念されている。（編集委員・増谷文生）

関 連 用 語

◆東工大と東京医科歯科大が統合

東京工業大と東京医科歯科大が、24年度をめどに大学を統合すると発表した。両大学ともに、それぞれの分野で国内トップレベルの研究水準を誇り、世界最高水準の教育研究活動が期待される「指定国立大学」だ。それでも、世界的な研究競争の激化で、「日本では勝ち組と言われるが、世界的に見れば勝ち組ではない」などと、両大学とも強い危機感を持つ。統合によって研究力をさらに強化し、大学ファンドに応募することも視野に入れているという。新しい大学の名称のほか、本部や共同キャンパスの設置場所などは今後詰める。

◆総合振興パッケージ

「大学ファンドの対象大学と、それ以外の大学の格差が広がる」。そんな懸念を受け政府は22年、地方大学などを対象に支援する「総合振興パッケージ」をつくった。地域の中核となる大学や特定分野に強みを持つ大学など、実力と意欲を持つ大学の機能強化をめざすものだ。人材育成や研究基盤の強化、大学発ベンチャーの支援などに充てるため、22年度当初予算までに計635億円を計上。23年度予算の概算要求でも、1700億円規模を計上している。だが、全国に大学は800以上あり、1大学あたりの支援額の差は大きい。

教育

佐渡金山、2023年の世界遺産登録困難に

ユネスコ（国連教育科学文化機関）の世界文化遺産をめざす候補として、日本政府は2022年2月、佐渡金山遺跡（新潟県）を推薦した。だが、推薦書に不十分な点があるとユネスコに指摘され、改めて提出することに。当初めざしていた23年の登録が難しくなった。佐渡金山遺跡の世界文化遺産推薦をめぐっては、戦時中に朝鮮半島出身者が働いており、韓国が「強制労働被害の現場だ」と反発した経緯がある。

佐渡金山遺跡は、西三川砂金山、鶴子銀山、相川金銀山からなる。そもそも、政府が世界文化遺産の候補として推薦するにあたっても曲折があった。

文化審議会が21年12月、佐渡金山を世界文化遺産の推薦候補に選んだ。世界中の鉱山で機械化が進む16〜19世紀に、伝統的手工業による生産技術や生産体制を深化させた金生産システムを示す遺構として価値があるとされた。

韓国政府は、戦時中に佐渡の鉱山で朝鮮半島出身者が働いており、「強制労働被害の現場だ」などと主張して、選定撤回を要求。韓国が反対する中で推薦に踏み切っても登録の見通しが立たないとして、日本政府はいったん推薦を見送る方向で調整していた。

しかし、地元新潟県の関係者や自民党内からも反発の声が出て、結局は佐渡金山を推薦した。22年2月1日の締め切りギリギリだった。

予定では、ユネスコの諮問機関による現地調査などを経て、翌23年に諮問機関による勧告、同年夏ごろにユネスコの世界遺産委員会で登録の可否が審議されるはずだった。

| 日本の世界遺産 物件名（登録年） | 文化遺産 | ・法隆寺地域の仏教建造物（1993年）
・姫路城（93年）
・古都京都の文化財（94年）
・白川郷・五箇山の合掌造り集落（95年）
・原爆ドーム（96年）
・厳島神社（96年）
・古都奈良の文化財（98年）
・日光の社寺（99年）
・琉球王国のグスク及び関連遺産群（2000年）
・紀伊山地の霊場と参詣道（04年） | ・石見銀山遺跡とその文化的景観（07年）
・平泉─仏国土（浄土）を表す建築・庭園及び考古学的遺跡群（11年）
・富士山─信仰の対象と芸術の源泉（13年）
・富岡製糸場と絹産業遺産群（14年）
・明治日本の産業革命遺産 製鉄・製鋼、造船、石炭産業（15年）
・ル・コルビュジエの建築作品──近代建築運動への顕著な貢献（16年）
・「神宿る島」宗像・沖ノ島と関連遺産群（17年）
・長崎と天草地方の潜伏キリシタン関連遺産（18年）
・百舌鳥・古市古墳群──古代日本の墳墓群（19年）
・北海道・北東北の縄文遺跡群（21年） |
| 自然遺産 | | ・屋久島（93年）　・白神山地（93年）　・知床（05年）　・小笠原諸島（11年）
・奄美大島、徳之島、沖縄島北部及び西表島（21年） | |

ところが22年7月、文化庁は佐渡金山の推薦書を改めて提出すると発表。ユネスコから、推薦書の一部に不十分な点があると指摘されたためだという。

西三川砂金山の説明について、日本側は山や導水路跡を一体の資産としているが、現在では導水路跡が一部途切れていることから、ユネスコは説明が不十分だと指摘したという。23年の登録は難しくなった。

推薦書は2月が正式版の提出期限だが、前年の9月までに暫定版をユネスコに送ることができる。指摘を踏まえて修正し、改めて正式版を出せる。これまで、国内からの推薦では暫定版の推薦書を出してきたが、佐渡金山の場合は修正のきかない正式版のみだった。佐渡金山は、国内の推薦候補に選ばれたのが12月で、暫定版の提出期限を過ぎていた。文化庁は、世界遺産委員会の動向を踏まえ、推薦基準を見直したうえで選んだためだとしている。

政府は22年9月、改めて佐渡金山の推薦書暫定版をユネスコに提出。23年2月までに正式版を出す予定だ。通常は正式版を出した翌年の夏ごろに開かれる世界遺産委員会で審議されるが、22年の世界遺産委員会はロシアのウクライナ侵攻〔→38ページ〕の影響で延期されている。23年以降の開催もめどが立っておらず、佐渡金山の登録は先が見通せない状況だ。

（文化部・神宮桃子）

佐渡金山の歩み

1460年ごろ	西三川砂金山の開発始まる
1542年	鶴子銀山を発見
1601年	相川金銀山で開発が本格化
1872年	西三川砂金山閉山
1946年	鶴子銀山閉山
89年	相川金銀山が操業停止
2010年	世界遺産の国内候補の一覧「暫定リスト」入り
21年	国の文化審議会が推薦候補に選定
22年	政府がユネスコに推薦するも、不備を指摘される
23年	ユネスコに推薦書正式版を再提出へ
24年？	諮問機関の勧告を経て、世界遺産委員会で審議？

佐渡金山遺跡のひとつ、相川金銀山の「道遊の割戸」＝新潟県佐渡市

関　連　用　語

◆「風流踊」が無形文化遺産に

ユネスコの無形文化遺産に、日本から提案していた「風流踊（ふりゅうおどり）」が22年11月に登録された。

「風流踊」は、盆踊りや念仏踊りなど、各地の歴史や風土を反映して伝承されてきた民俗芸能。鬼剣舞（おにけんばい）（岩手県北上市、奥州市）▷郡上踊（ぐじょうおどり）（岐阜県郡上市）▷津和野弥栄神社の鷺舞（さぎまい）（島根県津和野町）▷平戸のジャンガラ（長崎県平戸市）など、24都府県の計41件からなる。いずれも国の重要無形民俗文化財。09年に登録された「チャッキラコ」（神奈川県三浦市）に加える形で、ひとまとめにして登録をめざしていた。

2025年大阪・関西万博

2025年、世界各国が最先端技術などを紹介する国際博覧会（万博）が大阪市で開かれる。5年に一度の大規模な「登録博」で、国内での開催は、1970年に大阪府吹田市で開かれた「大阪万博」、2005年に愛知県長久手町（現長久手市）と豊田市、瀬戸市で開かれた「愛・地球博」に次ぐ3回目。「いのち」をキーワードに、健康や医療、カーボンニュートラルなどに関する取り組みを体現する。開幕に向けた工事が23年度から本格化する予定だ。

万博は25年4月13日から10月13日の184日間、大阪湾の人工島「夢洲」で開かれる国家プロジェクトだ。テーマは「いのち輝く未来社会のデザイン」。新型コロナウイルスの感染拡大を踏まえ、世界が「いのち」に向き合い、持続する未来を模索する場に位置づける。国連の「持続可能な開発目標」（SDGs）達成への貢献も掲げる。

大阪での2度目の万博開催が決まったのは18年11月23日。博覧会国際事務局（BIE）の総会がパリで開かれ、加盟国による2回の投票の結果、ロシアとアゼルバイジャンとの誘致合戦を制した。

万博は「未来社会の実験場」をコンセプトに掲げており、開催地・大阪府の吉村洋文知事は「ワクワクするような、日本の未来を感じ取れるような万博にしたい」としている。

会場では、離島や山間部での新たな交通手段や災害時の活用が期待される「空飛ぶクルマ」の有人飛行や、

万博会場のイメージ（2025年日本国際博覧会協会提供）

走行中の電気自動車に自動で給電するシステムといった最先端の技術を体験できるようになる予定だ。

運営主体の公益社団法人「2025年日本国際博覧会協会」は150カ国・地域と25国際機関の参加を目標に掲げ、政府も参加招請を進めてきた。会期中は、訪日外国人客350万人を含む計2820万人の来場者を見込んでいる。

会場となる夢洲は大阪湾の埋め立て地で、面積は約390ha。大阪市による開発計画がバブル崩壊で頓挫するなどし、「負の遺産」とも呼ばれ

てきた。22年10月現在、大阪港の物流拠点となるコンテナターミナルや太陽光発電施設があるが、多くは空き地だ。

そのうち会場の面積は155ha。会場を特徴づけるのは、世界最大級の木造建築物となるリング状の大屋根だ。直径675m、幅30m、一周2km。高さは外側が20m、内側が12mで、上部を歩くこともできる。その周辺にはパビリオンや催事場などが立ち並ぶ計画だ。協会は22年度に会場内の通路や給水管の工事に取りかかり、23年度からは参加国によるパビリオン建設工事などが本格的に始まる。

万博の経済波及効果は2兆円と試算されている。会場建設費の総額は1850億円。当初は1250億円だったが、大屋根の建設が追加で決まったことなどから約1.5倍に増えた。建設資材価格が上昇するなどし、更なる高騰を懸念する見方もある。国と大阪府・市、経済界が3分の1ずつ負担することになっており、地元の議会や経済界からは厳しい目が向けられている。

万博後の跡地について、府・市はエンターテインメントや宿泊機能を持つ施設を誘致し、「国際観光拠点」としてのまちづくりを進める方針だ。夢洲内の隣接する土地には、カジノを含む統合型リゾート（IR）を整備する計画もある。　　　（大阪本社ネットワーク報道本部・添田樹紀）

関 連 用 語

◆万博公式キャラ「ミャクミャク」

2025年大阪・関西万博まで残り1千日となった22年7月18日、日本国際博覧会協会は、万博の公式キャラクターの愛称が「ミャクミャク」に決まったと発表した。愛称の公募には、全国から3万3197件の応募があった。

「いのちの輝き」を表し、増えたり分かれたりする赤い細胞と、流れるように形を変える青い水が一つになって生まれた不思議な生き物という設定だ。これまで「脈々」と受け継がれてきた人間のDNAや知恵、歴史や文化などを未来に受け継いでいく、との意味が込められている。

PLUS ONE
ドバイ万博

21年10月1日から22年3月31日までの半年間、アラブ首長国連邦（UAE）のドバイで、中東で初の登録博が開かれた。新型コロナウイルスの影響で開催が1年延期されたものの、192カ国・地域が参加し、2410万人が来場した。閉幕式では、次期開催地の日本を代表して大阪府の吉村知事らがBIE旗を受け取った。

438ha ある会場跡地では、パビリオンなどの8割を再利用した新たな街がオープンしている。今後、オフィスや住宅、飲食店などの整備が進む計画だ。

「ドライブ・マイ・カー」アカデミー賞受賞

第94回米アカデミー賞で、濱口竜介監督の「ドライブ・マイ・カー」が国際長編映画賞を受賞した。日本作品では、外国語映画賞という名前だった2009年の「おくりびと」（滝田洋二郎監督）以来で2作目。受賞はならなかったものの、作品賞と脚色賞では日本作品初、監督賞でも黒澤明監督以来の候補となり、注目された。その後も国際映画祭では日本人監督による作品が存在感を示し、日本映画は新たな黄金期を迎えつつある。

「ドライブ・マイ・カー」は村上春樹さんの短編小説が原作。西島秀俊さん演じる喪失を抱えた演出家が、三浦透子さん演じる運転手との出会いなどを通じて再生へ向かう物語。21年のカンヌ国際映画祭で初上映され、日本作品として初めて脚本賞を受賞した。その後も国際的に高く評価され、アカデミー賞の前哨戦とされるゴールデングローブ賞でも日本映画として62年ぶりに非英語映画賞（旧外国語映画賞）を受賞した。

アカデミー賞の授賞式後に会見した（左から）霧島れいかさん、濱口竜介監督、西島秀俊さん、岡田将生さん

アカデミー賞の授賞式後の会見で濱口監督は「素晴らしい作品の中で賞を取れたというのは本当に驚くべきこと。コロナの状況が、喪失とそこからどう生きていくのかを描いている物語と響き合ったところもあるのではないかと思う」と語った。

◎

現代社会を映し出しながら、チェーホフの戯曲とも共鳴する普遍性を持つ重層的な物語。そんな作品の力はもちろん、背景にはアカデミー賞をめぐる変化もあった。15、16年の演技部門の候補者が全員白人で批判が集中。投票権を持つアカデミー会員の多くが高齢の白人男性であることも明るみに。さらに17年に発覚した有名プロデューサーの性暴力問題を機にジェンダーや多様性をめぐる議論が活発化し、女性やマイノリティー、外国人の会員を増やすなどの改革が進んだ。

その結果、以前よりも多様な作品が評価される傾向にあり、20年にはポン・ジュノ監督の韓国映画「パラ

サイト　半地下の家族」が非英語映画初の作品賞を獲得した。22年の作品賞は、シアン・ヘダー監督の「コーダ　あいのうた」。ろうの家族とひとりだけ耳が聞こえる少女の物語で、ろう者役に当事者俳優を起用したことも話題になった。

◎

その後も国際映画祭では、日本人監督の躍進が続いている。カンヌでは是枝裕和監督の「ベイビー・ブローカー」がコンペ入りし、主演のソン・ガンホさんが男優賞を獲得。早川千絵監督の「PLAN 75」は、新人監督の作品が対象のカメラドールの次点に当たるスペシャルメンション（特別表彰）を受けた。ベネチアでは、深田晃司監督の「LOVE LIFE」がコンペに選ばれた。「ドライブ・マイ・

過去にアカデミー賞を受賞した日本人・日本映画 敬称略

受賞回（年度）	受賞者・作品	賞
第24回(1951)	「羅生門」黒澤明監督	名誉賞
第27回(54)	「地獄門」衣笠貞之助監督	名誉賞
	和田三造「地獄門」	衣装デザイン賞
第28回(55)	「宮本武蔵」稲垣浩監督	名誉賞
第30回(57)	ナンシー梅木「サヨナラ」	助演女優賞
第58回(85)	ワダエミ「乱」	衣装デザイン賞
第60回(87)	坂本龍一「ラストエンペラー」	作曲賞
第62回(89)	黒澤明	名誉賞
第65回(92)	石岡瑛子「ドラキュラ」	衣装デザイン賞
第71回(98)	「ザ・パーソナルズ」伊比恵子監督	短編ドキュメンタリー賞
第75回(2002)	「千と千尋の神隠し」宮崎駿監督	長編アニメーション賞
第81回(08)	「おくりびと」滝田洋二郎監督	外国語映画賞
	「つみきのいえ」加藤久仁生監督	短編アニメーション賞
第90回(17)	辻一弘※「ウィンストン・チャーチル ヒトラーから世界を救った男」	メーキャップ賞

※19年に米国籍を取得、カズ・ヒロとして第92回でも「スキャンダル」でメーキャップ賞

カー」に続く歴史的作品の登場が今後も期待される。

（文化部・佐藤美鈴）

日本映画界の＃Me Too と構造改革

映画界での告発を発端に、性暴力やハラスメントをなくそうという声が文化芸術界で広がっている。

22年3月に公開予定だった性被害を描いた映画の監督から、過去に性的関係を強要されたと複数の俳優がネットや週刊誌などで告発。映画は公開が中止となった。

その後も映画界で性暴力やハラスメントの告発が相次ぎ、被害を打ち明ける声がSNSを中心に「＃Me TooJapan」「＃文学界に性暴力のない土壌を作りたい」といったハッシュタグとともに、演劇界や文学界な

ど分野を超えて広がった。

当事者にとどまらず、映画監督、映画研究者や批評家、原作者である作家、日本映画監督協会、日本シナリオ作家協会などが声明を発表し、性暴力やハラスメントをなくそう、その温床となる劣悪な労働環境などを含め、業界構造を変えようという機運が高まっている。

さらに是枝監督、諏訪敦彦監督ら有志が持続可能な映画界のための統括機関「日本版CNC」の設立を求める会を立ち上げた。日本映画の未来に向けて、構造改革をめざす様々な議論が繰り広げられている。

文化・マスコミ

消えぬ海賊版

　海賊版サイトがなくならない。マンガなどを出版社や作家に無断で掲載し、無料で読めるようにする違法サイトだ。新型コロナウイルス流行による巣ごもり需要で被害が拡大したうえ、運営拠点を海外に設けるなどして摘発を巧妙に逃れるサイトも生まれている。出版業界は、作品の削除を求めたり、法的措置をとったりするなどしてサイトを追い込む活動に取り組んでいるが、いたちごっこが続いている。

　出版物の海賊版対策に取り組む一般社団法人「ABJ」によると、マンガなど出版物の海賊版サイトは約1千にものぼる。新型コロナウイルスの流行で外出を控えた人が海賊版サイトにたどり着くケースが増え、21年の1年間では、約1兆円分が「ただ読み」された計算になるという。

　そんな海賊版サイトの存在は、マンガ文化を揺るがしかねない。多くの人が無料の海賊版サイトを利用してしまうと、本来は有料であるマンガ本が売れなくなり、出版社や作家がお金を稼げなくなってしまう恐れがあるからだ。作品を作り続けられなくなってしまい、めぐりめぐって、面白い作品が読めなくなることにもつながる。

◎

　そんな海賊版サイトが増えた背景には、「漫画村」というサイトの存在が大きい。遅くとも16年2月ごろに開設され、「ONE PIECE」「キングダム」などの人気マンガや雑誌など約8200タイトル、約7万3千巻相当を無断で公開、最大で月間1億に迫るまでアクセス数を伸ばし、ネット広告で収益を稼いだ。海賊版サイトが儲かることを世の中に広めてしまい、同じようなサイトが生まれるきっかけになったといわれている。

　漫画村は社会問題化した末に、18年4月に自主閉鎖。その後運営者だった人物は逮捕され、最終的に著作権法違反などの罪で刑事罰を受けた。

　近年は、海外に運営拠点を置くサイトも多い。代表例が「漫画BANK」（21年閉鎖）だ。漫画村閉鎖後に登場し、被害額は2千億円を超えた。被害を受けた出版社は運営者が中国・重慶市在住であることを突き止め、最終的に中国の現地当局が22年6月に罰金命令を出した。ただ、海外に拠点を置く海賊版サイトは、発信元の特定が困難なうえ、現地当局が摘発に消極的なケースもあり、根絶が難しい。

◎

海賊版サイト側を牽制（けんせい）するように、関連の民事訴訟も相次いでいる。22年2月には、出版大手4社が、海賊版サイトのデータを配信して出版社の著作権を侵害しているとして、海賊版サイトがよく利用する米国IT企業「クラウドフレア」に4億6千万円の損害賠償などを求め提訴。さらに22年7月には、出版大手3社が、漫画村の元運営者に総額19億円の損害賠償を求める訴訟を起こした。

出版社側は海賊版サイトに対して、無断で載せている作品を削除するように求めたり、刑事告訴したりするなどして、サイトを閉鎖に追い込む活動を地道に続けている。だが、対策してもそのつど新たなサイトが次々と現れてしまい、いたちごっこが続いている。（文化部・黒田健朗）

マンガの海賊版をめぐる最近の動き

- **2019年9月** 国内最大といわれた海賊版サイト「漫画村」の運営者とされる人物が逮捕される
- **2020年10月** リンクを張るなどして海賊版に誘導する「リーチサイト」の運営者に刑事罰を科す改正著作権法が施行される
- **2021年1月** 海賊版マンガのダウンロードを禁じる改正著作権法が施行される。罰則は2年以下の懲役や200万円以下の罰金
- **6月** 「漫画村」運営者に懲役3年、罰金1千万円、追徴金約6257万円の実刑判決
- **2022年2月** 講談社、集英社、小学館、KADOKAWAの大手出版4社が米IT企業「クラウドフレア」を東京地裁に提訴

関 連 用 語

◆サイトブロッキング

海賊版サイトの対策としては、ネットワーク事業者が特定のサイトへのアクセスを強制的に遮り、利用できないようにする「サイトブロッキング」という強力な方法がある。18年には、政府の知的財産戦略本部で法制化が検討されたこともあった。

ただ、こうした手法は憲法が保障する「通信の秘密」や「表現の自由」を侵害する恐れがあるとして反対する声も多くあがり、最終的に法制化は見送られた。現在も、出版業界内で考え方は分かれている。

◆ファスト映画

無断で映画を短く編集し、あらすじを紹介する「ファスト映画」の被害も深刻だ。21年にはファスト映画をネット上に投稿したとして、宮城県警が3人を著作権法違反容疑で逮捕。3人はその後同法違反で有罪判決を受け、ファスト映画をめぐり全国で初めて刑事責任が認められた。

22年5月には、映画会社など13社が3人を相手取り、5億円の損害賠償を求め提訴。3人のうち2人に対する判決が同11月にあり、請求通り計5億円の賠償を命じた。

文化・マスコミ

急拡大するNFT市場

デジタル資産を取り扱う市場が拡大している。NFT（非代替性トークン）と呼ばれる技術を使うことで、デジタルアートやゲーム内のアイテムなどを、個人が自由に取引できる環境が広がってきた。日本の強みを生かせる可能性があるとして、政府や国内企業の期待も高まる。ただ、NFTの取引は法的な位置づけがあいまいだったり、不正があった場合に被害者を救済する仕組みの整備が遅れていたりするなど、課題も指摘されている。

NFTを有名にしたのは2021年3月、英クリスティーズのオークションだった。米国人アーティスト、Beeple（ビープル）のデジタルアートがNFTとして出品され、約75億円で落札されて話題になった。パネルに映す電子データにすぎない作品を落札するというのはどういうことなのか。

NFTは、ある電子データが真正であることを示す「証明書」のようなものだ。暗号資産（仮想通貨）に使われるブロックチェーン（分散型台帳）という技術で管理する。改竄（かいざん）やコピーをすることが難しいため、個人間で手軽にやりとりできるのが特徴だ。オークションでは、この「証明書」が落札者に渡ったという記録が公開される。

「NFT化」が進むのはデジタルアートだけではない。写真や美術品の管理にも使われる。得点シーンの動画などをNFT化して販売するスポーツ団体やチームも増えてきた。政府もNFTの利用拡大を掲げる。

一方で、課題も見えてきた。投機の対象になったNFTの一部は価格が暴落した。著作権侵害の作品も多数見つかっている。国境をまたぐ不正に対し、被害を救済する手段も確立していない。

そもそも、NFT化した作品を買っても、データ自体を必ずしも独占できるわけではない点など、法的位置づけもあいまいだ。公正な課税や消費者保護に向けた取り組みの強化が求められる。（経済部・渡辺淳基）

PLUS ONE
「ゲームファイ」で稼ぐ世界も

NFT取引の一大プラットフォームになりつつあるのがゲームの世界だ。参加者同士のコミュニケーションや、NFT化したアイテムやキャラクターの売買などもできる。ゲームの世界の中で「仕事」をして、実際にお金を稼ぐ「ゲームファイ」も海外では広がり始めている。日本のクリエーターにとってビジネスチャンスになると期待されている。

埋蔵文化財保護へ、史跡相当をリスト化

　埋蔵文化財のうち、国の史跡になりそうな遺跡を先にリスト化して公表する仕組みを文化審議会が2022年7月にまとめた。史跡に指定する前の遺跡を把握して、価値をあらかじめ示すことで、適切に保護したい考えだ。土地を開発しようとして遺跡が見つかり、貴重な遺跡が失われることや、開発の計画が遅れるなどの影響を避ける狙いがある。明治時代の鉄道開業時の遺構「高輪築堤」の保存問題がきっかけだ。

　埋蔵文化財は遺跡などのことで、重要なものは国が史跡に指定して重点的に保護する。

　現行の制度では、埋蔵文化財の保護は自治体の役割だ。史跡にするかどうか、自治体がまず価値判断をする。だが、自治体によって専門職員の配置にはばらつきがある。大事な遺跡が見つかっても、自治体と国で情報が共有されず、壊されることもある。あらかじめリスト化すれば、史跡になる前でも国が把握することができ、助言もできる。

　このリスト化検討のきっかけになった「高輪築堤」（東京都港区）は、JR東日本の再開発区域で見つかった。計画が進む中、保存について議論になった。一部が現地保存となり、21年に国の史跡に指定された。高輪築堤の存在がもっと早くに知られて価値が理解されていれば、保護への取り組みが効果的にできたのではないか、という反省がある。

　リストは、国が示した目安に沿っ

日本初の鉄道遺構「高輪築堤」。JR高輪ゲートウェイ駅（左奥）の目と鼻の先から出土した

て、自治体が専門家の意見を聞きながら候補を検討。国と協議してリスト案を作る。文化審議会が審査し、確定したリストを国が公表する。リストに載った遺跡は、史跡指定に向けて、自治体が調査など必要な取り組みに速やかに着手する。

　文化庁はまず、中世ごろまでの遺跡を、22年度末をめざしてリスト化したいという。ただ、埋蔵文化財は直接見ることができず、存在や価値を確実に把握するのは難しい。取り組みに地域差が出ないようにすることも課題だ。　　（文化部・神宮桃子）

ネット広告、マスコミ4媒体超え

　国内のインターネット広告費が、2021年に新聞・雑誌・ラジオ・テレビの「マスコミ4媒体」の広告費の合計を上回った。インターネットの推定値が残る1996年以降で初めてだ。スマートフォンの普及に加えて、動画配信サービスの広がりが押し上げている。ただ、不透明な取引や誇大表現が問題視されるようになっており、巨大IT企業に情報開示を求めるなど政府も対策を進めている。

　広告は企業や団体などが、商品やサービス、アイデアを有料で広く知らせようとすることを指す。広告を載せる媒体には新聞やテレビ、インターネットなどがあり、広告費は各媒体に載せるために企業や団体が支払った金額になる。

　広告大手電通が毎年、「日本の広告費」として推定値を公表している。21年の日本国内の広告費は前年比10.4％増の6兆7998億円だった。新型コロナ禍からの経済復調や東京五輪・パラリンピック開催を背景に、コロナ前の19年（6兆9381億円）に迫る水準まで回復した。

　媒体として、インターネットが加わったのは1996年実績からで、当時はわずか16億円だった。そこから急成長して04年にラジオ、06年に雑誌、09年に新聞、そして19年にテレビを抜いて首位になった。21年は前年比21.4％増の2兆7052億円に膨らみ、マスコミ4媒体の合計（2兆4538億円）も上回った。

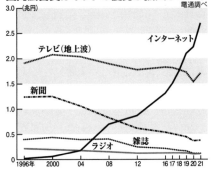

国内広告費はネットの優勢が拡大している
電通調べ

媒体ごとの広告費は、それぞれの媒体が社会へ及ぼす影響力の物差しともいえる。ネット広告では、スマートフォンの普及に加えて、近年はYouTubeやTikTokといった動画配信サービスが広がり、動画広告が大きく伸びている。今後も拡大が続いていくとみられる。

◎

　ただ、急拡大するネット広告には不透明な取引や誇大表現といった問題も指摘されるようになり、政府や省庁は対応を進める。

　政府は22年10月、「デジタルプラ

ットフォーム取引透明化法」に基づいて、グーグル、メタ（旧フェイスブック）、ヤフーの３社をネット広告規制の対象に指定すると発表した。広告の取引条件の開示を求めるほか、情報開示の状況を年１回報告することを義務づける。ネット広告は大手の寡占化が進み、広告主に不利な状況があると指摘されており、こうした対応でネット広告取引の透明性や公平性を高める狙いがある。

　また、消費者庁は同６月に成功報酬型のネット広告「アフィリエイト」に関する指針を公表した。アフィリエイターと呼ばれる個人や法人がブログなどで広告を作り、その広告を通じた商品の売り上げなどに応じて成功報酬を受け取る仕組みだが、第三者の経験談であるかのように装った書き方で広告と判別しにくい内容も目立つようになっていた。指針ではSNSで発信する際に「広告」であることを明示するよう推奨したほか、広告主に発信内容を事前に確認するといった役割を求めた。

（経済部・田幸香純）

関 連 用 語

◆アドフラウド（広告詐欺）

　インターネット広告で、利用者が広告を見ていないにもかかわらず、見たように装って広告費をだまし取る不正行為を指す。ネット上の表示数やクリック数で広告費は増減し、その結果に応じて広告主がサイト運営者に支払う仕組みを悪用したもので、主な手法には自動プログラム（ボット）などを使い、多くの利用者がクリックしているように見せかけたり、広告商品の資料請求を自動的に繰り返したりするものがある。アドフラウド対策を手がける「スパイダーラボズ」は国内の被害額は年１千億円規模にのぼると推計する。

伸びるポスティング市場

　マンションや戸建ての郵便受けにチラシや印刷物を直接配ることを「ポスティング」という。「日本の広告費」には入らないが、関連市場として電通がまとめたところ、21年は前年比11％増の1283億円と大きく伸びた。新型コロナの影響で、自治体や官公庁が印刷物をすべての家に配布しようとする動きが広がった。在宅勤務が広がって自宅でチラシを見る機会が増えたことも背景に、コロナ禍で苦しんだ外食産業などがPR手段として活用する動きも出たという。

ネット広告とアドフラウドのイメージ

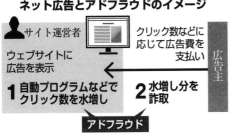

文化・マスコミ

テレビ局と大手配信事業者の協業

敵対関係と思われていたテレビ局と、ネットフリックスやディズニーなどの大手配信事業者が近年、連携を強めている。テレビ局が制作したドラマやバラエティーなど既存の番組をプラットフォームで配信するケースが多いが、最近は両者が協力してコンテンツを制作する例も出てきている。番組制作のノウハウがあるテレビ局と、世界中に視聴者を持つ配信事業者。それぞれの得意分野を生かした協業が広がりつつある。

動画配信サービス最大手のネットフリックスは2022年11月、TBSホールディングスの子会社「THE SEVEN」と戦略的提携契約を締結したと発表した。同社はTBSグループの海外戦略を担う会社で、今後5年間でネットフリックスとコンテンツの共同開発などを行い、世界に配信していくという。

TBSグループとネットフリックスは21年ごろから関係を深めてきた。23年には、TBS制作で宮藤官九郎と大石静が脚本を共同執筆するドラマ「離婚しようよ」も配信予定だ。

日本テレビも22年3月、配信プラットフォーム「ディズニープラス」を擁するウォルト・ディズニー・ジャパンと協業を推し進めることで合意。同年に日テレで放送された「金田一少年の事件簿」をディズニープラスで配信したほか、コンテンツの共同開発にも取り組むとしている。

アマゾン・プライム・ビデオも同年、読売テレビ制作の「失恋めし」を地上波に先んじて配信。アマプラはTBSのバラエティー「風雲！たけし城」の新作フォーマット版の配信を23年にも予定している。

テレビ離れで広告収入が減る民放局にとって、配信プラットフォームへのコンテンツ提供は貴重な収入源の一つ。全世界に作品をアピールできるメリットもある。配信側も、各局が持つ番組制作のノウハウを借りてコンテンツを充実させたい。意外にも双方の思惑は一致している。

（文化部・土屋香乃子）

関 連 用 語

◆テレビ番組の同時配信

テレビ番組を放送と同時に民放共通の配信プラットフォーム「TVer」で見られる「リアルタイム配信」が、22年春から本格的に始まった。現在はゴールデン帯の番組の配信が中心となっている。NHKは20年から受信契約世帯向けの「NHKプラス」を始めている。

報道機関のニュースの対価支払い

　グーグルやメタ（旧フェイスブック、FB）などの米巨大IT企業に対し、ニュースの対価を報道機関に支払うよう義務づける法律が主要国で広がっている。背景には、ネット上のあらゆる情報を扱うメディアとしての存在感を増す巨大プラットフォーマーの台頭と、従来の報道機関の弱体化がある。オーストラリアでは2021年、対価の支払いを義務づける法律が成立したほか、カナダなどでも同様の動きが広がっている。

　オーストラリアでは21年2月、グーグルなどの巨大IT企業に対し、ネット上でニュースを表示する際、報道機関への対価の支払いを義務づける法律が成立した。

　ニュースの対価をめぐる議論は、欧州が先行した。欧州連合（EU）は19年、著作権指令を改正してニュース使用料の支払いを義務づけるよう加盟国に求め、フランスなどで法制化が進んだ。

　こうした動きに対し、グーグルは20年、報道機関の支援のために3年間で10億ドル（約1500億円）を支払う取り組みを発表した。世界で1500以上の媒体と契約を結んでいる。

◎

　巨大IT企業と、従来の報道機関には、圧倒的な力の差がある。世界ニュース発行者協会（WAN‐IFRA）の22年5月の報告書によると、世界のメディアの売上高は1309億ドル（約20兆円）。一方、広告を収益源とするグーグルの親会社とメタの2社だけでも21年の売上高は約3755億ドル（約56兆円）にのぼる。

　カナダ政府は22年4月、巨大IT企業に対し、報道機関に対する正当な対価を払うよう義務づける「オンラインニュース法案」を公表。米国の連邦議会でも、従業員1500人未満の報道機関にプラットフォーム（PF）企業との団体交渉を認める法案が検討されている。

（サンフランシスコ支局・五十嵐大介）

関 連 用 語

◆日本は公取委が実態調査

　日本では、欧州や豪州のように政府がPF事業者にニュースの対価を義務づける法律はない。公正取引委員会は22年11月、グーグルやヤフーなどのニュース配信PFの取引に関する実態調査を始めると発表した。今後まとめる報告書に強制力はないが、PF側に改善を求める提言を盛り込む見通しだ。

文化・マスコミ

●くらし

「こども家庭庁」発足へ

　こども家庭庁が2023年4月にできる。新しい中央省庁として、子ども政策をリードしていく司令塔という位置づけだ。厚生労働省や内閣府を中心に関係部局を統合することで、縦割り行政の弊害を乗り越え、スムーズに政策を進める狙いがある。また、これまで取り組めていなかった政策を実行に移し、子ども目線の「こどもまんなか」社会の実現にも期待がかかる。必要な財源をどう確保するのかが、今後の大きな課題だ。

　子ども政策は幅広い分野に関わるだけに、これまで複数の省庁に分散してきた。

　例えば、厚労省は児童虐待や子育て支援などを担当。内閣府は、子どもの貧困対策、中学生までの子どもがいる家庭がもらえる「児童手当」も受け持ってきた。

　こども家庭庁は、これらの部署を統合して発足する。

　幼稚園や小中高校、大学を所管する文部科学省は基本的に統合せず、別々のままになる。

　ただ、文科省を含め、ほかの省庁の施策に不十分な点があれば、こども家庭庁が改善を求めて「勧告」をすることができる。

　子ども政策の視点から、政府全体を見渡す役割も果たすとされる。

　従来、省庁が別々であることが政策のスムーズな推進を阻害しているという指摘があった。これまでより省庁間の壁が少なくなり、スピーディーな意思決定を期待する声もある。

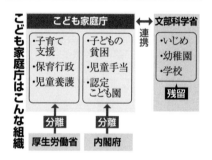

　一方で、政策の中身を充実させなければ新しい省庁をつくる意味がないという立場もある。

　　　　　　◎

　こども家庭庁では、発足前の段階から、有識者会議などをつくって新しい政策の検討を進めてきた。

　具体的には、①保育園や幼稚園、認定こども園にも通っていない未就園児への支援②子どもが安心・安全に過ごせる「居場所」のあり方③子どもへの性被害を防ぐ仕組み「日本版DBS」の創設──といった項目について、取り組んでいる。

　政策は実行できなければ、国民に届かない。財源が必要だ。

204

現在の子ども政策の予算は、一般会計と特別会計を合わせて5兆円近い。岸田文雄首相は「将来的に倍増する」としているが、それが何兆円を指すのか、こども家庭庁をつくるための法案を審議した国会では明言しなかった。

また、「兆」単位でかかる財源を毎年、安定的にどうやって確保していくのかも見通せていない。

◎

子どもたちが置かれている状況は深刻だ。

児童相談所が2021年度に対応した児童虐待だけでも、過去最多の約20万7千件。同じ年度の不登校の小中学生も過去最多となる約24万5千人だった。

こども家庭庁の設置法と一緒にできた法律が「こども基本法」だ。日本が1994年に批准した「子どもの権利条約」に対応するための国内法という位置づけだ。

子どもが健やかに成長でき、置かれている環境に関わらず、将来にわたって幸福な生活を送ることができる社会の実現をめざす、とされている。

こうした理念を言葉だけに終わらせず、人生の基礎を築く「子ども時代」を生きる人たちに、政策を一つひとつ確実に届けていく使命をこども庁は負うことになる。

（くらし報道部・久永隆一）

関 連 用 語

◆こども基本法

「子どもの権利条約」は国際的な条約として知られ、日本も批准しているが、対応する国内法がこれまでなかった。こども基本法は、これからの子ども政策の基礎となる重要な法律だ。例えば、基本法では、子どもを「心身の発達の過程にある者」と定義した。様々な領域で、これまでのように「18歳」といった年齢で一律に支援対象を区切らず、個々の状況に応じて柔軟に対応できるようになる。また基本法は、子どもの意見を反映させるとしており、国と自治体は、子どもの立場も踏まえた政策づくりを進めていくことになる。

◆子どもコミッショナー

こども家庭庁の創設に合わせて、行政から独立した第三者機関「子どもコミッショナー」の設置も議論された。公明党が2021年の衆院選の公約に掲げた機関だった。しかし、自民党内の一部に「権限が強くなり過ぎる」といった慎重論が根強くあり、設置は見送られた。1981年にノルウェーで設置されたのが草分けとされ、70カ国以上に存在するとされる。日本国内でも自治体レベルで設置しているケースがある。兵庫県川西市などの例が知られている。行政から独立した立場で子どもたちの声を聞き、行政に改善を促す活動などをする。

くらし

待機児童、過去最少に

保育園の利用を希望しても入園できない子どものことを表す「待機児童」。待機児童ゼロをめざし、政府は保育施設の新設などを進め、量的な拡大に力を入れてきた。ここ数年、待機児童数は減少傾向が続き、2022年春は過去最少になった。一定の成果が出たとみる一方で、「希望する人がいつでも使える」という理想を実現するにはまだ遠い。就労以外の事情で保育を必要とする保護者も多く、より丁寧なニーズの把握が求められている。

22年4月時点の待機児童数は、1994年の調査開始以来最少となる2944人だった。直近のピークだった17年（2万6081人）と比べ、約9分の1にまで減少した。

待機児童問題が社会で広く認識されるきっかけになったのは、16年に「保育園落ちた」と訴える匿名のブログの存在が話題になったことだ。当時は、「保育園に入れず、仕事を辞めなくてはいけない」などという声がSNSにあふれていた。

政府も、「待機児童ゼロ」を目標に掲げ、量的拡大に力を入れた。その一定の成果は出ている形だ。

ただ、待機児童ゼロの達成目標は、20年度末だった。目標にいまだに届かない自治体が残るだけではなく、保育園に入れない人がいても、統計上では待機児童を「ゼロ」とする自治体が多い課題も残る。きょうだいと同じ園のみを希望したり、育児休業をやむなく延長したりするケースは、待機児童にカウントしなくても

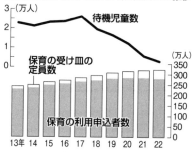

待機児童数や保育の利用申込者数などの推移

よいとするルールがあるからだ。

一方、少子化〔→208ﾍﾟ〕が想定以上のペースで進んだことで、右肩上がりだった保育園の利用者数は前年よりも1.2万人減り、初めて減少に転じた。地域によっては、空き枠が目立つ施設も出てきており、経営不安の声も聞こえてくる。

保育園の空き枠を活用するなどして、保育園や幼稚園に通えていない子どもたちも利用できるようにし、いまなお家庭の中で孤立して育児をする保護者へ支援を広げることも検討されている。

（くらし報道部・中井なつみ）

「女性支援新法」成立

生きていくうえで、様々な困難を抱える女性への支援を進めるため、必要な事項を定めた法律として、2022年5月に超党派の議員立法で成立した。これまでは1956年にできた売春防止法を根拠に、女性支援は行われていたが、時代遅れとの指摘が根強かった。新しい法律は基本理念として、包括的な体制を整備することや、公的機関と民間団体が対等な関係で取り組む「協働」を行い、切れ目のない支援をすることをうたう。

DVや性暴力、虐待、家族との関係性といった問題を抱え、日常生活や社会生活を営むのが困難な状況にある女性への支援のあり方を定める法律として22年5月に成立した。

本人の意思を尊重しながら支援策を探る「福祉」の視点を打ち出した。女性支援の大転換と言われている。

これまでの支援は「婦人保護事業」と呼ばれ、1956年にできた売春防止法を一つの根拠法としてきた。ベースにあったのは、「売春の恐れのある女性への補導や更生」という視点だった。管理型の色彩があり、当事者からは使いづらさを指摘されてきた。

また、婦人保護事業の対象がDV被害者にも拡大する中で、福祉の視点に立った新しい法律を求める声が支援現場からも上がっていた。

法律では、困難な問題を抱える女性の意思の尊重をうたい、現在も支援現場で大きな役割を果たす民間団体との協働を掲げる。

新しい理念に基づき、支援現場を

つくりかえていく必要があり、法律に基づく基本方針や都道府県の基本計画をつくって準備を整えていったうえで、24年4月に施行される。

ただ、地方自治体に新法の理念を浸透させられるのか、全国どこにいても必要な支援が受けられるように民間団体の担い手を増やせるのか、といった課題もある。

（くらし報道部・久永隆一）

関 連 用 語

◆DV相談件数

女性が抱える困難の一つにDVがある。コロナ禍に入り、相談件数は高止まりしたままだ。内閣府によると19年度に全国から寄せられた相談は11万9276件だった。ところが、新型コロナウイルス感染症の流行が始まった20年度は18万2188件で、約1.5倍に増えた。21年度も17万6967件だった。20年4月にチャットでも相談できる「DV相談プラス」が始まったことも相談増につながっている。

加速する少子化

日本の少子化が加速している。2021年に生まれた日本人の子どもは、過去最少の81万1622人だった。国が推計した水準と比べ、6年早く81万人台の前半に突入した。22年は80万人を割り込み、70万人台に突入するとみられる。想定以上に少子化が進めば、医療や介護、年金といった社会保障制度の根本が揺らぐだけではなく、国の成長率も含めた経済分野にも影響していくことが考えられる。

21年に日本国内で生まれた日本人の子どもは、81万1622人（確定値）だった。厚生労働省の人口動態統計というデータで明らかになった。

統計がある1899年以降で最少。20年の84万835人から2万9213人減った。6年連続の減少になった。

日本の人口は、国立社会保障・人口問題研究所が将来の見通しを推計して、様々な制度設計の大元になるデータとして利用されている。

政府が通常使うシナリオ（出生・死亡とも中位）で17年公表の推計結果を見ると、26年に81.9万人、27年に81.4万人とされていた。

81万人台の前半という水準には、27年に到達するという推計結果だったが、実際には6年早い21年に達したことになる。推計した当時に見込んだよりも、少子化が早く進んでいるといえる。

1人の女性が生涯に産む見込みの子どもの数を示す「合計特殊出生率」は、21年は1.30。前年より0.03ポイ

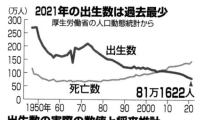

2021年の出生数は過去最少
厚生労働省の人口動態統計から

出生数
死亡数
81万1622人

出生数の実際の数値と将来推計
国立社会保障・人口問題研究所の将来推計(17年公表)、厚生労働省の人口動態統計から

政府が通常使うシナリオ（中位）　88.6万人　86.9　　81.4
実際の数値　84.0　81.1　←6年早く到達
悲観的なシナリオ（低位）　78.6　75.6　　69.3
2020年　21年　27年

ント下がった。

6年連続で低下し、過去4番目の低水準となった。人口を維持するのに必要な出生率（2.06）だけでなく、政府が目標とする「希望出生率1.8」とも大きく乖離（かいり）している状況だ。

都道府県別に見ると、沖縄（1.80）が最も高く、鹿児島(1.65)、宮崎(1.64)と続いた。

最も低いのは東京（1.08）で、宮城(1.15)、北海道（1.20）の順。西高東低の傾向となった。

◎

少子化が今後も続くことを示唆するデータが婚姻数だ。日本では法律婚したカップルのもとに生まれる子どもが大半を占めるためだ。

21年の婚姻数は2年連続で過去最少を更新して50万1138組だった。過去最高の婚姻数だった1972年の109万9984組の半数程度になっている。

半面で未婚化が進んでおり、内閣府の少子化社会対策白書（2022年版）によると、50歳の時点で未婚の人の割合は1970年は男性の1.7%、女性の3.3%だったが、2020年は男性の28.3%、女性の17.8%となっている。

法律婚をしていないカップルのもとに生まれる子どもの割合が少ない日本の場合、結婚する人が減ると、少子化につながりやすいという指摘がある。

子どもが減れば現役世代は将来的に減っていく。想定以上の少子化が進むと、高齢者を支える医療や介護現場のマンパワー不足がより深刻な状況になる可能性がある〔➡132ページ〕。

また社会保障制度でも、若者一人あたりの保険料負担が過度に増えてしまう可能性があり、年齢ではなく、負担能力に応じた「全世代型社会保障」への転換に向けた改革が議論されている。

（くらし報道部・久永隆一）

関 連 用 語

◆希望出生率1.8

政府の少子化対策の基本目標は「希望出生率1.8」の達成だ。国の少子化対策について、おおむね5年間の方向性を示す「少子化社会対策大綱」（20年5月）に明記されている。結婚や出産は個人の選択であり、特定の価値観を押しつけてはいけないという前提のもと、若い世代の結婚や出産にまつわる希望がかなった場合に想定される出生率が1.8とされている。

将来に展望が持てるような雇用環境、結婚支援、男女とも子育てと仕事が両立できる環境、地域や社会ぐるみの子育て支援を整え、希望出生率1.8を実現するとしている。

◆人口動態統計

日本の人口がどう変動しているのかを把握する重要な基礎資料が、人口動態統計だ。厚労省の担当で、日本国内の日本人に限ったデータのほか、国内の外国人も含むデータなどもある。人口動態統計では死亡数のほか、婚姻や離婚の件数も把握している。

数多くあるデータの中で特によくニュースになるのが出生数や合計特殊出生率だ。国立社会保障・人口問題研究所が行う将来の人口推計と見比べると、人口推計で予想した人口と、人口動態統計で把握した実際の人口とのギャップで少子化の進み方が想定以上かどうかもつかめる。

くらし

動物虐待摘発最多

　2021年の１年間に警察が摘発した動物虐待の件数が170件にのぼり、警察庁が統計を取り始めた10年以降で最多となった。逮捕・書類送検した人数も199人で最も多かった。20年に施行された改正動物愛護法では厳罰化が進み、ペットなどの愛護動物を殺傷した場合には５年以下の懲役か500万円以下の罰金が科されるようになった。同法に基づき、犬猫の繁殖業者やペットショップへの規制も強化されている。

　警察が動物愛護法違反で摘発する動物虐待の数はもともと増加傾向にあったが、21年は目立って増えた。警察庁の統計によると、件数も人数も前年（102件117人）に比べ、およそ７割も増加している。これまでの最多は19年の105件126人だった。背景には、動物愛護やアニマルウェルフェア（動物福祉）についての社会的な関心の高まりや、何が「動物虐待」にあたるのか定義が明確化されたことなどがあるとみられている。

　その大きなきっかけになったのが19年に行われた動物愛護法の改正だ。ペットの動物を捨てたり虐待したり、業者が繁殖用の犬猫を劣悪な環境で飼育したりする事例が思うように減っていないことが主要な課題にあげられ、改正作業が進んだ。

　このため、まず厳罰化が図られた。改正法が20年６月に施行されると、犬猫などの愛護動物をみだりに殺傷した場合、「５年以下の懲役または500万円以下の罰金」が科されるよ

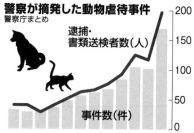

警察が摘発した動物虐待事件
警察庁まとめ

逮捕・
書類送検者数（人）

事件数（件）

10年 11 12 13 14 15 16 17 18 19 20 21

うになった。改正前、動物殺傷罪の罰則は「２年以下の懲役または200万円以下の罰金」で、器物損壊罪（３年以下の懲役または30万円以下の罰金）と比べても軽いものだった。また、動物虐待罪や遺棄罪に対する罰則はこれまで「100万円以下の罰金」しか選択肢がなかったが、「１年以下の懲役」が加えられた。

　厳罰化により、動物を殺したり虐待したりする行為は「犯罪」であると改めて世の中に周知され、動物愛護や動物福祉という考え方が今まで以上に社会に浸透した。結果として動物虐待の目撃者が、警察や動物愛護団体に通報するケースが増えた。

動物虐待罪の定義に「密度が著しく適正を欠いた状態で」飼育し、衰弱させることが加えられた意味も大きかった。犬猫などのペットが増えすぎて適切に飼えなくなる「多頭飼育崩壊」が摘発しやすくなった。

◎

改正動物愛護法ではさらに、犬猫を販売するペットショップや繁殖業者の飼育環境について、数値や具体的な表現を盛り込んだ基準を省令で定めるよう規定。21年6月から段階的に、飼育ケージの最低面積や構造、繁殖に使える上限年齢、従業員1人あたりの上限飼育数などに関し、数値も示して規制する「飼養管理基準省令」が施行され始めた。

これまで、業者の飼育環境に関する基準はあいまいで定性的なものしかなかったため、どういう状態や行為が動物虐待にあたるのか、わかりにくかった。新省令の施行によってそれが明確になり、行政による指導や処分はもちろん、警察による捜査や摘発が的確に行えるようになった。犬猫の繁殖・販売業者が逮捕されたり、書類送検されたりする事例が目立ち始めたのはこのためだ。

今後は、強化された法規制によって動物虐待が効果的に減っていくかどうか、注視していく必要がある。

（文化部・太田匡彦）

関 連 用 語

◆アニマルウェルフェア

アニマルウェルフェアは欧州で提起された考え方で、日本では「動物福祉」と訳される。人間の飼育下にある動物について、なるべくストレスをかけないよう、動物本来の生態に十分に配慮した飼育を求めるもの。1960年代に欧州を中心に関心が高まり、まず畜産動物の飼育環境について問題提起と法規制が進んだ。

その対象は犬猫などのペット（愛玩動物）、動物園などにいる展示動物、医薬品の開発などに利用される実験動物に広がった。近年では動物福祉への配慮は世界的な潮流となっている。日本の対応はどちらかといえば後進的とみなされてきた。

◆マイクロチップ装着の義務化

2019年の動物愛護法改正によるもう一つの大きな変更点が、犬猫へのマイクロチップ装着の義務化だ。対象はペットとして販売される子犬・子猫とその繁殖に使われる成犬・成猫で、22年6月から制度がスタートした。環境省のデータベースへの情報登録も同時に義務化され、遺棄の防止や災害時などに飼い主を特定しやすくするほか、繁殖業者の飼育環境改善につなげる狙いもある。

チップは直径約2mm、長さ約10mmで、首付近に埋め込むのが一般的。チップには15桁の番号が記録されていて、環境省のデータベースと照合すると所有者の情報などがわかる。

くらし

[くらし]

横ばい続く食料自給率

　農林水産省は2022年8月、21年度の食料自給率（カロリーベース）が38％だったと発表した。20年度の37％から微増したものの、低水準での横ばいが続く傾向があらためて示された。ロシアによるウクライナ侵攻などを機に、食料の海外依存を不安視する声も高まる。政府は30年度に45％まで上げる目標を掲げるが、過去20年以上にわたって同様の目標を掲げながら自給率は一向に上向いていない。

　食料自給率は「国内で生産された食べ物の量」を「国内で消費された食べ物の量」で割った数字。政府は栄養価に注目してカロリー（熱量）を基準に算出したカロリーベースと、金額を基準とする生産額ベースの2種類を公表している。

　1965年度に73％だったカロリーベースの自給率は下がり続け、過去10年ほどは30％台後半で推移している。自給率の高いコメの消費が減る一方、

品目ごとの日本の食料自給率（20年度）

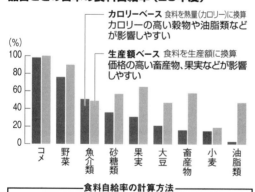

　輸入小麦を使ったパンや麺類、エサの多くを輸入する肉類などの消費が増えているためだ。

　生産額ベースの自給率は21年度、63％で20年度から4ポイント下がって過去最低となった。国産のコメや野菜が値下がりした一方、輸入する食料が値上がりしたためという。

　小麦や油脂類など自給率の低い品目は、カロリーが高い一方で価格は安いことが多いため、生産額ベースの自給率はカロリーベースに比べて高く出る傾向がある。

　日本の自給率は海外と比較しても低さが際立つ。自給率を公表している国は少ないが、農水省は主要国のカロリーベース自給率を独自に試算。それによると、19年はカナダは233％、オーストラリアは169％と、海外に食料を輸出することで100％を上回る農業国も多い。英国は70％、イタリアも58％など、比較的国

土の狭い国でも日本よりは高く、50％を下回るのは日本と韓国だけだ。

◎

ロシアによるウクライナ侵攻〔➡38ジ〕を機に、日本の食料自給率の低さを問題視する声が目立つようになった。

8割以上を輸入に頼る小麦は、ロシアとウクライナが世界的な輸出国だったため、侵攻を受けて国際相場は急騰。主に家畜のエサとして年間1500万t以上を輸入するトウモロコシも、ウクライナが一大産地だったため高騰した。

政府は「食料・農業・農村基本法」に基づき、00年以降5年ごとに自給率の目標を設定している。現在のカロリーベースの目標は「2030年度に45％」だが、過去一度も目標を達成したことはない。

一方、自給率を上げることは必ずしも有事の食料確保につながらない。「自給」している食料の生産も輸入する資材を多く使っているためだ。

農業機械を動かす燃料や植物の成長を促す化学肥料の原料は、ほぼすべてを輸入に依存する。特に化学肥料の原料となる天然資源は中国やロシアなど一部の国に偏在し、世界的な需要増やウクライナ侵攻を背景に価格が上昇。国内の生産者の経営を圧迫して、政府は備蓄制度の導入も決めた。

（経済部・初見翔）

関 連 用 語

◆食料自給力指標

耕作放棄地などを含めて、日本の農地をフル活用した場合にどのくらいの食料を供給できるかを示す指標。農水省が自給率と合わせて毎年公表している。コメや小麦を中心に作付けすると必要な食料を賄えない一方、イモ類を中心に作付けすると最低限必要なカロリーを賄えるだけの食料が生産できるとしている。ただ、肥料や燃料などの生産資材は平常通り入手できる前提になっているうえ、収穫した作物をどうやって家庭の食卓まで届けるのかに触れられていないなど、食料危機への対応策としては実効性が乏しい。

◆食品ロス

まだ食べられるのに捨てられる食品。20年度は522万tと19年度から48万t減少、統計を始めた12年度以降最少だった。コロナ禍で外食などで出るロスが減ったためとみられる。ただ、国連世界食糧計画（WFP）が21年に世界各国に行った食料支援440万tを大きく超える規模。食品産業の流通過程でも多く発生しているとされ、食料危機に備えて食品ロスを減らすべきだとの指摘が上がる。国連の持続可能な開発目標（SDGs）にも食品廃棄物の削減が盛り込まれており、政府は30年度までに00年度比で半減する目標を掲げる。

くらし

北京五輪、冬季最多のメダル獲得

　2022年の北京冬季五輪で、日本選手団が獲得したメダルは18個（金３、銀６、銅９）にのぼった。金メダルの数は過去最多だった1998年長野大会の５個、18年平昌大会の４個に届かなかったが、メダルの総数としては平昌の13個（金４、銀５、銅４）を超え、冬季五輪の史上最多を更新した。獲得した金メダル数、メダル総数とも１位はノルウェー（金16、銀８、銅13）。日本は金メダル数が12位、メダル総数が６位タイだった。

　今大会は、歴史的な意味を持つメダルが相次いだ。

　日本選手団の主将を務めたスピードスケート女子の高木美帆は、女子1000mで１分13秒19の五輪新記録をマークし、金メダル。他にも500m、1500m、団体追い抜きでそれぞれ銀メダルを獲得した。

　高木が獲得したメダルは、前回平昌五輪でつかんだ金銀銅の三つを合わせて計７個に。日本女子としては夏冬を通じて五輪史上最多のメダル数となり、高木は「もし、私の活躍を見て、勇気や原動力を感じてもらえていたらうれしいなって思います」

と語った。

　スノーボード男子ハーフパイプでは、平野歩夢が金メダル。空中で斜め軸で３回転し、さらに横にも回る超大技「トリプルコーク1440」を成功させての優勝で、日本勢として初めてスノーボード競技で頂点に立った。21年夏の東京五輪にスケートボードで出場して、わずか半年で冬季五輪に出場する「二刀流」の挑戦を振り返り、「常に限界にぶつかって、どう向き合っていくか。今までで一番苦しかった。日々を乗り越え、いろんなことが強化された」。

　スキー・ジャンプ男子の小林陵侑

金メダルを獲得した（左から）平野歩夢、高木美帆、小林陵侑

も、個人ノーマルヒルで金メダルに輝いた。ジャンプ個人の日本勢の金メダルは、1972年札幌五輪の笠谷幸生（70m級）、98年長野五輪の船木和喜（ラージヒル）に続く3人目の快挙だった。「五輪には魔物がいると言われるが」と報道陣に問われ、「僕が魔物だったかもしれない」と答えた。

ノルディックスキー複合男子団体では、渡部善斗、永井秀昭、渡部暁斗、山本涼太の日本は3位に食い込んだ。94年リレハンメル五輪で金メダルに輝いて以来、28年ぶりとなるメダル獲得で「お家芸」の復活へ、第一歩をしるした。

フィギュアスケートでは団体で初の表彰台となる銅。男子は鍵山優真が銀、宇野昌磨が銅をつかんだほか、女子は坂本花織が世界のフィギュア界を席巻するロシア勢の間に割って入り銅メダルを獲得。10年バンクーバー五輪で銀メダルに輝いた浅田真央以来、日本女子12年ぶりの表彰台に上がった。

カーリング女子は初の決勝進出。最後は英国に屈したが、18年平昌五輪の銅メダルを上回り、過去最高成績となる銀メダルを手にした。

スノーボードの女子ビッグエア決勝では17歳の村瀬心椛が銅メダルを獲得。冬季五輪の日本女子では史上最年少のメダリストとなった。

（スポーツ部・吉永岳央）

関 連 用 語

◆羽生結弦、プロ転向

平昌五輪でフィギュアスケート男子66年ぶりの2連覇を達成した羽生結弦が22年7月、東京都内で記者会見を開き、今後は競技会に出場しないことを発表した。「引退」という表現は使わず、「プロのアスリートとしてスケートを続けていくことを決意した」と語り、アイスショーなどを中心にプロスケーターとして活動する意向を示した。4位で終えた北京五輪後に決断したといい、「ここのステージにいつまでもいる必要はないかなと思った。よりうまくなりたい、より強くなりたいと思った」と説明した。

◆札幌市の2030年冬季五輪招致

14年に札幌市は、26年冬季五輪・パラリンピックの開催都市に立候補することを表明した。その後、18年9月に起きた胆振東部地震の対応を最優先するため、目標を30年大会に切り替えた。全13競技会場を既存施設の改修か建て替えで確保し、「新設ゼロ」を掲げる。計画では開閉会式は札幌ドームを想定。そり競技では、1998年の長野五輪で使われた「スパイラル」（長野市）を再活用する方針。開催が決まれば、札幌では72年以来58年ぶり2度目、国内では長野大会以来32年ぶり3度目の冬季五輪となる。

仙台育英、東北勢悲願の初優勝

ついに深紅の大優勝旗が「白河の関」を越えた。1915年の第1回大会決勝で、秋田中（現秋田）が惜敗してから107年。第104回の夏の頂上決戦は、仙台育英（宮城）が下関国際（山口）を8－1で破り、東北勢として悲願の全国制覇を遂げた。光星学院（青森、現八戸学院光星）が2011年夏から3季連続で甲子園で準優勝し、15年夏は仙台育英が2回目の決勝へ。その3年後には金足農（秋田）があと一歩のところに迫っていた。

仙台育英は投手層の厚さが際立った。18年に就任した須江航監督は「球速や球種の違う投手を打者が慣れる前に起用できる」と継投を重視した。この大会は140km/h超を投げる左右の5投手を擁し、全5試合で継投策をとった。

失点は計11、チーム防御率は2.00と抜群の安定感を誇った。決勝で七回まで投げた斎藤蓉は「後ろに仲間がいるから思いっきり腕が振れた」と語った。

攻撃スタイルも独特だ。計69安打のうち長打は4分の1以下の16本。単打に盗塁やバントの小技を絡め計

下関国際に勝利しマウンドに集まる仙台育英の選手たち＝阪神甲子園球場

47点を奪った。決勝で3安打した1番の橋本航河は「後ろにつないで、どこからでも得点できるのが僕たちの攻撃。大舞台で理想の野球ができた」と胸を張った。

データ重視のメンバー選考も画期的だった。球速やスイングスピードなどを細かく測定し、紅白戦を繰り返しながら結果に基づいてベンチ入りメンバーを選んだ。控え選手も代打や代走、守備固めなど個性的な選手がそろっていた。

東北勢にとって10回目の決勝だった。第51回大会では三沢（青森）が延長十八回引き分け再試合の末に涙をのみ、ダルビッシュ有を擁した東北（宮城）も第85回大会であと1勝で届かなかった。

準優勝2度の実績がある仙台育英には東北一帯から有望な選手が進んでくる。この夏のメンバーは18人中16人が東北地方の中学出身。同じ悲願を抱えてきた東北のチームには連

帯感がある。仙台育英は準決勝で福島の聖光学院を破った。試合後、主将の佐藤悠斗は聖光学院の主将赤堀颯から声をかけられた。「同じ東北の仲間。必ず優勝しろよ」と。須江監督は「東北の人は『東北は一つだ』という思いが強い。追いつけ、追い越せでやってきた」。

この夏もまた新型コロナウイルスの影響を強く受けた。6代表校で集団感染が起き、初戦の日程を最も遅い大会第8日に設定したり、大幅にメンバーを入れ替えたりなどの対応がとられた。

3年生は入学直後からコロナに振り回されてきた世代だった。決勝後のインタビュー。須江監督の涙の呼びかけは反響を呼んだ。

優勝旗を授与される仙台育英の佐藤悠斗主将。悲願だった深紅の大優勝旗の「白河の関越え」がついに実現した

「青春って、すごく密なので。でも、そういうことは全部ダメだと言われて。でもあきらめないで、全国の高校生のみんながやってくれた。最後に僕たちがここに立ったというだけなので、ぜひ全国の高校生に拍手してもらえたらなと思います」

（大阪本社スポーツ部・山口裕起）

関 連 用 語

◆継続試合

雨などで試合が中断した場合、翌日以降に続きを行う「継続試合」が導入されて初めての夏だった。これまでは、高校野球の試合が成立する七回終了より前に打ち切られるとノーゲームに、試合成立後はコールドゲームになっていた。甲子園では適用がなかったが、35の地方大会で採用され、計38試合が継続試合となった。熊本大会準々決勝の九州学院－専大玉名は2点を追う専大玉名が九回裏無死一、二塁としたところで中断。再開は46時間後で、わずか8分で九州学院が逃げきった。

◆有観客で開催

3年ぶりに一般客を迎え、コロナと暑さ対策のため、全席指定とした入場券は計4日で完売通知が出た。吹奏楽や360度を埋める野球ファンの後押しを受け、選手たちは「力になった」と口々に言った。21年夏は悪天候の影響で順延は過去最多の7度にのぼったが、22年夏は第100回大会以来4年ぶりに順延がなく、予定の14日間（休養日除く）で全日程を終了。出場校も、コロナの影響で21年夏は2校が辞退を余儀なくされたが、22年夏はチームとして試合ができなくなる事態は避けられた。

佐々木朗希、完全試合達成

　プロ野球・千葉ロッテの佐々木朗希が、2022年４月10日にあったオリックス戦で、走者を一人も出さない完全試合を、20歳５カ月の史上最年少で達成した。1994年５月に記録した槙原寛己（巨人）以来となる、28年ぶり16人目（16度目）の快挙。佐々木は、この試合でプロ野球新記録の13者連続奪三振も樹立し、27年ぶりに１試合最多奪三振19のプロ野球記録にも並んだ。

　佐々木は22年４月、本拠のゾゾマリンスタジアムで、一人の走者も出さないまま９イニングで27個のアウトを奪う「完全試合」を、史上最年少で達成した。佐々木はこの試合でプロで初めて１試合を一人で投げきる完投を遂げ、プロ通算５勝目を挙げた。

　岩手・大船渡高３年だった19年春、当時高校生最速の163km／hを計測し、注目を浴びた右腕。同年秋のドラフト会議で４球団から１位指名を受け、抽選で交渉権を引き当てたロッテに入団した。

　長い手足を生かし、190cmの長身から投げ下ろす最速164km／hの直球が最大の持ち味。完全試合は、直球と大きく縦に落ちるフォークのほぼ２球種で三振の山を築いた。バッテリーを組んだのは、その年に入団したばかりだった高卒１年目18歳の松川虎生だった。

　佐々木は、プロの世界でも抜きんでた球速に耐えうる体を作るため、

　プロ１年目の20年は１、２軍通じて登板しなかった。完全試合達成後にその背景を問われ、「試合でできることは限られていると思う。その試合までの準備がすごく大事。支えてもらいながら準備をしてきたので。そこが一番かなと思います」と語った。

　３年目の22年に初めて本格的にローテーション入りし、自己最多の９勝を挙げた。16年に当時日本ハムの大谷翔平（現大リーグ・エンゼルス）が記録した日本選手最速165km／hの到達、更新が期待されている。

（スポーツ部・平田瑛美）

先発ローテーションの一角を担った３年目シーズン。壁にぶつかりながら工夫して成長を重ね、チームの勝利に結びつく投球に徹した

村上宗隆、最年少三冠王

　プロ野球ヤクルトの村上宗隆が打撃部門の主要３タイトルを獲得し、史上８人目の「三冠王」に輝いた。22歳での三冠王は、1982年、落合博満（ロッテ）の28歳を塗り替える最年少記録。村上は64年の王貞治（巨人）らが記録した55本塁打を超える歴代単独２位の56本塁打を放った。夏には、史上初の５打席連続本塁打の快挙を達成した。

　2022年、ヤクルトは２年連続でセ・リーグを制覇した。チームを引っ張ったのが４番村上だった。打率３割１分８厘、56本塁打、134打点を記録し、三冠王になった22歳をファンは「村神様」と呼んでたたえた。

　前年に本塁打王とリーグ最優秀選手（MVP）に輝いた村上は、「もっとできると自分を信じている」と発言。プロ５年目の22年シーズンは、まさに飛躍の年となった。

　夏には２試合にわたって５打席連続本塁打を放ち、史上初の快挙を成し遂げた。前の試合で３打席連続アーチを架けていた村上は、８月２日の中日戦の第１打席で右翼席最上段にソロを放って、1964年の王貞治ら、過去13人が達成した日本記録の４打席連続本塁打に並んだ。三回の第２打席で左中間席に２ランをたたき込み、新たな歴史を作った。

　同26日のDeNA戦では、22歳６カ月で通算150号に到達。清原和博（西武）の22歳11カ月の最年少記録を塗り替えた。次々と本塁打を量産

し、９月13日の巨人戦で「世界の王」らに並ぶシーズン55号に到達。そこから60打席は本塁打が出なかったが、最終戦となった10月３日のDeNA戦最終打席で、放物線を右翼席上段に描き、歴代単独２位の56号とともにシーズンを締めくくった。

　７月には新型コロナウイルスの影響で監督と大勢の主力が離脱した。村上にかかる負担は一気に増したが、「中心には僕がいる」と残された仲間を鼓舞。強いリーダーシップの持ち主でもある。（スポーツ部・藤田絢子）

最終戦の最終打席で56号本塁打を右翼席へ放つ村上。三冠王の偉業達成に自ら花を添えた

サッカーW杯カタール大会

2022年11月20日に中東のカタールで開幕したサッカーの第22回ワールドカップ（W杯）カタール大会で、7大会連続7回目の出場となった日本代表は、初めて2大会連続で16強入りを果たした。森保一監督のもと1次リーグで優勝経験国のドイツ、スペインを破る歴史的勝利を挙げる「サプライズ」を起こした。決勝トーナメント1回戦ではPK戦で涙をのみ、初の8強はならなかったが、世界に強烈なインパクトを残した。

登録選手数はコロナ禍で従来より3人多い26人。19人が初のW杯で、森保監督が「W杯で成功したいという野心に期待した」メンバーだった。

1次リーグE組の初戦で、いきなり世界中を驚かせた。優勝4度を誇るドイツに序盤から猛攻を受けて前半33分にPKから先取点を許したが、森保監督の采配がさえた。後半から布陣をDF4人から3人へ。サイドのMFも下がって最終ラインに5人が並んでドイツの猛攻に耐えた。後半30分にMF堂安律が決めて同点。同38分にFW浅野拓磨が速攻からネットを揺らした。途中交代2人のゴ

ドイツ戦後半、角度のない位置からゴールを決める浅野拓磨

ールで2－1の逆転勝ち。日本がW杯で優勝国に勝つのは初だった。

第2戦のコスタリカ戦。主導権を握りながらも1点が遠く、相手の唯一の枠内シュートに沈んで0－1。

スペインとの第3戦。森保監督は「選手たちも話し合って選択肢を示してくれた」。まさに、チーム一丸で対策を確認し、大一番に臨んだ。

前半に先取点を許したが、最少失点で粘ればチャンスはあると動じなかった。ハーフタイムに主将のDF吉田麻也が「後半、前からプレスにいこう」と呼びかけた。猛然と攻勢を仕掛け、後半3分に堂安の矢のようなシュートでまず同点とした。

同6分に劇的な決勝点が生まれた。ゴール前を横切ったパスにMF三笘薫が執念で左足を伸ばす。ゴールライン際で触って折り返し、MF田中碧が押し込んだ。「1ミリ（ラインに）かかっていればいいなと、もう願っていた」と三笘。ビデオ・アシスタント・レフェリー（VAR）が介入

した結果、ゴールが認められた。

同点にされたら1次リーグ敗退となる状況だった試合終盤、スペインの猛攻に耐えながら、森保監督は自身が現役時代、あと一歩でW杯出場を逃した「ドーハの悲劇」を思い出したという。ただ、たくましい後輩たちは耐え抜いた。ドイツ戦の再現となる2度目の「ドーハの歓喜」として、歴史を塗り替えた。

初の8強入りをかけた決勝トーナメント1回戦のクロアチア戦。しっかりとパスをつないで攻め、先制。追いつかれても、延長を含めた120分超を前回準優勝国と堂々と渡り合った。PK戦では3人が相手GKに止められ、夢は断たれた。

スペイン戦後半、逆転のゴールにつながるクロスを上げる日本の三笘薫

日本にとって4回目の挑戦。またも8強への壁を破れなかった。それでも、森保監督は言った。「選手たちは新時代を見せてくれた。これから先、日本のサッカーが最高の景色を願い続ければ、必ずこの壁は乗り越えられると強く思います」

（スポーツ部・勝見壮史）

関 連 用 語

◆5人交代枠

サッカーは従来、1試合交代枠は3人だった。ただ、新型コロナウイルスの世界的な感染拡大の影響で、競技規則を定める国際サッカー評議会（IFAB）が2020年に変更した。当初は、一時的な規則改正だったが、夏から秋にかけて開幕する欧州の22〜23年シーズンから正式に盛り込むことを承認した。そのため、22年11月に開幕したW杯カタール大会でも採用された。試合途中からフレッシュな選手が多く入ることで試合の迫力がより長く保たれるといった効果も。試合の質向上につながっているという意見も多い。

◆ドーハの悲劇

1993年10月28日、W杯米国大会（94年開催）のアジア最終予選で日本はあと一歩で初出場を逃した。6チーム中首位で迎えた最終戦で、日本はカタールのドーハで4位イラクと戦った。2－1で迎えた後半の追加時間、コーナーキックから失点して引き分け。勝てば本大会初出場が決まるはずだった。勝ち点で韓国と並んだが、得失点差で3位となり、出場権を逃した。「キング・カズ」こと三浦知良や、W杯カタール大会で指揮した森保監督らがピッチにいた。この後の強化が、5年後のフランス大会初出場につながった。

スポーツ

井上尚弥、日本人初の4団体統一王者に

　2022年12月に有明アリーナであったプロボクシング世界バンタム級王座統一戦で、井上尚弥（大橋）はポール・バトラー（英国）を11回KOで下し、日本人初の4団体統一王者となった。井上は世界ボクシング協会（WBA）と国際ボクシング連盟（IBF）、世界ボクシング評議会（WBC）、バトラーは世界ボクシング機構（WBO）の王座を保持していた。

　プロボクシングはかつて、1921年に設立された全米ボクシング協会（NBA、62年にWBAに改称）が唯一の世界タイトル認定団体だった。

　63年にWBAから分裂したWBCが設立されると、83年にIBF、88年にWBOが設立され、主要4団体と言われるようになった。それぞれが世界タイトルを認定し、現在は各階級に複数の世界王者が存在する。井上は今回、世界中に分散したチャンピオンベルトを一つにまとめたことになる。

　2012年にプロデビューした井上は、14年4月にライトフライ級（48.97

4団体統一王者となり、ベルトを抱えてガッツポーズをする井上尚弥＝22年12月、代表撮影

kg以下）のWBCタイトルを獲得すると、同12月にはスーパーフライ級（52.16kg以下）のWBOタイトルを獲得した。

　18年5月に3階級目となるバンタム級（53.52kg以下）に転向。同級のWBA王者ジェイミー・マクドネル（英国）に挑戦して1回TKO勝ちした。

　異なる団体の王者らが出場して真の世界一を決めるワールド・ボクシング・スーパーシリーズに参加し、19年5月の準決勝で同級のIBF王者エマヌエル・ロドリゲス（プエルトリコ）に2回TKO勝ちし、2団体の統一王者となった。同11月の決勝ではノニト・ドネア（フィリピン）に判定勝ちし、優勝していた。

　22年6月、WBC王者となったドネアとの王座統一戦で2回TKO勝ちして日本人初の3団体統一王者となり、同12月にはWBO王者のバトラーに11回KO勝ちし、4団体の王座を統一した。

（スポーツ部・塩谷耕吾）

大谷翔平、歴史的記録達成

　野球の世界最高峰の舞台である米大リーグで、投手と打者の「二刀流」で活躍するエンゼルスの大谷翔平が、ベーブ・ルース以来104年ぶりに「2桁勝利と2桁本塁打」を同時に達成した。最終的に、大谷はシーズンの規定投球回数と規定打席数の両方に到達。これは、大リーグでは現在の2リーグ制が確立した1901年以降で初の快挙だった。

　大谷の偉業は2022年8月9日（日本時間10日）、敵地でのアスレチックス戦で達成された。

　大谷は「2番・投手兼指名打者（DH）」で先発。試合中に左足に痛烈な打球を受けるアクシデントに見舞われながらも、6回4安打無失点にまとめて10勝目を手にした。「野球の神様」ことベーブ・ルースがレッドソックス時代の1918年に達成した、同一シーズンでの「2桁勝利、2桁本塁打」の記録に104年ぶりに並んだ。

　この試合の七回にはシーズン25本目となる本塁打を放ち、大リーグ通算118本塁打に到達。イチローの記録を抜いて日本選手では歴代2位になった。

　最終戦の10月5日（同6日）のアスレチックス戦では5回を投げ、シーズン162の規定投球回数をクリア。すでに達していた規定打席数（502）と合わせ、20世紀以降で初めて「投打ダブル規定」を達成。投手として15勝9敗、防御率2.33。打者として

は、打率2割7分3厘、34本塁打、95打点をマークし、世界中の野球ファンを魅了した。

　現代野球では前例がなかった投手と打者の二役でシーズンを通してプレーを続ける大谷。21年には、好成績を残してアメリカン・リーグの最優秀選手に輝いた。その活躍は、22年のルール変更にもつながった。打順に入った先発投手が、降板後も守備につかずにDHで試合に出続けられる新たな規則が導入された。通称「大谷ルール」と呼ばれている。

（スポーツ部・藤田絢子）

10勝目を挙げたアスレチックス戦では日米通算1000奪三振の記録も達成した＝22年8月、米オークランド

国枝慎吾、生涯ゴールデンスラム達成

テニスのウィンブルドン選手権（英国）で2022年７月、車いすの部男子シングルスの決勝で、世界ランキング１位の国枝慎吾（ユニクロ）が同２位のアルフィー・ヒューエット（英国）を４－６、７－５、７－６（10ポイント先取のタイブレーク10－５）で破って初優勝した。全豪、全仏、全米を加えた４大大会のすべてとパラリンピックを制覇する「生涯ゴールデンスラム」の偉業を成し遂げた。

国枝は21年の東京大会を含め、パラリンピックのシングルスで３度の金メダルを手にしている。テニス界の最高峰である４大大会でも全豪、全仏、全米でシングルス計27度の優勝を誇ってきた。

唯一、縁がなかったのがウィンブルドンの栄冠だった。テニスの「聖地」と称され、４大大会で唯一、芝の舞台であるウィンブルドンで車いすテニスが始まったのは05年。しかし、球が弾みにくい芝でのプレーの難しさなどを理由に、当初はダブルスだけが行われた。16年にシングルスにも門戸が開かれたが、国枝は右ひじ手術などで本調子ではなかった時期もあり、19年の準優勝が唯一の決勝進出だった。

22年大会決勝は厳しい戦いだった。第２セットで、あと２ポイント失えば負けが決まる瀬戸際に立たされた。最終セットも２－５とリードを許し、あとがなくなった。「もうダメかもと思う自分と、いや、まだいけると

生涯ゴールデンスラムを達成した国枝慎吾

言い聞かせる自分とが頭の中で戦いあっていた」

それでも、信じ切れた。タイブレークの最後は、７ポイント連取で３時間20分の激闘に決着をつけた。国枝は「僕は38歳。最後のチャンスかもと思っていたのでうれしい」と喜びを口にした。ダブルスを含めて４大大会50度目の優勝となった。

車いすの部女子シングルスでは、ディーデ・デフロート（オランダ）が21年に４大大会とパラリンピックを同じ年にすべて制覇する「年間ゴールデンスラム」を達成している。

（編集委員・稲垣康介）

W杯へ、強化急ぐラグビー日本代表

ラグビーの第10回ワールドカップ（W杯）フランス大会が、2023年9月に開幕する。前回19年大会では、自国開催の日本代表が1次リーグを4戦全勝で突破し、史上初めて準々決勝進出を果たした。だが、その後に世界を襲った新型コロナウイルスの影響で、欧州や南半球の強豪と比べて強化が遅れた日本。前回を超える4強進出をめざし、急ピッチでチーム作りを進めている。

19年秋、日本の大躍進に列島が沸いた。

1次リーグでは優勝候補だったアイルランドを倒す番狂わせを起こし、15年イングランド大会で唯一の黒星を喫したスコットランドに雪辱を果たした。

初めて臨んだ決勝トーナメントは、優勝することになる南アフリカに準々決勝で完敗したものの、国内のラグビー熱は過去に例がないほど高まった。日本ラグビーが一つの集大成を迎えた大会だった。

その後、世界の強豪がコロナ下でも実戦を重ねた中、日本がテストマッチ（国際試合）を再開したのは21年6月。W杯で破ったアイルランドとスコットランド、W杯優勝経験があるオーストラリアなどと試合を重ねた。ただ、白星を挙げた相手はポルトガルやウルグアイといった格下ばかり。世界トップレベルとの差は再び開いてしまったように映る。

一方で、20代の若手を中心とした

W杯出場経験がない選手たちに実戦機会を与え、新戦力の発掘・育成に力を入れてきた。前回大会で課題とされた選手層の薄さは、少しずつ解消されている。

W杯本番に向けては、コロナという不確定要素と付き合いながら、候補選手を含めた全体の底上げと組織の成熟、その両方が求められる。日本を率いて2大会連続のW杯となるジェイミー・ジョセフヘッドコーチは「仮に、ある選手がいなくなっても、代われる次の選手がすぐに出てくることが非常に重要だ」と話している。（スポーツ部・松本龍三郎）

ニュージーランド戦で、ハカを見つめる日本代表の選手たち＝22年10月、東京・国立競技場

ベーシックワード BASIC WORDS

政治 Politics

▶ IR（カジノを含む統合型リゾート）

IR＝Integrated Resort。国際会議場やホテルを集めた施設で、カジノを設けて海外からの集客力を高め、収益性を上げる。国内にIRをつくるための実施法と、懸念されるギャンブル依存症の対策基本法が2018年7月に成立した。

政府は20年12月に正式決定した、整備する地域を決める基準などを示した基本方針に基づき、自治体からの申請を受け付け、国土交通相が最大3地域を選ぶ。開業時期は20年代後半の見通し。大阪府・市や横浜市、和歌山県、長崎県が誘致を表明していたが、横浜市は21年8月に就任した新市長が撤回を表明。和歌山県も22年4月、県議会が国への申請案を否決した。大阪府・市と長崎県は整備計画を申請しており、誘致をめぐる審査はこの2地域を中心に進むことになる。

▶ 会期不継続の原則

国会法には、国会の会期中に成立しなかった法案は、原則的に次の会期には引き継がず、廃案になることが定められている。その結果、与党は会期中の成立を急ぐため、採決を強行し、野党は審議入りや採決を遅らせることで「時間切れ廃案」を狙うといった弊害も生じている。「会期不継続の原則」をめぐっては、会期中に議決されなかったとしても、議員の任期中であれば廃案とせず、次の会期も審議を続けるべきだとの改革案も古く

から出ている。しかし、日程闘争も野党には有力なカードになっており、改革の機運は乏しい。

▶ 北朝鮮による日本人拉致問題

1970年代後半から80年代前半にかけて、日本海側や九州の海岸などで行方不明者が相次いだ。これらが北朝鮮工作員による拉致とする疑惑は、96年ごろから注目を浴びるようになった。日本政府は17人を北朝鮮による拉致被害者と認定。北朝鮮は否定していたが、2002年、日朝首脳会談で拉致を認め、その後、被害者5人とその家族を帰国させた。

安倍晋三首相（当時）は19年5月、日朝首脳会談について、前提条件をつけずに実現をめざす方針を表明した。それまで、拉致問題で一定の前進があることを首脳会談の前提としてきたが、米国が北朝鮮との対話を進める中、歩調を合わせて会談を実現させ、拉致問題解決につなげる方針に転換した。岸田文雄首相もこの立場を引き継ぐ。ただ、北朝鮮は「拉致問題は解決済み」との立場は崩しておらず、首脳会談に応じる見通しも立っていない。

▶ 憲法審査会

憲法や関連する法制度について調査や議論する国会の機関で、憲法改正原案を審査する。各会派の議席数に応じて、衆院は50人、参院は45人で構成される。

00年にできた衆参の憲法調査会が前身。第1次安倍政権下の07年、国民投票法が成立したことに伴い衆参両院に憲法審査

会が設置され、改正原案の審査が可能になった。

改正原案は衆参各院の審査会が過半数で可決し、各院の本会議で総議員の3分の2以上が賛成すれば憲法改正案として発議され、国民投票にかけられる。

▶合区

一票の格差是正のため、有権者が少ない選挙区を統合し、定数を減らす措置。15年7月、改正公職選挙法が成立し、16年7月の参院選から憲政史上初めて県境をまたいで導入された。「鳥取と島根」「徳島と高知」をそれぞれ一つの選挙区とし、改選数はいずれも1になった。

人口が減少する中、合区は今後も増える可能性があり、自民党は改憲4項目の一つに「合区解消」を盛り込んでいる。また、合区の4県の知事は19年7月、合区の解消を求める声明を共同で発表した。

▶候補者男女均等法

女性議員を増やすことを後押しする初めての法律。18年5月に成立・施行された。正式名称は「政治分野における男女共同参画の推進に関する法律」。国会と地方議会の議員の選挙で、「男女の候補者の数ができる限り均等となることをめざす」と規定。政党とその他の政治団体に対し、候補者数の目標を定めるなど自主的な取り組みを求めた。

同法の整備に向けた議論が国会で本格的に始まった17年以降、各党が女性比率の向上を意識するようになり、22年7月、の第26回参議院議員選挙では、全候補者に占める女性の割合が33.2%と、衆院選を含めた戦後の国政選挙で初めて3割を超えた。

▶国政調査権

衆院、参院はそれぞれ「国政に関する調査を行い、これに関して、証人の出頭及び証言並びに記録の提出を要求することができる」と、憲法62条で定められている。ロッキード事件やリクルート事件といったスキャンダルのたびに行われる証人喚問がよく知られているが、要求を拒否したりした場合には、懲役や禁錮などの罰則も定められている。国会法により、衆参のいずれかの委員会で過半数が賛成すれば、内閣や官公署に必要な報告や記録の提出を求めることができる。

▶衆院の解散

内閣の助言と承認により天皇が行うが、実質的な決定権は内閣にあり、「首相の専権事項」「首相の伝家の宝刀」とも呼ばれる。衆院の任期満了を待たずに、首相にとって有利な時期を選んで民意を反映させた議会を構成することをめざす場合と、内閣不信任案の可決や信任案の否決を受けて、内閣が総辞職しなかった場合に行われる。衆院議長が解散詔書を読み上げると同時に、万歳三唱することが慣例となっている。任期満了に伴う総選挙の場合、与党に有利な時期を選べないた

衆議院が解散され、万歳する議員たち＝21年10月

め、多くの内閣は任期満了前に解散する。

▶衆院の優越

憲法では、首相指名と予算、外国と結ぶ条約の承認、法案について、衆参で違う議決が行われた場合、衆院で決めたことが「国会で決めたこと」として認められる「衆院の優越」を規定している。

例えば、予算、条約は衆院から参院に送られて30日以内に参院が議決しないと、衆院の議決が国会の議決になる。法案については、参院に送られてから60日以内に参院が議決しない場合には、衆院の3分の2以上の賛成があれば再可決できる。

▶集団的自衛権

自国が攻撃されていない場合でも、密接な関係にある他国が攻撃を受けた時に自国への攻撃とみなして実力で阻止する権利。国連憲章51条で、自国への攻撃に反撃する個別的自衛権とともに、集団的自衛権を主権国家の固有の権利と規定している。

政府はこれまで、集団的自衛権は「国際法上の権利としては持っているが行使できない」との考えをとっていた。しかし、14年7月、当時の安倍政権は集団的自衛権の行使を容認する閣議決定をし、日本が武力を使う条件となる新3要件を示した。さらに集団的自衛権の行使の要件を盛り込んだ改正武力攻撃事態法など10の法律を一括した「平和安全法制整備法」と、自衛隊の後方支援について定めた恒久法「国際平和支援法」からなる安全保障関連法案を国会に提出し、15年9月に成立、16年3月に施行された。戦後の憲法解釈・安全保障政策からの大転換となるが、憲法違反だとの指摘がある。

▶政治資金規正法

政治資金の流れを国民に公開して、民主主義の健全な発展を目的とする法律。そのため、名称は「規制」ではなく「規正」となっている。政治活動を行うために寄付を受けたり、支出したりする政治団体は、毎年12月31日現在での収入や支出、資産などの状況を翌年3月末までに報告することが定められている。

07年12月に改正法が成立、08年1月に施行された。対象となる政治団体は1万円以下の領収書を保管、1万円超の分は総務省や都道府県選挙管理委員会に提出、開示請求があれば原則公開する。政治資金収支報告書や領収書の監査が義務づけられた。だが、国会議員の親族が代表を務める政治団体や地方議員は対象外となるなど、支出の全体像がわかるようにはなっていない。

▶竹島

日本海に浮かぶ総面積約0.21㎢の小島と岩礁で、日本と韓国が「固有の領土」と主張している。韓国名は「独島（トクト）」。

日本は1905年、閣議決定を受けて島根県知事が県所属とする告示を出したことを根拠にしている。一方、韓国は、日本が同じ年に外交権を奪い、5年後に併合した経緯から無効と主張。52年、李承晩（イスンマン）大統領が「李承晩ライン」を設定してそのライン内に竹島を取り込み、その後、警備隊員を常駐させるなどしている。

▶通常国会・臨時国会・特別国会

通常国会は毎年1回、1月に召集され、前半は予算、後半は内閣の施政方針に基づく法案が議題となる。臨時国会は、内閣が案件に応じて召集。特別国会は総選

228

挙後30日以内に召集され、内閣総理大臣（首相）が指名される。通常国会の会期は150日だが、他は開会後の国会議決で決まる。会期延長は通常国会で1度、他は2度認められる。

▶党首討論

首相と野党党首が一対一で議論する制度で、国会審議を活性化させようと00年に正式に導入された。討論時間は45分。水曜を定例日として、首相が本会議や予算委員会などに出席する週は原則的に行わない。衆参いずれかに10議席以上持つ野党党首が参加できる。00年は8回行われたが、近年は減少傾向にあり、17年と20年は1度も開かれなかった。

首相が長々と答弁して野党党首の持ち時間が消化されたり、野党が多党化したため、議員数の少ない党の持ち時間が5分になったりするなど課題も続出。討論時間の延長や夜間開催など改革案が出ている。

野田佳彦首相が野党・自民党の安倍晋三総裁に衆院解散を宣言した2012年11月の党首討論

▶土地利用規制法

安全保障上重要な施設周辺の土地利用を規制する法律（土地利用規制法）が、22年9月に全面施行された。

自衛隊や在日米軍の基地、海上保安庁の施設、原発など安全保障上重要な施設の周辺約1kmや、国境近くの離島を首相が「注視区域」や「特別注視区域」に指定。対象となった区域では国が土地や建物の利用状況を調べ、施設の機能を損ねる行為に対しては、中止の勧告や懲役を含む罰則つきで命令できるようになる。特別注視区域では、一定の面積以上の土地や建物の売買時に氏名や国籍の事前届け出も義務づけた。

▶ふるさと納税

自分の故郷や応援したい自治体に寄付（納税）すると、払う税金が減るという制度。08年度に始まった。

21年度の寄付額は前年度比1.2倍の8302億円、寄付件数は同1.3倍の4447万件で、いずれも過去最高を更新した。21年度に寄付額が最多だったのは北海道紋別市（前年度は2位）で152億円。2位は宮崎県都城市（同1位）で146億円、3位は北海道根室市（同3位）で146億円だった。寄付額が伸びている理由として、利用者数や返礼品の種類が年々多くなっていることが挙げられる。

住民が寄付することで、税収が減る自治体もある。22年度の住民税収の減収額は横浜市の230億円、名古屋市の143億円、大阪市の123億円の順だった。

▶文民統制

政治が軍事に優越する「シビリアンコントロール」の訳語。文民（シビリアン）である政治家が軍隊を統制することを指す。日本では過去に軍部が暴走した反省から、首相を自衛隊の最高指揮・監督権者とし、他国から攻撃を受け自衛隊が武力行使する「防衛出動」の際は、国会の承認が義務づけられている。

ベーシックワード

国際　International Relations

▶EUリスボン条約

　欧州連合（EU）加盟国が従来の基本条約（ニース条約）成立時から12増えて27カ国になったことなどを受けて、意思決定の迅速化、政治統合の深化を進める規定を盛り込んで2007年、ポルトガル・リスボンでの首脳会議で調印された。さらに加盟国を増やすことも可能になる。09年12月に発効した。

　新条約では、EU首脳会議常任議長（EU大統領）と外交安全保障上級代表（EU外相）を新設。加盟国による議決ルールの基本をこれまでの全会一致から、加盟国数と人口による特定多数決に変更した。

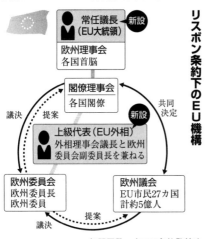

リスボン条約下のEU機構

加盟国数、人口は条約発効時

▶SDGs（持続可能な開発目標）

　15年9月の国連サミットで採択された、すべての加盟国が30年までに取り組むことを決めた国連の持続可能な開発目標（SDGs＝Sustainable Development Goals）。「地球上の誰一人として取り残さない」を共通の理念に、極度の貧困と飢えをなくすなどの従来の開発目標に加え、ジェンダーの平等や良好な雇用環境づくり、生産と消費の見直しなど、17分野からなる。

▶アフリカ連合（AU）

　アフリカの54カ国と西サハラが加盟。アフリカ諸国の統一や植民地主義の根絶などを掲げて1963年に発足したアフリカ統一機構（OAU）の後継組織。南アフリカのムベキ大統領（当時）らの構想をもとに02年に発足した。EUをモデルに、安全保障や経済分野の協力を通じて統合を模索し、域内紛争や独裁政治の根絶をめざす。実現すれば、世界最大の国家連合となる。

▶アルカイダ

　アラビア語で「基地」「拠点」の意味。旧ソ連軍のアフガニスタン侵攻（1979～89年）の際に、アラブ側の義勇兵として参戦したオサマ・ビンラディン容疑者が、89年ごろ結成したといわれる国際的なテロネットワーク組織。過激なイスラム原理主義者で構成され、01年の米同時多発テロなどを引き起こしたとされる。米軍によるアフガニスタン空爆やイラク戦争後、各地で頻発しているテロに関与しているとみられる。

▶安全保障理事会（安保理）

　国連の主要機関で、常任理事国5カ国と非常任理事国10カ国の計15カ国で構成されている。米国、英国、フランス、ロシア、中国の常任理事国は「拒否権」を持ち、1カ国でも反対すれば決議は採択されない。また、この5カ国は国連憲章が改正されない限り、恒久的にその地位にある。非常任理事国は拒否権を持たず、

任期は2年で毎年5カ国ずつ改選。地域配分はアフリカ3、アジア・太平洋2、中南米2、西欧その他2、東欧1。

　1956年に国連に加盟した日本は、加盟国中最多の12回、非常任理事国に選出されている。日本が常任理事国になるためには、①作業部会で常任理事国入りを盛り込んだ国連改革案を決定②この改革案を盛り込んだ国連憲章改正の決議案を国連総会の構成国の3分の2の賛成で採択③すべての常任理事国を含む国連加盟国の3分の2によって決議を批准、の手続きが必要とされる。

国連安全保障理事会の会合＝19年12月、米ニューヨークの国連本部

▶「イスラム国」（IS）

　イスラム教の預言者ムハンマドの後継者を意味する「カリフ」を指導者として、独自のカリフ制国家の樹立を宣言したイスラム過激派組織。当初、「イラク・シリア・イスラム国」（ISIS）と称していたが、14年6月にイラク第2の都市モスルを占拠して「国家樹立」を宣言し、「イスラム国」（IS=Islamic State）を名乗るようになった。

　外国から流入する戦闘員に支えられ、最盛期にはイラクとシリアの国土の3分の1を支配した。だが、米国主導の有志連合による空爆などで勢力は急激に減退。米トランプ政権は19年3月、ISの「完全制圧宣言」を行った。弱体化の一途だが、中東やアフリカでゲリラ型の攻撃を繰り返し、完全に排除しきれていないのが実情だ。

▶一帯一路

　中国の習近平国家主席が13年秋に打ち出した中国と欧州を結ぶ巨大な経済圏構想（シルクロード経済圏構想）のこと。古代に栄えた、中国からユーラシア大陸の内陸を経由するシルクロード（一帯）と東南アジアからインドや中東へ向かう海のシルクロード（一路）を現代に再現し、インフラをつくっていく考えで、中国では「一帯一路」と呼ばれる。

　具体的には中国と欧州の間にある国々の道路や鉄道、港湾、通信網などを整備する。実現へ向け、アジアインフラ投資銀行（AIIB）を提唱、シルクロード基金も用意した。

▶ウイグル人権問題

　ウイグル族は、中国・新疆ウイグル自治区に暮らすトルコ系少数民族。多くはイスラム教徒で、中華民国時代の1930〜40年代に「東トルキスタン」建国をめざす動きが起きるなど、歴史的にも漢族との確執を抱えてきた。2000年代には、武器や爆薬を使った襲撃事件が起き、中国政府は武装警察を投入するなどして締め付けを強めてきた歴史がある。

　中国でウイグル族に対して深刻な人権侵害が続いているとして、批判が高まっている。人権状況を理由に、米欧は22年2月の北京冬季五輪に政府高官を派遣しない「外交ボイコット」に踏み切った。

［BASIC WORDS］

また、バチェレ国連人権高等弁務官（当時）が5月、国連の人権部門トップとして17年ぶりに訪中。8月には、テロ対策や過激派対策の名目で、中国政府による「深刻な人権侵害が行われてきた」とする報告書を国連人権高等弁務官事務所（OHCHR）が発表した。

▶国際刑事裁判所（ICC）

集団殺害や重大な戦争犯罪などを犯した個人を裁くことを目的とする初の常設国際裁判所。98年にローマの外交会議で設立条約（ローマ規程）が採択され、02年7月1日に発効、裁判所が発足した。所在地はオランダ・ハーグ。判決で科すことができる刑罰は、30年以下の拘禁刑が原則だが、「犯罪の重大性と犯罪者の個別事情によって正当化される場合」には終身拘禁刑を科すこともできる。拘禁刑に加えて罰金、資産の没収を命ずることもできる。

日本は07年10月に加盟した。ICCには、国連安保理常任理事国である米国、中国、ロシアが未加盟であるほか、脱退を表明する国も出ており、国際社会の幅広い参加を得ているとは言いがたい。

▶国際原子力機関（IAEA）

原子力の平和利用を推進するために技術援助を行うほか、核物質の軍事転用を防止するため、各国の原子力関連施設への査察などを行う国際機関。1957年に発足、本部はウィーン。核不拡散条約（NPT）には加盟していないインド、パキスタン、イスラエルも加盟している。

▶国際司法裁判所（ICJ）

1945年、国連の主要機関として設立された。オランダのハーグにある。領土権の確定など国家間の訴訟事件の裁判のほかに、国連総会や国連安保理、国連機関の要請を受けて、法律問題に関する勧告的意見を表明できる。96年7月には、核兵器の使用・威嚇が、国際法、人道法の原則に「一般的に反する」との判断を示した。裁判官は15人で任期は9年。裁判での決裁は9人で成立し、過半数制。可否同数の場合は所長が決定投票権を持つ。

▶国際連合（UN）

1945年4～6月、サンフランシスコに50カ国の代表が集まり、国連憲章を採択。のちにポーランドが加わり、同10月24日に正式に成立した。51カ国が原加盟国で、10月24日は国連の日と定められた。本部はニューヨーク。02年9月、「永世中立」を守り続けてきたスイスが加盟。22年12月現在の加盟国数は193。日本は56年12月に加盟した。

▶条約の批准

国家がその条約に拘束されることを最終的に意思表示する行為で、通常は行政府が行う。大統領など行政府の長が批准書に署名したうえで、2国間条約の場合は相手国と交換する。多国間条約の場合は寄託国に寄託することによって完了する。

議会の承認決議が「批准」と報じられることがあるが、これは誤り。議会の承認は、多くの国で条約批准の要件ではあるが、批准そのものではない。

▶シリア内戦

11年春、中東に広がった民主化運動「アラブの春」に端を発したシリアの反体制運動に対するアサド政権の武力弾圧を引き金に、シリア内戦が勃発した。周辺国や大国が介入。さらに、過激派組織

「イスラム国」（IS）やクルド人勢力など
も入り乱れ、戦闘が続いた。だが、15年
9月に政権の後ろ盾となるロシアが軍事
介入すると、戦況は一変し、アサド政権
の軍事的優位が固まった。一時、国土の
約4割を支配したISはすべての拠点を
失った。

しかし、和平実現に向けた道のりは見
通せず、市民の窮状が続く。内戦の泥沼
化で38万人以上が命を落とし、1300万人
以上が国の内外に逃れた。「今世紀最悪
の人道危機」と呼ばれる。

▶朝鮮戦争

1950年6月、北朝鮮軍が南北の境界と
なっていた北緯38度線を越え、韓国に進
攻。米国中心の国連軍が韓国を、中国の
人民義勇軍が北朝鮮を支援するために参
戦した。53年7月、休戦協定が米国、北
朝鮮、中国の3者の署名で成立。韓国は
「北進統一」を主張して署名を拒否した。
休戦を「終戦」に転換する話し合いは翌
年開かれたが、破談。法的には、戦争状
態のままで今に至っている。

▶米同時多発テロ

01年9月11日、テロリストが旅客機4
機を乗っ取り、ニューヨークの世界貿易
センタービルとワシントンの国防総省に
激突させた。1機はペンシルベニア州で
墜落。乗客・乗員、消防隊員ら約3千人
が死亡。貿易センタービルは北、南の両
棟とも倒壊した。

米国は、「単なるテロを超えた戦争行為」
として、首謀者とみなされるオサマ・ビ
ンラディン容疑者とテロ組織アルカイダ
をかくまうアフガニスタンのタリバン政
権に対し爆撃を開始。同12月、タリバン

政権を崩壊させた。

▶包括的核実験禁止条約（CTBT）

地下を含むすべての核実験を禁止する
条約で、96年に国連総会で多数決採択さ
れた。署名185カ国、批准170カ国（21年
3月現在）だが、未発効。発効には一定
レベルの原子力施設を持つ国など計44カ
国の批准が必要であり、そのうち米国や
中国など5カ国は署名済みだが未批准で、
北朝鮮、インド、パキスタンは署名もし
ていない。日本は批准済み。

▶ロヒンギャ

仏教徒が9割近くを占めるミャンマー
では少数派のイスラム教徒。ミャンマー
内では「バングラデシュ移民」とみなさ
れ、大半が国籍も与えられていない。

ロヒンギャへの「ジェノサイド」（集
団殺害）があったとして、ミャンマー政
府が19年11月、国際司法裁判所（ICJ）
に訴えられた。イスラム協力機構（OIC）
を代表する形で、西アフリカのガンビア
が原告になった。17年にロヒンギャの武
装集団が警察を襲い、政府がこれを鎮圧
する事件があり、約70万人のロヒンギャ
がバングラデシュに逃れた。このときな
どにミャンマー側がロヒンギャを殺害し
たとガンビアは訴えている。

ミャンマーからバングラデシュへ避難してくるロ
ヒンギャの人たち＝17年11月

ベーシックワード

[BASIC WORDS]

経済　Economy

▶ ESG投資

環境（Environment）と社会（Social）、企業統治（Governance）を表す英語の頭文字を順番に並べたのがESG。この3点に配慮してたくさんのお金を投資するやり方をESG投資と呼ぶ。

利益だけでなく、環境保護や社会問題の解決にもつなげる。例えば、「環境」なら、温室効果ガス削減に積極的な企業に投資し、二酸化炭素を多く出す石炭火力発電所への投資をやめる。「社会」だと、女性の活躍に取り組む会社の株や新型コロナウイルス対策にお金が使われる債券を買う。「企業統治」の場合、外部の厳しい意見を経営に採り入れることを求めることもある。

2015年に国連がSDGs（持続可能な開発目標）を設けたこともあり、活発化している。

▶ G20サミット

Gはグループの頭文字。日本、米国、英国、ドイツ、フランス、イタリア、カナダの主要7カ国（G7）に、ロシア、

G20首脳会議の閉会式で議長国・インドネシアのジョコ大統領（右）から木づちを引き継ぐ次回議長国・インドのモディ首相＝22年11月、インドネシア・バリ島、代表撮影

中国、インド、ブラジル、南アフリカ、韓国、オーストラリア、メキシコ、インドネシア、サウジアラビア、トルコ、アルゼンチン、欧州連合（EU）を加えた20カ国・地域によるサミット（首脳会議）。08年のリーマン・ショックを機に始まり、中国やブラジルなどの新興国も参加して毎年開かれる。G20には首脳会議のほか、財務相・中央銀行総裁、外相、農業相などの関係閣僚の会合もある。

▶ M&AとTOB

M&Aは、合併や買収の形で相手企業やその事業部門を入手すること。Mは合併（merger）、Aは買収（acquisition）の頭文字を指す。日本企業は銀行や企業間での株式持ち合いでM&A攻勢をしのいできたが、バブル崩壊以降の持ち合い解消の動きや法整備が進んだことなどから、活発になった。

株式公開買い付け(TOB=takeover bid)はM&Aの手法の一つ。買収を予定している株数や株価を公表し、一定期間中に株主に売るよう呼びかけるもの。短期間で多くの株を取得できるのが利点。相手企業の同意を得ないTOBは「敵対的TOB」と呼ばれる。

▶ RCEP

日中韓とオーストラリア、ニュージーランド、東南アジア諸国連合（ASEAN）の15カ国による自由貿易圏構想「地域的包括的経済連携」（RCEP=Regional Comprehensive Economic Partnership Agreement）。20年11月、首脳会合で正式に合意し、22年1月に発効した。

世界人口の約3割、国内総生産（GDP）の約3割を占める巨大な経済圏となる。

234

参加国の人口（約23億人）やGDPの合計（約25兆ドル）は、発効済みの環太平洋経済連携協定（TPP）や欧州連合（EU）との経済連携協定（EPA）より大きく、日本にとっては、最大の貿易相手国である中国と第3位の韓国との間で結ぶ初めての自由貿易協定となる。

▶TPP（環太平洋経済連携協定）

Trans-Pacific Partnership の略。太平洋を取り巻く国々で、広範囲の物品関税の撤廃やサービス・投資の自由化を域内で進める協定。米国はトランプ前大統領が「自国第一主義」から二国間協定を重視するとして離脱したが、残りの11カ国で18年に発効した。域内人口約5億人、国内総生産（GDP）約10兆ドルの巨大経済圏となる。

21年9月、中国が加盟を申請した。アジアでの影響力を高める狙いがあるとみられる。ただ、加盟に向けた条件交渉を始めるには全加盟国の合意が必要だが、領土問題や通商摩擦を抱える国がある。また、中国が高水準の自由貿易ルールを受け入れられるかなど、加盟のハードルは高い。中国の加盟申請の発表後、台湾も加盟を申請した。両者をめぐる駆け引きが激しくなることが予想される。

英国も加盟申請しているほか、離脱した米国の動向にも注目が集まる。

■TPP参加国
カナダ
米国離脱
ベトナム
日本
シンガポール
ブルネイ
マレーシア
太平洋
メキシコ
ペルー
チリ
オーストラリア
ニュージーランド

▶暗号資産

インターネット上の理論をもとに09年以降、価値を持った電子データとしてネット送金や決済に使われている。「交換業者」と呼ばれる会社に口座を開いて使うのが一般的。法定通貨の円やドルと交換できるが、価値を裏づける資産はなく、中央銀行のような公的な管理者はない。複数のコンピューターでデータを管理する「ブロックチェーン」という仕組みで偽造を防ぐ。

従来、「仮想通貨」と呼ばれていたが、法定通貨と誤解されやすいとして、日本では19年5月に成立した改正資金決済法で「暗号資産」と改称した。

▶インサイダー取引

上場企業の役員や社員、その他関係者が、株価に影響を与えるような会社の重要情報を知りながら、その情報の公表前に会社の株を売買する不正な取引。市場の公正さをゆがめる行為として、金融商品取引法で禁止している。違反すると、個人は懲役5年以下か罰金500万円以下、法人は5億円以下の罰金が科される。

大手証券会社で公表前の増資情報が相次いで漏れていたことが発覚したため、新たにインサイダー情報を漏らした側も刑事罰（5年以下の懲役）の対象とした改正金融商品取引法が13年6月に成立。14年4月に施行された。

▶売上高、営業損益、経常損益、純損益

売上高は、企業の本業による収益のこと。本業以外で発生する受取利息などは営業外収益となり、売上高には含まれない。営業利益は、企業の営業活動から直

［BASIC WORDS］

接生じた利益。これに金利などの営業外収益を加えたものが経常利益で、企業の経営状態を最もよく示す数値として一般に用いられる。経常利益に、資産の売却益や評価益などの臨時的損益（特別利益、特別損失）を加減し、法人税などの税金を引いたものが純利益。それぞれ損失の場合は、営業損失、経常損失、純損失となる。

▶格付け会社

国や企業が投資家からお金を借りるために発行する「債券」について、元本や金利が約束通り返済されない「債務不履行」（デフォルト）になる確率を分析し、ランク付けする。米スタンダード・アンド・プアーズ（S&P）、米ムーディーズ・インベスターズ・サービス、欧米系のフィッチ・レーティングスが世界の3大格付け会社とされる。

▶キャッシュレス決済

お札や小銭といった現金を使わないキャッシュレス決済が増えている。クレジットカードや、JR東日本のSuica（スイカ）などカードにお金をチャージして使う電子マネー、スマートフォンなどでQRコードを読み込むなどの決済手段がある。

日本は偽札が少ないことや治安の良さなどから普及率は20.0％（経済産業省まとめ、16年）と低かった。しかし、キャッシュレス化が進むと、事業者には現金取り扱いコストの削減、店舗の省力化、また購買履歴データを活用した売り込みなど新たなサービス提供といったメリットがあり、政府は比率を25年に40％、将来は80％まで伸ばす目標を掲げる。21年の普及率は32.5％。

▶金融商品取引法

従来の証券取引法を抜本改正して関連法と統合し、投資家保護と証券取引の透明化をめざす法律。07年9月末に完全施行された。株や債券などの有価証券のほか、ファンドやデリバティブ（金融派生商品）など様々な投資商品があふれているが、従来は規制する法律が業界や商品ごとにバラバラだった。金融商品取引法は、これらに横断的に規制の網をかけることで、投資家保護を図る。

主な内容は、①元本割れの恐れがある金融商品を横断的に規制②粉飾決算やインサイダー取引の罰則を強化③各種投資ファンドを届け出・登録制にする④株式公開買い付け（TOB）制度を厳格化⑤株式大量保有報告制度の特例措置の期間を短縮、など。

▶クラウドファンディング

「crowd」（群衆）と「funding」（資金調達）を組み合わせた造語。事業などに必要な資金を集めたい人や企業が、目標金額や募集期間などをインターネットサイトで示し、趣旨に賛同した不特定多数の人から支援金や寄付を集める仕組み。出資の返礼としてモノやサービスが提供される購入型、お返しがない寄付型などがある。

▶軽減税率

消費税は食料品など生活必需品にも一律にかかるため、低所得者ほど負担が重い逆進性がある。自公政権は13年末、消費税率10％への引き上げ時に生活必需品の税率を低く抑える軽減税率の導入で合意。16年成立の税制改正関連法で、税率を8％に据え置く対象を「酒類と外食を

除く食品全般」と「定期購読の新聞」と決めた。

▶経済連携協定（EPA）

Economic Partnership Agreement。特定の国や地域の間で、物品の関税撤廃やサービス貿易の障壁を取り除く自由貿易協定（FTA＝Free Trade Agreement）を柱に、知的財産権制度や人の移動、投資、経済協力など幅広い分野で共通ルールを定める協定。

日本は22年11月時点で21カ国・地域と締結（発効・署名済み）、3カ国・地域と交渉段階。

▶月例経済報告

政府の公式な景気判断を示す報告書。経済財政担当相が毎月、関係閣僚会議に示し、了承を得る。企業の生産や設備投資、輸出、住宅建設、個人消費、雇用情勢といった各種経済統計の変化を分析。それらを総合した景気の総括判断を文章にまとめる。報告では、「下げ止まり」「底入れ」といった独特の言い回しが使われる。一般の人には微妙なニュアンスが分かりにくいことから、「月例文学」と皮肉られることもある。

▶減価償却費

土地などを除く固定資産は、時間を経て使用することによって経済的な価値がだんだん下がっていく。これを減価という。減価を事前に見積もって、各会計期ごとに費用として把握するのが減価償却費。固定資産の残存価値や耐用年数などから算出する。

▶鉱工業生産指数

自動車、機械、石炭から靴下やボールペンにいたるまで、製造業と鉱業の製品412品目の生産量を調査して、基準年を100として製品ごとの指数をはじき出し、総合した指数。生産活動の状況を判断するのに使われる。特に季節調整の処理をしているので、前月あるいは前期と比較して上昇しているか下降しているか判断できる。生産のほか、出荷、在庫、在庫率の指数もある。

経済産業省が翌月下旬に速報、翌々月中旬に確報を出す。季節調整とは、決算期前は駆け込み生産で増えるとか、8月は夏休みで生産が減るといった季節的な変動を取り除く方法。

▶国際通貨基金（IMF）

各国の為替相場の安定と資本移動の自由化を推進しつつ、世界貿易や経済の発展を支援する国際機関。1944年に、連合国側（米、英、仏など）が米国のブレトンウッズで戦後の国際通貨体制について協議し、設立が決まった。国際金融の安定のために加盟国への資金貸し付けや金融支援を行う。最終イメージは「世界中央銀行」だが、まだ多くの困難がある。

▶最低法人税率

日本など136カ国・地域は21年10月、国際課税の新たなルールについて最終合意した。法人税に世界共通の最低税率を

世界共通の最低税率を導入
- 法人税の最低税率を「15%」とし、軽課税国の税率との差額分を親会社が本社を置く政府に納める

最低税率 15%
軽課税国の税率

親会社が本国に納める法人税
子会社が軽課税国に納める法人税

設け、税率は「15％」にする。

多国籍企業が法人税率の低い国や地域に子会社を置き、利益に見合った課税を逃れるケースが目立っていた。新ルールで、各国の法人税率引き下げ競争に歯止めをかけることも期待される。ただ、15％は、日本やドイツの約30％、米国の約28％などとの差が大きく、効果は限定的との見方がある。

▶**種苗法改正**

ブランド農作物の海外流出を防ぐことを目的とした改正種苗法が20年12月に成立、21年4月に施行された。

日本国内で開発され、国に登録された高級果実などの種や苗木について、海外への無断での持ち出しを禁じる。新品種の開発者が国内の栽培地域を指定できる。農家が自らの栽培のために登録品種から種や苗木をとり、翌年の栽培につかう「自家増殖」をする際には、事前に開発者の許諾をとることを求め、種苗の管理を強化する。

近年、日本の研究機関が数十年かけて開発した高級ブドウやサクランボなどの種苗が海外に流出し、アジアなどで格安で販売される事例が相次いでおり、対策が求められていた。

▶**スペースジェット**

三菱重工業の子会社・三菱航空機が開発を進める国産初のジェット旅客機。「MRJ＝ミツビシ・リージョナル・ジェット」の名称だったが、「リージョナル」に「地域の」という意味があり、客席が狭いイメージがあるとの指摘もあったため、「広々とした」という英語「スペーシャス」にちなんだ名に変えた。

試験飛行に向け離陸したスペースジェット＝20年3月、愛知県豊山町の県営名古屋空港

しかし、08年に始めた開発は難航し、当初は13年を予定していた初号機の納入は計6度延期を重ねた。さらにコロナ禍で航空需要が低迷したため、20年秋に開発の中断を発表。事業再開の見通しは立っていない。

▶**政府経済見通し**

政府が、翌年度の経済運営の手がかりとするため、予算編成と並行して策定する。個人消費や輸出などの項目ごとに数字をはじき出し、国民経済全体の成長率を算定する。毎年年末に、内閣府が中心になり原案をまとめ、財務省、経産省と意見調整して閣議決定する。政府経済見通しを基礎として税収見通しや公共投資額などが決定されるので、政府の財政政策が色濃く反映される。

▶**デリバティブ**

金融派生商品のこと。為替相場や金利、株価などの変動を利用し、リスク（損失の危険性）の相殺や、低コストでの資金調達や高利回りの資金運用を可能にする。スワップ、オプション、先物取引などが代表例。複雑な金融技術を組み合わせて、為替、金利などが変動する幅をはるかに超えて価格が変動する商品もあり、投機

取引に使われることも多くなった。

▶日経平均株価

東京証券取引所プライム市場（22年4月までは第1部）に上場する約2千社のうち、代表的な225銘柄を対象に平均を算出した株価指数。もともとは東証が算出していたが、1970年、指数の算出と公表を日本経済新聞社が引き継いだ。対象銘柄は業種のバランスを考慮したうえで選ばれ、入れ替わることもある。算出以来の最高値は、バブル絶頂期の89年12月につけた3万8915円87銭。

▶バレル

米国の油田で、石油の輸送に樽（バレル）が使われたことから、その後、国際的な原油・石油製品の取引の体積の単位となった。1バレルは約158.987L。

▶粉飾決算

企業決算で利益を故意に過大または過小に計上すること。業績が悪い会社が経営破綻を回避するため、売上高を架空計上したり、損失を関係企業に付け替えたりして実態は赤字なのに黒字にする例が多い。費用を過大に見積もって利益を少なく見せ、税金対策をする場合もある。

虚偽決算の公表は公正な株価の形成に悪影響を与え、金融機関や取引先の貸し倒れなどのリスクも増大するため、金融商品取引法で禁じられている。有価証券報告書の虚偽記載の罰則は、個人が懲役10年以下か罰金1千万円以下、法人は7億円以下の罰金。

▶リーマン・ショック

米大手金融機関リーマン・ブラザーズが08年9月に経営破綻したことをきっかけに広がった金融危機と不況の総称。不良債権を抱えた欧米の金融機関の貸し渋りが企業の資金繰り不安を招き、実体経済へと飛び火した。日本でも自動車や電気機器の輸出が急減し、工場で働いていた派遣社員が仕事を失う「派遣切り」などが社会問題になった。個人消費も冷え込み、危機翌年の09年1〜3月期の実質GDPは年率換算で前期比17.9％減を記録。コロナ危機までは「戦後最大」の落ち込みだった。

▶リニア中央新幹線

JR東海が計画しているリニアモーターカー。超電導磁石で車体を浮かせて走る。最高時速505kmで、開通すると東京・品川－名古屋間は最短40分、品川－新大阪間は同67分でつながる。

27年の品川－名古屋間の開業へ向けて、JR東海は14年に建設を始めた。しかし、南アルプスを貫くトンネルの静岡工区（8.9km）をめぐり、JR東海と静岡県が対立。大井川の水量が減る恐れがあるとして、環境への悪影響を心配する静岡県が工事を認めていない。27年の開業は絶望的とみられ、開業の時期は見通せない状態になっている。

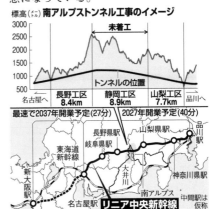

南アルプストンネル工事のイメージ

ベーシックワード

社会 Society

▶ DNA 型鑑定

DNA は細胞の一つひとつの中にあり、先祖や親から受け継いだ特徴が記録された化学物質。一人ひとり違う特徴があるため、汗や血液、つばや髪の毛、皮膚片などを鑑定し、その人の型を調べることができる。

日本で鑑定が実用化された1989年当時は精度が低く、「1千人中5人」は似た結果が出る可能性があったが、今は「565京（けい）人に1人」を見分けられる。犯罪の捜査にも使われるが、現場の物証から DNA 型が出ても、それだけで犯人だとはいえない。他の証拠と矛盾しないか、常に慎重な判断が必要だ。

▶ LGBTQ ＋

Lesbian（レズビアン）（女性同性愛）▷ Gay（ゲイ）（男性同性愛）▷ Bisexual（バイセクシュアル）（両性愛）▷ Transgender（トランスジェンダー）（生まれたときに区分された性別に違和感がある）▷ Questioning（クエスチョニング）（自分の性別、好きになる相手の性別がわからない）の英語の頭文字を取った性的少数者の総称。実際には、Pansexual（パンセクシュアル）（好きになる相手の性別にとらわれない）や Asexual（アセクシュアル）（性欲や性愛を感じない）などもあり、末尾に「＋（プラス）」をつけることも近年増えている。

▶ あおり運転に罰則

ほかの車の走行を妨げる「あおり運転」を新たに罪と定めることを盛り込んだ改正道路交通法が2020年6月に成立・施行された。あおり運転を、「通行を妨害する目的で、交通の危険の恐れがある方法により一定の違反をする行為」などと規定。対象となる違反は車間距離の不保持や、急ブレーキ、蛇行運転や幅寄せなど10項目で、警察はドライブレコーダーや防犯カメラ、関係者の供述などから立証する。あおり行為など妨害運転を厳罰化する改正自動車運転死傷処罰法も20年6月に成立、同7月に施行された。

あおり運転は、17年に神奈川県の東名高速で起きた一家4人が死傷する事故をきっかけに問題視されるようになったが、従来の道交法にあおり運転の規定はなかったため改正された。

「あおり運転」対策の新制度（太字部分）

	なし 死傷者 あり		
罪名	あおり運転（妨害運転）罪 道路交通法		危険運転致死傷罪 自動車運転死傷処罰法
定義	交通の危険のおそれがある方法により一定の違反	妨害目的での違反 10項目	・車間距離の不保持 ・急な車線変更 ・急ブレーキなど	・走行中の車に前車して停車するなどして著しく接近 ・高速道路などで止まるなどし、後ろの車を停車か徐行させる これまでの6類型に2類型を追加
罰則	3年以下の懲役または50万円以下の罰金。高速道路などで他の車を止めるなどした5年以下の懲役または100万円以下の罰金		けがをさせたら15年以下の懲役、死亡させたら1年〜20年の懲役
行政処分	1回で免許取り消し（欠格期間2年〜10年）		1回で免許取り消し（欠格期間5年〜10年）
施行	2020年6月30日		2020年7月2日

▶ 改正組織犯罪処罰法

犯罪を計画段階から処罰する「共謀罪」の趣旨を盛り込んだ改正組織犯罪処罰法が17年6月に成立、同7月に施行された。組織的犯罪集団が対象となる277の犯罪を2人以上で計画し、このうちの誰かが資金・物品の手配や場所の下見などの準備行為を実行した場合に、グループ全体が摘発される。対象犯罪の種類によって5年以下の懲役・禁錮か、2年以下の懲役・禁錮が科される。

例えば振り込め詐欺を繰り返してきたグループ（組織的犯罪集団）が、新たな詐欺事件を企て（①計画）、電話機を購

入し（②準備行為）、うその電話をかけた（③実行）というケースでみると、これまでは③の電話をかけた段階になって犯罪が成立した。改正法施行後は、犯罪を計画しているグループがあるという情報があれば、捜査当局は実際に犯罪に着手する前にメンバー全員を一網打尽にできる。

▶凶悪事件の時効廃止

殺人事件などの公訴時効を廃止する改正刑事訴訟法が、10年４月成立、即日施行された。

改正法の対象は、「人を死亡させた罪」。このうち殺人や強盗殺人など、法定刑に死刑を含む罪については時効が廃止された（従来は25年）。強姦致死など、無期懲役を含む罪は従来の15年から30年に、傷害致死や危険運転致死などは10年から20年に延長されるなど、一部の罪を除いて時効の期間が２倍になった。また、改正法は、施行された時点で時効が完成していない事件についても適用される。

▶検察審査会

くじで選ばれた11人の市民の目で、検察官の不起訴処分が妥当だったかどうか審査する仕組み。議決は「不起訴相当」「不起訴不当」「起訴相当」の３種類。「起訴相当」の議決が出た後、検察官が起訴しなかった場合は再審査となり、「起訴議決」をすれば、その容疑者は強制的に起訴される。その際、検察官は証拠を再検討しても起訴しない判断を固めていることになるため、裁判所が指定した弁護士が検察官に代わって起訴する。

かつては審査会の議決に拘束力はなく、「起訴相当」と議決しても検察が再検討

して「起訴の必要なし」と考えればそれで終わりだった。しかし、裁判員制度を生み出した司法制度改革で、検察が大きな裁量を持つ仕組みのままでいいのかが議論となり、裁判員制度が導入された09年５月に改正検察審査会法が施行。市民が２度「起訴すべきだ」と判断すれば強制的に起訴となり、注目されるようになった。

検察が起訴を見送った事件なので無罪の可能性は高く、制度の見直しを求める声がある半面、「無罪でも強制起訴の意義はある」との声もある。

▶公益通報者保護法の改正

企業などの不正を内部から訴えた人を守る仕組みを強化する改正公益通報者保護法が、22年６月に施行された。従業員300人を超える事業者に通報を受け付ける体制の整備を義務づけ、窓口の設置や調査、是正措置をとるように求める。300人以下の場合は努力義務。学校法人や医療法人、NPOなども対象で、違反した場合は行政が助言・指導し、勧告に従わなければ公表する。保護対象に役員や退職者（１年以内）を含めることや、通報を受け付ける担当者に罰則付きの守秘義務を課すことも加わった。

同法は三菱自動車のリコール隠しなどの不正が内部告発で明るみに出たことを機に、06年に施行された。初の改正となるが、必要性を指摘されてきた、事業者が通報を理由に解雇や降格などの扱いをした場合に行政が指導や勧告などをする仕組みは導入されず、課題が残った。

▶再審

確定した有罪判決に重大な誤りがあっ

ベーシックワード

たときなどに、裁判をやり直す手続き。「無罪を言い渡すべき新たな証拠が見つかった」場合などに認められ、裁判所が法廷で改めて審理する。

「疑わしきは被告人の利益に」という刑事裁判の鉄則が再審にも適用されるとした最高裁の「白鳥決定」（1975年）により、再審開始のハードルが下がった。これをきっかけに、80年代には免田、財田川、松山、島田の4事件の再審で死刑囚が無罪となった。戦後に死刑か無期懲役が確定しながら、白鳥決定以降に再審無罪となったのは、9件（11人）。

▶**裁判員制度**

殺人など重大事件の刑事裁判の審理に市民が参加する制度。国民の健全な社会常識を裁判に反映させる「開かれた司法」をめざす司法改革の柱。09年5月に始まった。20歳以上（22年4月から18歳以上に引き下げ）の有権者から無作為抽出された6人と裁判官3人の計9人で評議する。殺人や強盗致死傷、危険運転致死傷などが対象で、選ばれた裁判員は裁判官とともに有罪・無罪や、「死刑か無期懲役か」などの量刑も決める。

審理の長期化で辞退する裁判員候補者が増えているため、15年6月、審理に著しく時間がかかる「長期裁判」を裁判員裁判の対象から除外することなどを盛り込んだ改正裁判員法が成立した。

▶**司法取引**

容疑者や被告に他人の犯罪を明かしてもらう見返りに、検察官が起訴を見送ったり、求刑を軽くしたりする制度。18年6月に始まった。贈収賄や脱税などの財政経済犯罪、特殊詐欺や銃器・薬物犯罪

などが対象。殺人や性犯罪などは被害者感情を考慮して対象から外されている。取引に合意した容疑者・被告は、他人の罪に関する供述や証拠提出、裁判での証言などが求められる。制度をめぐっては、取引を望む容疑者・被告がうそをつくことで、無実の人を冤罪に巻き込む恐れが指摘されている。

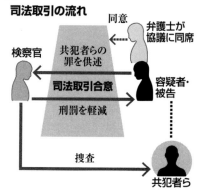

司法取引の流れ

同意　弁護士が協議に同席

検察官　共犯者らの罪を供述　容疑者・被告

司法取引合意

刑罰を軽減

捜査　共犯者ら

▶**特殊詐欺**

主に電話を使って面識のない人にうそをつき、現金などをだまし取る詐欺。03年ごろから、「オレ、オレ」と親族などを名乗って現金をだまし取る「オレオレ詐欺」が頻発するようになり、社会問題化した。オレオレ、架空請求、融資保証金、還付金、預貯金など、10類型に分類される。

▶**永山基準**

どんな場合に死刑を言い渡すことが許されるか、最高裁が83年に示した基準。「連続ピストル射殺事件」で4人を殺害した永山則夫被告に対する判決で、次のように判示した。①犯行の罪質②動機③殺害の手段方法の執拗性・残虐性④結果の重大性、ことに殺害された被害者の数⑤遺族の被害感情⑥社会的影響⑦犯人の

年齢⑧前科⑨犯行後の情状、などを併せ考察したとき、その罪責が誠に重大で、罪刑の均衡の見地からも一般予防の見地からも極刑がやむを得ないと認められる場合は、死刑の選択も許される。

▶ネグレクト

一般的には、子どもに対するものは育児放棄といわれる。食事を与えない、風呂に入れない、病院に連れて行かない、学校に行かせないなど、子どもに適切な対応をしない行為。身体的虐待、性的虐待、心理的虐待と並ぶ虐待の一形態で、虐待相談のほぼ3分の1を占める。暴力などと比べ軽くみられがちだが、子どもに与える影響は大きいといわれている。

▶8050問題

80代の高齢の親と、50代のひきこもる未婚の子が同居する家族の諸問題を「8050問題」と言う。70代の親と40代の子として「7040問題」とも呼ばれる。高齢化、未婚率の上昇など、社会の構造変化が背景にある。長期のひきこもりに加え、介護離職、高齢者虐待、経済的困窮など、複数の困難が折り重なっている事例も少なくないとされる。

▶ハンセン病

「らい菌」に感染し、皮膚や末梢神経が侵される病気。以前は「らい病」と呼ばれていた。現在は治療法が確立されている。また、感染力は弱く、感染しても現在の日本で発病することはほとんどない。

有効な薬のない時代には手足や顔などに後遺症が残ることがあり、患者たちは社会から激しく差別されてきた。国は、特効薬の確認後も患者を療養所に隔離する政策をやめず、らい予防法の廃止（96年）まで継続した。

しかし、遅くとも60年以降は隔離の必要がなくなっていたとして、国に賠償を命じる判決が01年に確定し、元患者には補償が行われた。元患者の家族らが訴えた訴訟でも、19年の熊本地裁判決は国の責任を認定。国は控訴せず確定し、同11月、補償法が施行された。

▶ヤングケアラー

大人の代わりに家事や介護といった家族の世話を担う子ども。21年4月、厚生労働省が公立中学の2年生と全日制高校の2年生を対象に初めて実施した全国調査で、中高生でおよそ20人に1人いることが明らかになった。中学2年で約5.7%、高校2年で4.1%。中学2年で約5万5千人、高校2年で約4万2千人がヤングケアラーという計算になる。22年4月には、小学6年生の15人に1人（6.5%）、大学3年生は16人に1人（6.2%）いることがわかった。

背景には、核家族化の進展や家族構成の変化がある。子どものいる世帯数が減る一方、ひとり親世帯は横ばいで、家族での支え合いは厳しさを増す。

国は早期発見・把握や相談支援の推進などをめざし、自治体での支援体制の構築や悩み相談などを受ける団体の支援、家事・育児支援への助成を進めている。

▶リベンジポルノ

腹いせや嫌がらせ目的で、元交際相手などの裸やわいせつな画像をインターネット上に公開する行為。リベンジは復讐を意味する。画像が一度流出すると、拡散を防ぐのは難しい。14年11月、リベンジポルノを防ぐための法律が施行された。

[BASIC WORDS]

医療・福祉　Medical Care/Welfare

▶BSL4

BSL4はエボラウイルスなど最も危険性の高い病原体を扱える研究施設。BSLはBiosafety Levelの略。4段階あり、どの施設レベルでどの病原体を扱うかは、世界保健機関（WHO）の指針に基づき、各国が定めている。主要8カ国で施設が動いていないのは日本だけだったが、2015年8月、東京都武蔵村山市の国立感染症研究所村山庁舎が国内で初めてBSL4施設に指定された。21年7月には長崎大学坂本キャンパス（長崎市）にもBSL4施設が完成した。

ただ、1981年に完成した村山庁舎は、老朽化で移転が検討されている。また、長崎大の施設では、建設差し止めや、病原体の管理方法や地震対策などの情報公開を求める訴訟が起きている。

▶ES細胞

胚性幹細胞。不妊治療の際に余った受精卵（胚）をもとに作る。体のすべての組織の細胞になりうる能力を維持する、iPS細胞の「お手本」にあたる存在だ。

米ウィスコンシン大学のチームが98年にヒトES細胞を作製、国内では03年に京都大学が作製した。日本は「受精卵を壊す」という倫理的な懸念から基礎研究に限っていたが、欧米で臨床試験が進んでいることを受けて13年に方針を転換。20年5月には国内初の臨床試験（治験）が行われた。

▶iPS細胞

人工多能性幹細胞（induced Pluripotent Stem cell）の略称。「万能細胞」とも呼ばれる。皮膚などの体細胞に複数の遺伝子を導入し、様々な細胞や組織になりうる能力を持たせた細胞。京都大学の山中伸弥教授らが06年8月にマウスでの作製成功を発表。07年11月にはヒトでも成功し、山中教授は12年、ノーベル医学生理学賞を受賞した。

難病の治療や再生医療、新薬開発につながると期待されており、医療現場では実用化へ向けた動きが加速している。

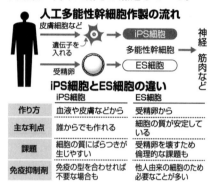

人工多能性幹細胞作製の流れ

▶PCR検査、抗原検査、抗体検査

PCR検査は、ウイルスに含まれる特定の遺伝子を増やして調べる検査方法。患者の鼻やのどの粘液やたんから採ったウイルスから遺伝子を取り出し、試薬とともに検査装置に入れる。遺伝子を増幅させて測定することで、調べたいウイルスの有無を判定する。

抗原検査はウイルスに特有のたんぱく質（抗原）の有無を調べる検査。結果が出るまでPCR検査が数時間かかるのに対し、抗原検査は検査キットを使い、30分ほど。ただ、ウイルスの量が多くないと抗原を検出できず、感染を見逃す恐れがある。

抗体検査はウイルスに感染した後に体

内にできるたんぱく質（抗体）を調べる。診断には向かないが、感染歴がわかる。簡易キットを使えば採血から15分で結果が出る。

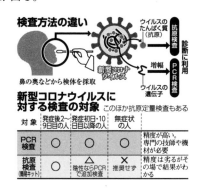

検査方法の違い

ウイルスのたんぱく質（抗原） 抗原検査 → 診断に利用
鼻の奥などから検体を採取
新型コロナウイルス
増幅 → PCR検査
ウイルスの遺伝子

新型コロナウイルスに対する検査の対象 このほか抗原定量検査もある

対象	発症後2〜9日目の人	発症初日・10日目以降の人	無症状の人	
PCR検査	○	○	○	精度が高い。専門の技師や機材が必要
抗原検査（簡易キット）	○	△ 陰性ならPCRで追加検査	× 推奨せず	精度は劣るがその場で結果がわかる

▶医療事故調査制度

第三者機関が医療事故の原因究明と再発防止を図る制度。15年10月に創設された。調査の対象は、全国約18万カ所の全医療機関で診療中に起きた「予期せぬ死亡事故」。病院は第三者機関「医療事故調査・支援センター」に届け出たうえで、自ら調査し、結果を遺族に説明し、センターに報告する。遺族がその結果に納得できなければセンターが独自に調査し、遺族と病院に結果を報告する。

医療事故調査制度の仕組み

予期せぬ死亡事例が発生 → ❶届け出（病院が判断）→ 医療事故調査・支援センター（第三者機関）
病院
❸報告 / ❻結果報告
❷院内調査 / ❺独自調査
❸説明 / 調査依頼❹ / ❻結果報告
院内調査に納得できない
遺族

▶インフォームド・コンセント

治療方法などを十分に知らされたうえで、患者が治療に同意すること。治療が医師側の都合だけで行われると患者の権利が侵害されるほか、患者の協力なしには効果の上がらない治療も多い。欧米では、患者が医師から治療内容を詳しく知らされ、納得したうえで治療を進めることが必要とされる。日本でも1990年に日本医師会生命倫理懇談会が、医療の中にインフォームド・コンセントを根づかせることが重要という報告書を出してから広がっている。

具体的には、医師は病気の内容、どんな治療法があるか、治る確率や治療の問題点、危険性などを、患者が理解できる言葉で説明し、患者に治療法を選択させたり、同意させたりする。

▶オプジーボ

小野薬品工業が14年9月に発売した新型がん治療薬。皮膚がんの悪性黒色腫（メラノーマ）の治療薬として承認され、その後、肺がんや胃がんなどにも適応が拡大。60カ国以上で承認されている。末期のがん患者でも進行をほぼ抑え、生存できることがあり、世界中に衝撃を与えた。ただ、すべての患者に効くわけではなく、効果が見られるのは患者の2〜3割といわれる。

本庶佑・京都大特別教授の研究をもとに開発され、本庶氏は18年のノーベル医学生理学賞を受賞した。

▶改正臓器移植法

10年7月に本格施行された。97年に施行された旧法では、臓器移植に限り脳死を人の死と認めていたが、改正法では「脳死は人の死」を前提とし、家族に判定の拒否権を認めた。臓器提供の条件は、旧法では本人の意思表示と家族の同意が

ベーシックワード

[BASIC WORDS]

必要で、15歳未満の移植は禁止されていたが、改正法では本人が拒否の場合を除き家族の同意があればできるようになり、0歳からの移植も可能となった。

▶骨髄バンク

白血病や再生不良性貧血など健康な血液成分がつくれない患者に、血液成分をつくる幹細胞を含んだ骨髄液を移植（注入）すると治癒が期待できる。ただし、患者と提供者は、白血球の血液型に相当する組織適合性抗原（HLA）が一致する必要がある。骨髄バンクは、広く募った提供者のHLA型を登録し、患者と結びつけ、提供者に万一の事故があった場合は補償する重要な役割を担う。

全国規模の公的骨髄バンクとして骨髄移植推進財団（現・日本骨髄バンク）が91年12月に発足した。ドナー登録者は22年9月末現在で54万1220人。

▶サル痘

ウイルスに感染することで発症し、発疹、発熱などの症状が出る。サル痘という名前は、動物実験のために集められたサルに天然痘のような症状が出たことに由来する。感染した動物との接触で人に感染するが、「濃厚接触しなければ、人から人へは容易には感染しない」（米疾病対策センター）とされる。世界保健機関（WHO）によると、致死率は3〜6％程度。

アフリカ中西部で流行してきたが、22年5月以降、感染が広がり、WHOは7月、20年1月の新型コロナ以来となる「国際的に懸念される公衆衛生上の緊急事態」を宣言した。7月には日本でも初めて感染者が確認された。WHOが約1万人の患者を分析したところ、98.8％は男性で、多くは男性との性的接触があるという。また、WHOはアニマルウェルフェア（動物福祉）の視点から、新たな名称として「mpox」を使うことを決めた。

▶ジェネリック

後発医薬品。新しくつくられた薬（先発医薬品）に対し、別の製薬会社が薬の特許期間（20〜25年）が過ぎた後に、その薬と同じ量の有効成分でつくる。新薬の開発は、一般的に10年以上の時間と数百億円規模の研究開発費がかかるが、ジェネリックはこうしたコストがかからないため、数千万〜1億円ほどで製品化でき、価格は先発薬の4〜5割と安くなる。

▶心的外傷後ストレス障害（PTSD）

戦争や災害、事故、レイプなど、生命の危険を感じるような体験をした後、頭痛、めまい、吐き気、無力感などの心身の症状が長期にわたって続くこと。

現在、国際的に大方の同意が得られているPTSDの診断基準は、明瞭なストレスの存在、悪夢やフラッシュバックとしてその場面が出現する、外界への心の反応が麻痺する、以前にはなかった驚愕反応、睡眠障害、罪悪感、集中力の低下などが1カ月以上続き、生活に支障がある場合、となっている。

▶脳死

内臓の働きを管理する脳幹を含め、脳全体の働きが止まり、元に戻らなくなった状態。人工呼吸器をつけている間は心臓は動き続けられるが、いずれ心臓死にいたる。いわゆる「植物状態」は脳幹の機能が残っていて自発呼吸があり、脳死とは異なる。

環境・国土 Environment/National Land

▶ PM2.5

PM は英語の Particulate Matter の略で、「粒子状物質」の意味。大気中に漂う物質の中で、大きさ（粒径）が2.5マイクロメートル（μm）以下の微小のもの。髪の太さの30分の1程度と極めて小さいため、吸い込むと肺の奥まで入りやすく、肺がんやぜんそくを引き起こすリスクがある。自動車の排ガスや工場の煤煙、粉じん、たばこや木を燃やした煙などから出る。1990年代に注目され始めた。

トラックへの高性能の排ガスフィルター取り付けなどの対策により、ディーゼル車から排出される PM2.5 は改善している。かつて中国や韓国で発生した PM2.5 の飛来が問題となったが、環境省によると、両国ともに環境汚染対策が進みつつあるという。

▶ 暑さ指数（WBGT）

熱中症の危険度を判断する数値として、環境省が2006年から公表している。気温と湿度のほか、地面や建物などから出る「輻射熱」から算出する。単位は気温と同じ「℃」。同省のインターネットサイトで、全国840地点の2日先までの予測値や、実測値・実況推定値を見ることができる。

▶ エルニーニョ／ラニーニャ

赤道直下の太平洋のうち、日付変更線付近から南米ペルー沖にかけての海域（エルニーニョ監視海域）の水温が平年に比べて高い状態が続く現象を「エルニーニョ現象」という。「ラニーニャ現象」はその逆。気象庁の定義では、監視海域の5カ月間の平均水温が過去の平均より0.5度以上高い状態が続いたときがエルニーニョ、0.5度以上低かったときがラニーニャと判定される。

いずれの現象も発生すると海水温の変化によって上昇気流の強さが変わり、世界中の気圧配置に影響を与えて異常気象を起こす。日本ではエルニーニョのときは冷夏・暖冬になりやすい。ラニーニャのときは西日本の冬は寒冷になりやすい。

▶ 川辺川ダム計画

熊本県の蒲島郁夫知事は20年11月、球磨川の支流・川辺川への治水専用ダム建設を認める考えを表明した。

川辺川ダム計画は、九州最大級のダム計画として旧建設省が1966年に発表。しかし、全国有数の清流で知られる球磨川の環境保護のためダム建設に反対する住民世論を受け、蒲島知事が08年に「白紙撤回」を表明。翌年に旧民主党政権が中止を表明して以降、地元と国はダム以外の治水策を協議してきた。しかし、20年7月の豪雨災害を受けて方針転換した。

▶ 激甚災害制度

地震や台風など、被災地に著しい被害をもたらした災害を、「激甚災害」として政府が指定する制度。指定されると、国からの災害復旧費の補助率が1〜2割程度かさ上げされるなどの特別措置を受けられ、その補助率は最大9割になる。1962年成立の激甚災害法に基づく。内閣府によると、公共土木施設や農地などの災害復旧費の見積額が、自治体の税収入や農業所得推定額の一定基準を上回ることなどが条件。95年の阪神・淡路大震災や11年の東日本大震災、18年9月の北海

ベーシックワード

道胆振東部地震、18年6～7月の西日本豪雨などの被害が激甚災害に指定された。

▶原子力規制委員会

東京電力福島第一原発の事故を受け、新たに原発の安全規制を担う国の機関として12年9月に発足した。原子力推進の経済産業省から原子力安全・保安院を切り離し、内閣府の原子力安全委員会と統合した。環境省の外局で、公正取引委員会と同じ国家行政組織法3条に基づく「3条委員会」として独立性を担保。委員5人は原子力工学や地震などの専門家で構成する。委員長は元大阪大副学長の山中伸介氏。

▶シーベルトとベクレル

シーベルトは人体が放射線を浴びた時の影響の強さを測るのに使われる単位。α（アルファ）線、β（ベータ）線、γ（ガンマ）線などの放射線の種類によって人体への影響が違うため、その違いを考慮して、統一した尺度で比較できるようにしてある（下図参照）。

ベクレルは放射性物質が放射線を出す能力を表す単位。原子核の崩壊が1秒間に1個起きるのが1ベクレル。

▶「実質ゼロ」

大量の二酸化炭素（CO_2）を出す火力発電を減らして太陽光や風力などの再生可能エネルギーを増やしたり、省エネの徹底やガソリン車から電気自動車や燃料電池車への転換を進めたりして排出を減らす。それでも足りない分は、植物などが吸収する分を差し引いて収支で「ゼロ」になるようにすること。

15年に採択されたパリ協定で掲げられ世界に広まった。

▶震度とマグニチュード

震度は、ある地点での揺れの大きさを示す指標。気象庁は91年から震度計のデータをもとに計算で決めており、96年には、震度階級が従来の「0－7」の8段階から、震度5以上を5弱、5強、6弱、6強、7とした10段階になった。数字が大きいほど揺れが大きい。

マグニチュード(M)は、地震の規模を示す。Mが1増えると、エネルギーは約30倍になる。Mが大きくても震源が遠ければ震度は小さい。

▶熱中症警戒アラート

熱中症にかかる危険性が極めて高い天候が予想される際、気象庁と環境省が発表する。外出はなるべく控え、屋外での運動を原則控えるよう求める。20年夏から関東甲信の9都県で運用が始まり、21年4月から全国に広がった。

発表の判断には気温や湿度、日射量などから算出する「暑さ指数」を用いる。指数は31度以上で危険度が最も高い「危険」となるが、それを上回る33度以上が

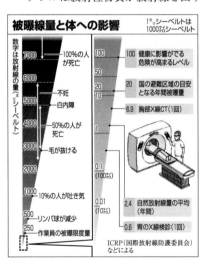

被曝線量と体への影響

1ミリシーベルトは1000マイクロシーベルト

ICRP（国際放射線防護委員会）などによる

発表基準。基準を超えると予想される日の前日夕と当日早朝に、全国を58地域に分けた気象庁の予報区単位で出される。

▶パリ協定

2020年以降の新たな温暖化対策の国際ルール。15年12月にパリで開かれた国連気候変動枠組み条約第21回締約国会議（COP21）で採択され、16年11月に発効した。

1997年に採択された京都議定書では先進国にだけ温室効果ガスの削減を義務づけたが、パリ協定ではすべての国が削減に取り組む義務を負う。

温暖化による危機的な影響を防ぐため、産業革命前からの気温上昇を2度よりかなり低く、できれば1.5度に抑えることが目標。そのために今世紀後半に世界全体で温室効果ガスの排出を「実質ゼロ」にすることをうたう。各国は温室効果ガス削減目標などの対策を練り、5年ごとに見直す。

日本は20年10月、当時の菅義偉首相が50年までに温室効果ガスの排出を「実質ゼロ」にすると宣言。21年4月には、30年度に13年度比で「46％削減」する中間目標を打ち出し、従来の「26％削減」から7割以上引き上げた。

▶ヒアリ

強い毒を持つ外来種のアリ。南米原産。赤茶色で体長は2.5〜6mm。毒針で何度も刺すほど攻撃性が高く、人が刺されるとアレルギー反応のアナフィラキシーショックで死亡する例もある。一度定着すると根絶は難しく、米国や中国、オーストラリアなどに生息域が広がっている。

日本は05年に特定外来生物に指定し、侵入を警戒してきた。しかし、17年5月、兵庫県で国内で初めてヒアリが見つかった。その後、各地で発見が相次いでおり、国や自治体は定着阻止へ向け、駆除に力を入れている。

▶東日本大震災

11年3月11日午後2時46分、東北地方太平洋沖地震が発生。国内観測史上最大のM9.0という巨大地震となり、沿岸に押し寄せた津波で、甚大な被害が出た。震源となった海域は岩手県沖から茨城県沖までの長さ約500km、幅約200kmに及んだ。宮城県北部で震度7を観測、東北や関東地方は強い揺れに見舞われた。地震による津波で、沿岸部の広い範囲が壊滅状態となった。亡くなった人は約1万6千人、行方不明者は約2600人。約12.7万戸が全壊、半壊は27.2万戸に及び、被害額は16兆〜25兆円とされる。

▶復興庁

東日本大震災と東京電力福島第一原発事故からの復興のため、12年2月に発足した。トップは首相で、補佐（事務の統括）として復興相を置く。

復興庁設置法により21年3月末で廃止されることが決まっていたが、設置期限を10年延長する改正復興庁設置法が、20年6月に成立した。原発事故を受けて国の避難指示区域が残る福島県のほか、津波被害の大きかった岩手県や宮城県でも21年3月までに事業が完了しないことから、存続させることになった。ただ、支援の対象は東日本大震災の被災地に限り、将来起きると想定されている南海トラフ地震など、他の大災害に備えた組織づくりは見送られた。

ベーシックワード

［BASIC WORDS］

科学・技術　Science/Technology

▶ AI（人工知能）

Artificial Intelligence の略。厳密な定義はないが、記憶や学習といった人間の知的な活動をコンピューターに肩代わりさせることを目的とした研究や技術のことを指す。スマートフォンの音声応答機能や、工場の生産ラインの制御、販売の需要や株価予測、医療診断など、様々な分野でAIの活用・研究が進んでいる。

AIが近年、注目されるようになったのは、大量のデータを読み込んで自ら知識を得る「機械学習」だ。中でも、ディープラーニング（深層学習）の技術が大きい。急速に進化する一方で、人間の雇用が奪われることを心配する声もある。

▶ イグ・ノーベル賞

「人々を笑わせ、考えさせてくれた研究」に贈られる賞。ノーベル賞のパロディー版で、「愚かなノーベル賞」という意味がある。1991年に米ハーバード大系の科学誌「ありそうもない研究の紀要」の編集長マーク・エイブラハムズ氏が創設した。工学、物理学、医学、平和、文学、経済学などの部門がある。日本は受賞大国で、2022年までに28件受賞している。

▶ ゲノム編集

遺伝子を狙った部分で切ったり、置き換えたりする技術。細胞内の遺伝子の特定の場所に結合する性質を持ったRNA分子とDNAを切断する酵素を組み合わせたCRISPR／Cas9が12年に開発されると、使いやすさから急速に普及。開発した米仏の2氏は、20年にノーベル化学賞を受賞した。

放射線を照射して人為的に突然変異を起こす従来の品種改良や遺伝子組み換え技術に比べ、飛躍的に効率が良く、農作物や家畜の性質を改良する研究が進む。日本でも21年にゲノム編集で栄養成分を増やしたトマトや肉厚のマダイ、成長が早いトラフグの販売が始まった。食料生産の効率アップにつながる可能性を秘める。一方で、遺伝子を操作した動物の安全性の問題や、生態系などへの環境影響をどう評価するかは国際的に定まっていない。

ゲノム編集を利用してエイズやがんを治療する臨床研究も行われている。だが、ヒトへの応用を考えた場合、狙っていない遺伝子が書き換えられる危険や次世代へのリスクを残すことになる。

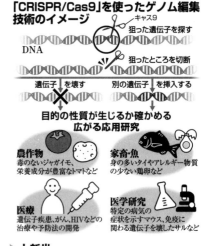

「CRISPR/Cas9」を使ったゲノム編集技術のイメージ

▶ 人新世

人類の活動が、地層に影響を残す、新しい地質時代という意味。「じんしんせい」や「ひとしんせい」と読む。ノーベル化学賞を受賞したパウル・クルッツェン博士らが00年に「Anthropocene」と

名づけた。

恐竜がさかえた中生代の「ジュラ紀」や、千葉県市原市にある地層から20年に名づけられた「チバニアン」のように時代の1区分にしようと、国際地質科学連合で候補地の調査が進む。時代の始まりとして有力なのは、核実験が繰り返され、放射能汚染の跡が地層に残る1950年代からとする案だ。候補となる地層は世界にいくつかあり、大分県の別府湾の海底にある地層もその一つだ。

▶チバニアン

20年1月、約77万4千〜12万9千年前の地質時代が「チバニアン」（千葉時代）と命名された。日本の地名が時代の名前になるのは初めて。

地球の46億年の歴史は、生物の絶滅や地磁気の変化といった痕跡をもとに100以上の年代に分けられており、その痕跡が明確な地層がある場所がその時代を代表する国際標準模式地になる。国立極地研究所や茨城大などの研究チームは、千葉県市原市の地層「千葉セクション」に地球の磁場が南北で逆転した痕跡が残っていることを示した。地磁気が最後に逆転した時の痕跡という。

▶ニホニウム

理化学研究所のチームが人工合成した原子番号113番の新元素。15年末、国際純正・応用化学連合（IUPAC）から、森田浩介・九州大教授が率いる理研のチームによる発見と認められ、16年11月に名称が正式決定した。元素記号は「Nh」。日本の研究チームが発見した元素が教科書でも習う周期表に載るのは初めて。アジアでも初。

▶日本のノーベル賞歴代受賞者	
1949年	湯川秀樹＝物理学賞
1965年	朝永振一郎＝物理学賞
1968年	川端康成＝文学賞
1973年	江崎玲於奈＝物理学賞
1974年	佐藤栄作＝平和賞
1981年	福井謙一＝化学賞
1987年	利根川進＝医学生理学賞
1994年	大江健三郎＝文学賞
2000年	白川英樹＝化学賞
2001年	野依良治＝化学賞
2002年	小柴昌俊＝物理学賞
	田中耕一＝化学賞
2008年	南部陽一郎、小林誠、益川敏英＝物理学賞
	下村脩＝化学賞
2010年	鈴木章、根岸英一＝化学賞
2012年	山中伸弥＝医学生理学賞
2014年	赤崎勇、天野浩、中村修二＝物理学賞
2015年	大村智＝医学生理学賞
	梶田隆章＝物理学賞
2016年	大隅良典＝医学生理学賞
2017年	カズオ・イシグロ＝文学賞
2018年	本庶佑＝医学生理学賞
2019年	吉野彰＝化学賞
2021年	真鍋淑郎＝物理学賞

情報・通信 Information/Communication

▶ GAFA

世界を席巻する米国のIT大手4社の頭文字をつないだ造語。「G」は検索エンジンのGoogle（グーグル）、「A」はネット通販のAmazon（アマゾン）、「F」はソーシャル・ネットワーキング・サービス（SNS）のFacebook（フェイスブック）（現Meta（メタ））、「A」はデジタルデバイスのApple（アップル）を指す。

GAFAなどの巨大IT企業は「プラットフォーマー」と呼ばれ、検索履歴や買い物履歴、情報発信などインターネットのサービスを通じて膨大なデータを収集・分析してビジネスに利用し、圧倒的な存在感を見せる。欧米や日本では、強すぎる影響力を制御することを狙いに、個人データの保護や違法コンテンツの排除、独占的な地位の利用禁止など、規制強化の動きが出ている。

▶ IoT（モノのインターネット）

Internet of Things の頭文字で、「モノのインターネット」と言われる。コンピューターやスマートフォンにとどまらず、家電や産業機器など、あらゆるモノをインターネットでつなぐこと。機器の遠隔操作や自動制御のほか、モノから大量の情報を集めて効率的な使い方や新サービスの開発に役立てることなどが期待されている。

IoTを使うと、企業はリアルタイムで状況を把握し、利用状況に応じたきめ細かいサービスを提供することや、利用者の手を煩わせずに製品価値を向上させるという新たなビジネスを展開できるようになる。そのため、ビッグデータと呼ばれる膨大なデータを解析する技術や、データをもとに自ら考える人工知能（AI）の開発も盛んになっている。

▶ MVNO

Mobile Virtual Network Operator（仮想移動体通信事業者）の略称。大手携帯会社から通信回線を借りて、利用者に通信サービスを提供している。回線の賃貸料は総務省が定める基準で決められ、毎年下がっている。日本通信やインターネットイニシアティブ（IIJ）、NTTコミュニケーションズ、ビッグローブなどが、格安スマホの通信サービスを支える。携帯だけでなく、カーナビなど様々な商品に通信機能を提供する。

▶ クラウドサービス

IT企業や通信事業者がデータの保存やその分析などを請け負うサービス。利用企業にはハードウェア調達のためのコストや管理・運用のための人的コストをかけずに済むなどのメリットがあり、近年、普及が急速に進む。

▶ スマートウォッチ

液晶画面などを備え、メールや電話、支払いの決済など、スマートフォンが持つ機能の一部を搭載した腕時計型端末。身につけられるという意味の「ウェアラブル端末」として、2011年ごろからソニーや韓国サムスン電子などがスマートウォッチを売り出した。15年に米アップルが「アップルウォッチ」を発売したのを機に市場が拡大している。

▶ スマートスピーカー

AIを搭載したスピーカー。AIスピーカーともいう。インターネットに常時つながっており、一定の音声を認識し、指

示や質問に応じてネット操作などを代行できる。音楽をかけたり、情報を調べたり、家電を操作したりできる。また、できること（機能）が、スマートフォンのアプリのような形で次々に開発されて増えている。

▶ソーシャルメディア

オンライン上で、ユーザーが情報を送受信することで形成されるメディアをソーシャルメディアと呼ぶ。一般的にはブログや、5ちゃんねる（旧・2ちゃんねる）などの掲示板、ミクシィやフェイスブックなどのSNS、動画投稿サイト、ツイッターなどがある。

情報の伝搬力が強く、世界的に広がる中で、社会基盤としての側面も持つようになっている。一方で、誤報の拡散や、情報を書き込んだ人がバッシングに遭うなど、負の側面も表面化している。

▶デジタル課税

日本など136カ国・地域は21年10月、GAFAなどの巨大IT企業のような多国籍企業に対する「デジタル課税」制度の創設について最終合意した。創設されるデジタル課税は、対象企業の利益率10%を上回る利益の25%を売り上げに応じて各国で配分し、課税できるようにする。24年の実施をめざしている。

現在のルールでは、工場や事務所などの恒久的な拠点を置く国や地域で法人税を納めることが原則で、ある国の消費者や企業を相手にネット上のビジネスで利益を上げても、その国に拠点がなければ課税することは難しい。デジタル課税で課税対象となる利益は1250億ドル以上とされ、日本も新ルールでIT企業などから

の税収が増えるとみられる。

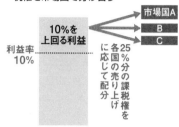

▶ビッグデータ

インターネット上で日々生み出される大量の情報のこと。ネットの検索履歴やツイッターでのつぶやき、携帯端末の全地球測位システム（GPS）、コンビニでの買い物履歴などが一例。この巨大な情報を分析して、新商品やサービスを開発しようという取り組みが注目されている。

▶5G（第5世代移動通信方式）

次世代高速移動通信方式。GはGenerationの頭文字。携帯大手3社が20年3月から、楽天も同9月からサービスを始めた。

5Gは、4Gの最大数十倍の高速通信が可能だ。大容量の2時間の映画をダウンロードするのに4Gでは5分かかるが、5Gでは3秒でできる。複数の視点でのスポーツ映像の観戦などもできる。また、通信の遅れが少なく、自動運転や遠隔医療など、スマートフォンと直接関係のない産業分野でも恩恵が行き渡ると期待される。ただ、各社とも通信網は整備中で、利用者が5Gのフル機能を実感できるのは早くても23年以降になる見通し。

ベーシックワード

労働 Labor

▶過労死防止大綱

　政府は2021年7月、過労死防止大綱の改定版を閣議決定した。過労死ゼロをめざして15年に策定された大綱は3年ごとに見直され、今回が2回目の改定。

　数値目標として、①勤務間インターバル制度を導入する企業の割合：4.2%（20年）→25年までに15％以上②フルタイム（週40時間勤務）の人のうち週労働時間が60時間以上の人の割合：9.0%（20年）→25年までに5％以下③年次有給休暇の取得率：56.3%（19年）→25年までに70％以上、を掲げた。

▶勤務間インターバル

　仕事が終わって次に仕事を始めるまでに一定の休息時間をおくこと。例えば、

勤務間インターバル制度のイメージ

会社が
「休息11時間」の確保
を決めた場合なら…

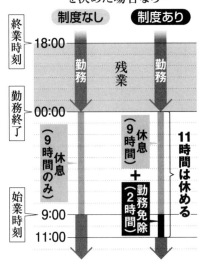

ある企業が11時間のインターバル制度を導入すると、24時まで残業をしたら翌日は11時まで働けなくなる。欧州連合（EU）諸国では勤務終了後、次の勤務が始まるまでに最低11時間の休息を労働者に保障することを義務づけている。

　働き方改革関連法の施行で、制度の導入が19年4月から企業の努力義務となった。不眠不休で働くことを防げるため、過労死対策の「切り札」とも言われるが、21年1月時点の導入実績は4.6%。前年の調査から0.4ポイントの増加にとどまる。

▶高度プロフェッショナル制度

　年収1075万円以上の一部専門職を労働時間の保護から外す制度。19年4月に導入された。金融商品の開発、ディーリング、アナリスト、コンサルタント、研究開発の5業務が対象。会社側は、労働時間の把握義務がなくなり、残業代や深夜・休日の割増賃金も支払わなくてよい。適用には本人の同意が必要。会社側は労働時間について指示できない。「年104日以上、4週間で4日以上の休日確保」などの健康確保措置が企業に義務づけられた。

▶残業の上限規制

　19年4月に施行された働き方改革関連法で、それまで事実上青天井だった残業時間に、超えることができない法律上の上限が初めて設定された。違反した企業には罰則が科される。上限は「月45時間、年360時間」が原則。繁忙期もあるため、年6カ月までは月45時間を超えることが可能だが、その場合でも、年間の上限は720時間。単月の上限は最大100時間未満、2〜6カ月平均で月80時間になった。

　従来は労働基準法で労働時間の上限を

原則1日8時間、週40時間と定めていたが、労使が合意して協定（36協定）を結べばこれを超える上限を設定でき、事実上青天井にできた。

▶失業給付

雇用保険制度の給付の一つで、失業時にハローワークで手続きすることで支給される。受給に必要な加入期間は過去2年間に12カ月以上。倒産や解雇などで失業した場合は過去1年間に6カ月以上でも可。離職前6カ月間の賃金の総額を180日で割ったものの45〜80%が1日あたりの手当となる。離職時の年齢や保険加入期間、離職理由などに応じて給付日数が決まる。

▶春闘

労働組合が毎年春、賃金の引き上げなどを求めて行う統一行動。連合の場合、「春季生活闘争」と呼んでいる。一斉に底上げを要求することで、企業ごとの交渉の限界を補える。1956年、総評（現在は連合に合流）の指導で官民290万人の統一闘争をしたのが発端とされる。

▶定昇

定期昇給のこと。賃金表に基づき、年齢や勤続年数に応じて、毎年自動的に賃金を増やす仕組み。大企業にはあるが、中小企業だと定昇がない場合がある。

▶ベア

ベースアップ。賃金表を書き換え、賃金全体を底上げすること。物価上昇による賃金の目減りを補う役割が強いため、デフレが定着した02年ごろから会社側のベアゼロ回答や、労働組合がベア要求を控える動きが出た。企業の業績回復などにより、14年以降はベアに応じる企業が増えている。

▶有効求人倍率

ハローワークで仕事を探す人1人につき何人分の求人があるかを示す指標。1.09倍なら、求職者100人に対し109人分の仕事がある。1倍を上回ると求人が求職より多い「人手不足」の状況を示す。厚生労働省が毎月発表している。

▶連合

日本最大の労働組合の中央組織で、正式名称は日本労働組合総連合会。企業ごとの労組が集まった47の産業別組織（産別）が加盟している。全都道府県に47の地方連合会があり、組合員は約700万人。支持政党が異なっていた総評、同盟など四つの中央組織が1989年に大同団結して結成された。

21年10月、8代目会長に芳野友子氏が就任した。女性の会長は初めて。

▶労働分配率

企業の収益のうち、労働者に賃金としてどれぐらい還元されたかの目安となる数値のこと。財務省の法人企業統計調査では、企業が生み出した付加価値のうち、人件費が占める割合として算出する。不況時には高くなり、好況時には低下する傾向があるといわれる。賃上げ交渉での有力な指標。あまりに高くなると経営者が慎重になり、成長が鈍化するという。

▶ワーク・ライフ・バランス

仕事と生活の調和。「仕事か生活か」の二者択一ではなく、「仕事も生活も」という考え方。少子高齢化が進む中での労働力確保のため、子育てや介護をしながら働き続けることができる組織や社会づくりが求められている。

ベーシックワード

教育 Education

▶PISA

経済協力開発機構（OECD）の国際的な学習到達度調査。2000年から3年ごとに実施されている。各国の15歳（日本は高1生）を対象に、読解力、数学的リテラシー、科学的リテラシーの3分野を調べる。知識の量ではなく、知識を日常でどのように活用できるかを重視しているのが特徴。

日本の順位は3回目まで下がり続け、学力低下の裏付けと取られた。これを受けて文部科学省は「脱ゆとり」に舵を切った。

18年の7回目は79の国・地域の約60万人が参加。日本の読解力の順位が前回8位から15位に下がり、平均点も落ちた。科学（前回2位→今回5位）と数学（同5位→6位）はともに順位を下げたが、トップレベルは維持した。

▶いじめ防止対策推進法

いじめの早期発見や防止のための組織設置などを学校に義務づけた法律。13年9月、施行された。

法律ではいじめを、「一定の人的関係にある子による心理的・物理的な影響を与える行為で、対象の子が心身の苦痛を感じているもの」と定義。複数の教職員や専門家が情報共有して対応することや、いじめが自殺や不登校、財産被害など深刻な結果を招いた疑いがある場合を「重大事態」として第三者委員会で調べることなどを義務づけた。また、いじめた子には懲戒や出席停止などの措置を適切にとらなければならない。

▶教員の性暴力防止法

児童生徒にわいせつ行為をした教員を学校現場に戻さないための新法「教員による性暴力防止法」が、21年5月に成立、22年4月に施行された。

新法は、教員による児童生徒や18歳未満に対する性交やわいせつ行為などを、同意の有無を問わず「児童生徒性暴力」と定義し、禁止を明記。これまでは、懲戒免職になり教員免許を失効しても3年たってから申請すれば自動的に再交付を受けられたが、再交付を拒否できる権限を都道府県教育委員会に与えた。過去には、再交付された免許で別の教委に採用され、再びわいせつ行為をした事例もあった。

▶小3から英語授業

20年度に実施された新学習指導要領で、「外国語活動」の開始が従来の小5から小3になった。「聞く・話す」を中心に週1コマをあてる。小5からは教科書を使う正式な教科「外国語」に格上げされ、「読む・書く」を加えて授業時間を年間70コマに倍増させる。

小学校での英語教育は経済界などからの提言を受け、11年度から始まった。

▶総合型選抜と学校推薦型選抜

大学入試改革の一環で、20年度からAO入試は「総合型選抜」に、推薦入試は「学校推薦型選抜」に名称が変わった。総合型選抜は部活動の成績や生徒会活動などをアピールする書類を自ら用意して出願する。学校推薦型選抜は学業や課外活動などの実績をもとに高校が生徒を推薦する。名称変更と同時に、両選抜には小論文やプレゼンテーションなどが組み

込まれ、学力チェックの要素が増えた。

▶中央教育審議会

文科相の諮問に応じて教育行政の方向性を話し合う常設機関。1952年の創設以来、「期待される人間像」（66年）、「第3の教育改革」（71年）など重要項目を答申してきた。01年、文科省発足の時に、別の独立した諮問機関だった大学審議会、生涯学習審議会などを吸収、より大きな組織になった。現在は「教育制度」「生涯学習」「初等中等教育」「大学」の4分科会がある。

▶道徳の教科化

道徳が「特別の教科」になり、小学校は18年度から、中学校は19年度から授業が始まった。従来の「教科外の活動」から格上げされたことに伴い、国語や算数・数学のように国の検定を受けた教科書を使った授業が行われる。また、通知表などで評価する。文科省は「考え、議論する道徳」を掲げ、一般的な教科とは違って1～5といった数値評価はせず、記述式にするとした。だが、内面の成長を評価することは難しく、学校現場では手探りが続く。

▶プログラミング教育の必修化

コンピューターに動きを指示するために使われるプログラムを学ぶ「プログラ

野菜を栽培しながらプログラミングを学べる教材

ミング教育」が20年度から順次、小中高校で必修化された。自分が求めることを実現するために必要な動作や記号を考え、組み合わせながら改善していく論理的な「プログラミング的思考」を育み、不足する「IT人材」の裾野を広げるのが狙いだ。

▶ゆとり教育

詰め込み教育が落ちこぼれを生んだとして、学習時間と内容を減らし、自ら学び考えることを重視した教育。80年度実施の学習指導要領から削減が始まった。02年度実施の学習指導要領では、学校完全週5日制とともに教育内容を3割削減した。だが、04年に発表されたPISAの結果で、日本は順位を落とすなど学力低下が社会問題となり、学力を重視する「脱ゆとり」へと方針転換した。

▶幼保無償化

幼児教育・保育を無償化するための改正子ども・子育て支援法が19年5月に成立、同10月から無償化が始まった。無償化の対象は、すべての3～5歳児と住民税非課税世帯の0～2歳児。認可保育園や認定こども園などの利用料は全額無料となる。認可保育園などに入れない子どもが多いことを踏まえて認可外施設やベビーシッターも対象となったが、補助に上限がある。

幼保無償化は、安倍晋三首相（当時）が17年の衆院解散・総選挙の際、「少子高齢化を克服するための大改革」として打ち出した。財源は消費税率10％への引き上げによる増収分の一部を充てる。無償化より待機児童の解消と保育士の待遇改善を優先すべきだという声もある。

文化 Culture

▶eスポーツ

エレクトロニック・スポーツの略。個人やチームがオンラインゲームで対戦し、観客は大型モニターなどで観戦を楽しむ。「選手」であるプレーヤーたちは、格闘、パズル、スポーツゲームなどで腕を競う。海外では頻繁に大会が開かれ、トップ選手は1年間に数億円稼ぐといわれる。観客やスポンサーも集まり、インターネット配信も人気だ。

調査会社などによると、世界のeスポーツの市場規模は2024年に約16億ドルに達する見込み。日本市場は21年に78.4億円に達し、25年には約180億円になると予想されている。一方で、「ゲームをスポーツと捉えていいのか」という疑問は根強い。

▶芥川賞と直木賞

純文学の新人作家に芥川賞が、大衆文学の新人・中堅作家に直木賞が与えられる。創設は1935年。伝統と伝説に満ち、芥川賞は太宰治が「何卒私に与へて下さい」と選考委員の川端康成に手紙を書いたり、選考結果に納得しない選考委員が辞任したりしたこともある。それ以上に、村上龍の「限りなく透明に近いブルー」や、19歳で受賞した綿矢りさの「蹴りたい背中」など、時代の空気をつかむ話題作を見つけるのが抜群にうまかったことが、賞への注目度を高めている。両賞とも賞金は100万円だが、受賞作が売れるほか、講演に呼ばれたり原稿料のランクが上がったりして、人によっては数千万円の効果があるといわれる。

▶香川県のゲーム条例

18歳未満のゲーム時間を平日60分、休日90分までとし、スマートフォンの使用は中学生以下が午後9時まで、18歳未満は午後10時までにやめるのを「目安」に、家庭でルールをつくって守るよう義務づけた、香川県のネット・ゲーム依存症対策条例。違反しても罰則はない。こうした条例は全国でも初めてで、20年4月に施行された。

▶三大国際映画祭

カンヌ(仏)、ベネチア(伊)、ベルリン(独)の三つの映画祭。コンペティション部門の最優秀作品に対し、カンヌは「パルムドール」が、ベネチアは「金獅子賞」が、ベルリンは「金熊賞」が授与される。近年は第一線の監督の多くがカンヌをめざし、一極集中の傾向が強まっている。

▶チケット不正転売禁止法

インターネットでのチケットの不正な転売を罰則付きで禁止するチケット不正転売禁止法が18年12月に成立、19年6月に施行された。対象は、映画や演劇、音楽、スポーツなどの興行のチケット。紙に印刷されたものだけでなく、QRコードやICカードをチケットとして使う場合も含まれる。

条件は、▷不正転売禁止の明記▷入場者の事前登録や座席指定との連動▷販売時に入場者の名前や連絡先を確認、などだ。さらに、禁じられるのは「業として」の行為で、反復・継続して商売目的とみなされた場合。病気などで行けなくなって他人に売ることは対象外となる。多くの自治体が、条例などで駅前やチケット売り場など「公共の場」でのダフ屋行為

を禁じているが、ネット上での転売を規制する法律はなく、定価数千円のチケットが数十万円で転売されることもあり、問題となっていた。

▶著作権保護期間「70年」に延長

日本の美術、文芸、音楽作品の著作権の保護期間が、作者の死後「50年」から欧米並みの「70年」に延びた。18年12月のTPP（環太平洋経済連携協定）発効に合わせたもので、延長されるのは約半世紀ぶり。

作者の死後も保護期間がある理由は、「権利を継いだ遺族などが収入を得られるとなれば、作者の創作意欲も上がるため」などと説明される。著作権の国際ルールを定めたベルヌ条約の1948年の改正で、作者の孫世代までカバーできる50年を基準として義務化されたが、平均寿命が延びる中で、「より長い保護期間が必要」という説が現れ、欧米など先進国では70年が主流になっている。TPPでは延長は義務ではないものの、こうした背景も踏まえ、日本も延長を選択した。

著作権保護期間、延長されると？

50年間→70年間　たとえば…

壺井栄
山本周五郎（**1967年没**）
2017年末で著作権消滅　→　消えたまま

三島由紀夫（**1970年没**）
2020年末に消滅　→　2040年末に消滅

志賀直哉（**1971年没**）
2021年末に消滅　→　2041年末に消滅

川端康成（**1972年没**）
2022年末に消滅　→　2042年末に消滅

▶日本遺産

文化庁が15年度から始めた、地域の歴史や文化を国内外にアピールし、地元の活性化も狙う新事業。ユネスコ世界遺産との関係はなく、遺跡や祭りなど有形・無形の文化財を組み合わせて地域の歴史・文化を伝える「ストーリー」や、文化財を生かした地域振興の仕組みが整っているかどうかを基準に、文化庁が依頼した文化遺産に詳しい人たちが審査する。104件が認定されている。

▶本屋大賞

全国の書店員が、「自分が読んで面白かった、店で売りたい、客に薦めたい」本として、ネットを通じて選ぶユニークな文学賞。大衆性が強いはずの直木賞の結果への違和感から創設された。書店員で組織する本屋大賞実行委員会が運営する。04年に始まった。

映画化された『告白』（湊かなえ著、09年第6回）や『天地明察』（冲方丁著、10年第7回）、『舟を編む』（三浦しをん著、12年第9回）など、受賞作品はいずれもベストセラーになっている。22年の第19回は逢坂冬馬の長編小説『同志少女よ、敵を撃て』。

▶ユネスコ「三大遺産事業」

国連教育科学文化機関（ユネスコ）が実施する「世界遺産」「無形文化遺産」「世界の記憶」（世界記憶遺産）の三つ。「世界遺産」（文化、自然、文化と自然の複合）は、人類にとって普遍的な価値を持つ遺跡や建造物、自然などを守るため、ユネスコが認定、登録する。「無形文化遺産」は人から人に伝えられる芸能や工芸技術、風俗慣習などの文化の保護を目的にした条約で、06年に発効した。「世界の記憶」は歴史的な文書や絵画、音楽、映画などを保存し、後世に伝えることを目的に92年から始まった。

マスコミ Mass Communications

▶ AMラジオのFM転換

全国の民間AMラジオ47局のうち、北海道と秋田県の局を除く44局は、2028年秋までにFMラジオ局への転換をめざしている。

AM波はビル壁などに弱く、都市部での難聴が問題化したことや、送信所の水害などへの備えも不十分だとの指摘から、より簡易な設備で放送できるFM波との併用であるFM補完放送（ワイドFM）が14年から始まった。だが、AM局の営業収入が減少する中、AMとFMの二重負担や、FMより高い設備更新費などが負担だった。

総務省は制度を改めてAM局のFM放送への一本化を可能にし、23年にもAM停波の実証実験を始める方針。FM波が届かない山間地域への対応が課題となる。

▶ SLAPP

住民運動や言論活動を封じるために、企業などが高額の損害賠償を求めて起こす訴訟。Strategic Lawsuit Against Public Participation の略。

▶ 個人視聴率

個人視聴率は、番組をどれくらいの「人」が見たのかを表す割合。調査会社ビデオリサーチが20年春から全国に調査対象を広げた。それまでよく使われてきた世帯視聴率は、どれくらいの「家」で見られたかを表していた。昔のようにお茶の間にある1台のテレビを家族みんなで見るという家庭は少なくなるなど、生活習慣が変わった影響だ。

実際、民放各局はCM獲得のために個人視聴率を重視している。さらに、個人の中でも年齢や性別まで絞り込んだ特定層（コア）の視聴率を注視し、見逃し動画の再生回数も重要な指標になっている。

世帯視聴率と個人視聴率
ビデオリサーチの資料から

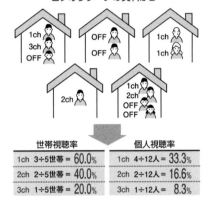

世帯視聴率		個人視聴率	
1ch	3÷5世帯＝60.0%	1ch	4÷12人＝33.3%
2ch	2÷5世帯＝40.0%	2ch	2÷12人＝16.6%
3ch	1÷5世帯＝20.0%	3ch	1÷12人＝8.3%

▶ 再販売価格維持制度

独占禁止法は製造業者が小売店に定価販売を強制することを禁じている。しかし、言論や文化の多様性を保持することを目的として、書籍や新聞、音楽CDなどの著作物に限り特例措置として認めている。ただ、値引き販売を禁止するものではないため、公正取引委員会は、一定期間後に値引き販売する「時限再販」などへの積極的な取り組みを関係業界に促している。

▶ 出版流通の仕組み

書籍は一般に取次会社を経て、出版社から書店が仕入れる。委託販売制の場合、書店の仕入れ値は定価の77〜78％。定価との差額の23〜22％が粗利益。売れ残りは仕入れ値と同額で出版社に返品できる。取次会社は本が売れたら定価の8％前後を出版社から受け取る。多様な本を店頭

に並べられる利点がある一方、出版社の負担は大きく、約4割という返品率の高止まりの背景になっている。岩波書店など一部の出版社は返品を受けない「買い切り制」が原則。

▶総合視聴率

テレビ放送と同時に見た視聴率（リアルタイム視聴率）に、録画して1週間以内に見た視聴率（録画再生率、タイムシフト視聴率）を加え、重複分を除いた数字のこと。録画機が普及する中、視聴者の動向を把握するため、ビデオリサーチが16年から調査を始めた。

▶パブリシティー権と肖像権

パブリシティー権はもともと米国で発展した考え方で、芸能人やスポーツ選手など、客を引きつける力がある著名人が、自らの名前や写真が持つ価値を独占的に利用できる権利を示す言葉として使われてきた。しかし、法律には明確な規定はなく、著名人の写真を無断で利用して本やグッズを売るビジネスが横行。1970年代以降、各地の地裁や高裁では、権利として認めたうえで賠償を認める判決が相次いでいた。

12年2月、最高裁がパブリシティー権を初めて認定した。「名前や写真などが客を引きつける力を持つ著名人の場合、その価値を商業的に独占できる」権利とし、権利侵害となる三つのパターンを例示した。①写真そのものを見て楽しむブロマイドやグラビア②他の商品と差別化を図るために著名人の名前や写真を使うキャラクターグッズ③著名人の名前や写真を使った広告──。一方で、報道や論説、創作物などに使われることもあるた

め、「正当な表現行為として我慢すべきケースもある」とした。

肖像権は、著名人に限らず、自分の写真などをむやみに撮影・公表されない権利をいう。

▶放送法4条

放送事業者が国内外で放送する番組の編集について定めた条文。①公安及び善良な風俗を害しないこと②政治的に公平であること③報道は事実をまげないですること④意見が対立している問題については、できるだけ多くの角度から論点を明らかにすること──を求めている。

▶放送倫理・番組向上機構（BPO）

正確な放送と放送倫理向上のための第三者機関。政府から介入を受けず、自律的に問題を解決するため、NHKと民放連などが03年に設立した。Broadcasting Ethics & Program Improvement Organizationの略。放送内容に偽りがないかなどを調べる放送倫理検証委員会など、三つの委員会がある。

▶メディアリテラシー

テレビや新聞、雑誌などが発信する情報・メッセージをうのみにせず、批判的・主体的に読み解く能力。リテラシーとは「読み書き」の能力のことで、書くことも含まれる。情報がどんな意図で送り出されているかを自分の頭で判断する。そして、それを通じて自ら情報を発信する力を身につける。

情報化社会、特にインターネット時代には不可欠の能力で、欧米では早くから学校教育のカリキュラムに入っている。日本でも1990年代から、教育界や放送界で取り組みが始まった。

ベーシックワード

[BASIC WORDS]

くらし Life

▶合計特殊出生率

　その年の15歳から49歳までの女性が産んだ子どもの数をもとに、生涯で女性1人が産むだろうと想定される子どもの数を算出したもの。2.07が人口を維持できる水準とされる。日本は1975年に2を下回り、長期低落傾向にある。2021年は1.30で、6年連続で低下している。

▶子ども食堂

　貧困家庭や孤食の子どもに食事を提供し、安心して過ごしてもらう場所。料金は無料から数百円くらいで、NPO法人や民間団体、個人などが運営する。

　「子ども食堂」という名称は、12年に東京都大田区で開かれた食堂が先駆けとされる。食堂の支援と普及に取り組む「全国こども食堂支援センター・むすびえ」によると、21年末時点で、全国に6014カ所ある。コロナ禍で困窮する家庭が増えていることを背景に、コロナ前と比べて2296カ所増えた。

▶子どもの貧困

　貧困率は、世帯収入から国民一人ひとりの所得を試算して順番に並べたとき、真ん中の人の所得の半分（貧困線）に届かない人の割合。子どもの貧困率は、18歳未満でこの貧困線を下回る人の割合を指す。

　厚生労働省によると、子どもの貧困率は18年に13.5％となり、前回15年調査から0.4ポイント改善した。景気拡大が給与収入を押し上げたことが改善の背景にある。2回連続の改善だが、依然として子どもの約7人に1人が貧困状態にある。

経済協力開発機構（OECD）の平均12.8％（17年）も上回る。

▶受動喫煙対策の強化

　受動喫煙対策を強化する改正健康増進法が、20年4月に全面施行された。これまで努力義務だった受動喫煙防止を、初めて罰則付きで施設の管理者やたばこを吸うすべての人に義務づけた。

　住宅や旅館、ホテルの客室を除くすべての施設や公共交通機関が原則として屋内禁煙となった。ただ、客席面積が100㎡以下の個人経営などの飲食店では例外が設けられた。厚労省の試算では、全国の約55％が当てはまる。東京都などは、国より厳しい条例を施行している。

改正健康増進法による受動喫煙対策

屋内完全禁煙　19年7月〜
屋外喫煙所は設置可
学校、病院、行政機関

原則屋内禁煙　20年4月〜
喫煙専用室内で喫煙可
オフィス、パチンコ店、船、鉄道、新規やチェーンの飲食店

「喫煙可能店」などの表示で喫煙可（経過措置）
小規模の既存飲食店
（個人または中小企業で、客席面積100平方㍍以下）
全国の飲食店の55％

東京都の受動喫煙防止条例
従業員を雇っている飲食店は原則屋内禁煙
飲食店以外の施設は改正法とおおむね同じ
都内飲食店の84％

▶消費期限と賞味期限

　いずれも食品の「食べられる期限」を示す。消費期限は、その期限内なら健康を害さず、「安全に食べられる」という期限。生菓子や総菜、弁当など製造日を含めておおむね5日程度の、あまり日持ちしない食品につけられる。賞味期限は「おいしく食べられる」期限を示したもので、期限を超えて食べてもすぐに健康を害するわけではない。レトルト食品や缶詰など日持ちする食品に表示される。

　期限は、製造者が理化学試験や官能検

査などから科学的・合理的根拠に基づいた可食期間を算出、その日数に「安全率」を掛けて設定している。期限表示については、二つの期限の違いが消費者にわかりにくいことなどから、表示の一本化を求める声も出ている。

▶消費者安全調査委員会

身近なくらしにかかわる事故の原因を調べる消費者安全調査委員会（消費者事故調）が12年10月、消費者庁に発足した。

調査の対象は、国土交通省の運輸安全委員会が担う航空、鉄道、船舶の事故を除くすべての分野。製品事故から食品による健康被害、プールや公園、医療・介護施設での事故、エステでのトラブルまで幅広く扱う。委員は安全工学や心理学、医学などの専門家ら。また、消費者事故調には事故の被害者や遺族らに限らず、誰でも調査を申し立てられる。

▶男性の育休・産休

21年6月に成立した改正育児・介護休業法により、22年4月から企業に対し、男性、女性にかかわらず、自身や配偶者の出産や妊娠を届け出た社員に育休を取る意思があるかを確認することが義務づけられた。22年10月には、生後8週間以内に父親が最大4週間の男性産休を取れる制度も始まった。

原則、子が1歳になるまで夫婦のどちらも育休を取れる。だが、女性の取得率約85％（21年度）に対し、男性は約14％（同）にとどまる。職場の育休制度への無理解や、上司に言い出しにくいことなどが理由に挙げられてきた。政府は25年に男性の取得率を30％とする目標を掲げており、法改正で育休取得のハードルを

下げる効果を狙う。

▶熱中症

発汗や皮膚の血流の増加だけでは体内の熱を十分に放散できず、体温が上昇して脳の体温調節機能に障害が起こる。そうした状態の総称。

症状の軽い順から①血液の電解質バランスが崩れて起きる「熱けいれん」②血圧の低下で起きる「熱失神」③脱水症状に伴う「熱疲労」④脳の体温調節中枢が壊れて体温が40度を超す「熱射病」に分けられる。めまい、頭痛、吐き気などの症状が現れ（③）、放置すると意識障害を引き起こし（④）、死亡することもある。

▶フードドライブ

家庭で余った食材を持ち寄り、生活が厳しい家庭などに届ける取り組み。フード（食べ物）とドライブ（活動）を足した言葉で、1960年代に米国で始まった。

家庭で食べきれない缶詰や米などをフードドライブのイベントや自治体の窓口などに持ち込むか、フードドライブ団体に届けると、自治体や団体が仕分けをして、ひとり親家庭や子ども食堂などに届ける仕組みだ。ファミリーマートが21年4月から店舗で食品の回収を始めるなど、企業が取り組む例も出てきている。

サッカー・J1の名古屋グランパスが試合会場で実施したフードドライブ＝22年3月、豊田スタジアム

スポーツ　Sports

▶ VAR

ビデオ・アシスタント・レフェリー。サッカーの試合で、映像で主審の判定を補助する制度。試合結果を左右する場面での明らかな判定ミスを減らすことが目的。使用する場面は「得点」、「PK」、「一発退場」、「警告と退場時の人違い」に限定される。映像をチェックするVARから無線で連絡を受けた主審は、必要と判断すればピッチ脇のモニターで確認し、最終的な判定を下す。選手や監督などが求めることはできない。ワールドカップ（W杯）では、2018年ロシア大会で初めて導入された。

▶ 育成選手

プロ野球12球団で70人の支配下選手枠以外に獲得できる選手。若手の育成とプロ野球の裾野を広げる制度として05年から始まった。2軍戦やオープン戦に出場でき、年俸の最低額は240万円などの制約がある。実力を認められて支配下登録されれば、1軍でプレーできる可能性がある。

▶ 国際オリンピック委員会（IOC）

フランスのクーベルタン男爵が古代オリンピックの復活を訴えた1894年に設立された。第1回の近代五輪はその2年後、アテネ（ギリシャ）で開かれた。

本部はスイス・ローザンヌ。会長はドイツの弁護士トーマス・バッハ氏。IOCは、五輪開催地の決定権を持つほか、五輪やスポーツを通じて世界平和や友情を追求する「オリンピック・ムーブメント」を、世界に広める役割を担う。1980年代に五輪の商業化に舵を切り、以来、財政的には潤っている。

▶ スポーツ基本法

スポーツ振興法を50年ぶりに全面改正するスポーツ基本法が、11年6月に制定された。前文と5章35条からなり、すべての国民にスポーツをする権利（スポーツ権）があることを認め、スポーツの推進は国の責務とした。22年3月には、22年度から5年間のスポーツに関する政策目標である第3期「スポーツ基本計画」が策定された。

▶ スポーツ庁

トップ選手の競技力向上から国民の健康増進まで、スポーツにかかわる施策を一元的に担う省庁。15年10月に発足した。従来、運動施設の整備は国土交通省、国際スポーツ交流は外務省、障害者の健康増進は厚生労働省など、複数の省庁に分かれていた「縦割り行政」を解消するのが狙い。だが、各省の反対もあって、権限や予算は委譲されなかった。長官は、アテネ五輪ハンマー投げ金メダリストの室伏広治氏。

▶ スポーツの日

「体育の日」は、20年から「スポーツの日」に名称が変わった。体育の日は、1964（昭和39）年に東京五輪の開会式が行われた10月10日を記念して、66年に制定された。「国民の祝日に関する法律」（祝日法）の一部改正で、2000年から「10月の第2月曜日」に変更されていた。

コロナ禍で延期となったが、20年は東京五輪の開会式が予定されていた7月24日、21年は開会式が行われた7月23日だった。

▶大学スポーツ協会（UNIVAS）

19年3月に発足した大学スポーツの新たな統括組織。219校と、32の競技団体が加盟する。

モデルは、大学と競技を横断的に統括して収益を上げている全米大学体育協会（NCAA）。NCAAは、アメリカンフットボールなどのテレビ放映権などで得た年間約1千億円の収益を各校に配り、大学スポーツ界全体を盛り上げようとしている。これまで日本の大学スポーツには、全国高校体育連盟（高体連）や日本中学体育連盟（中体連）のような競技横断的な統括組織がなかった。

▶タイブレーク制

野球の試合で、同点のまま延長戦に突入した場合、事前に設定された回から得点が入りやすい状況で攻撃を始めるルール。大学野球の全国大会やワールド・ベースボール・クラシック（WBC）などの国際大会でも導入されている。

高校野球では国民体育大会（国体）や明治神宮大会で実施されてきたが、阪神甲子園球場で開かれる選抜大会と全国選手権大会でも18年の大会から採用された。「延長十三回」から実施されてきたが、選手の障害予防のため、23年から開始を十回に早めることになった。

▶ドーピング

筋肉を増やしたり、持久力を強めたりする薬物を使って記録や成績の向上をめざす行為。公正でないほか、体に副作用などの悪影響があるとして禁止されている。赤血球を増やして持久力を上げるため、自分の血液を抜いて保存し、試合前に戻す「自己血輸血」などの操作も禁止されている。国際オリンピック委員会（IOC）および世界反ドーピング機関（WADA）が禁止薬物リストを定めている。

▶日本スポーツ仲裁機構（JSAA）

国際スポーツ界の紛争仲裁を行うスポーツ仲裁裁判所（CAS）の国内版。03年4月に発足。五輪などの代表選考などをめぐる競技者と競技団体の紛争や、ドーピングに関する紛争の解決を目的とした機関。弁護士や大学教授ら3人の仲裁人が双方の言い分を聞き裁定する。

▶パラリンピック

4年に一度、オリンピックと同じ年に同じ開催地で開かれる、「障害者のための五輪」。1948年、英国のストークマンデビル病院で開かれた車いす競技大会が前身。第2次世界大戦の戦傷者がリハビリの一環で始めた。60年に第1回大会が開かれ、64年の東京大会以降、車いす以外の身障者も対象となった。知的障害者は、96年のアトランタ大会から。「paraplegia（下半身まひ）」と「olympic」の合成語（paralympic＝パラリンピック）として使われ始め、88年のソウル大会からは「パラレル（もう一つの、同等の）」の「パラ」として正式に使われるようになった。

北京パラリンピックのアルペンスキー女子で金三つを含む4個のメダルを獲得した村岡桃佳＝22年3月

ベーシックワード

2021年 **12月**

5日　20歳になった天皇、皇后両陛下の長女愛子さまが成年行事に臨み、ティアラ姿を初披露

6日　臨時国会が開会。岸田文雄首相が所信表明演説

6日　ミャンマーで、拘束中のアウンサンスーチー氏に有罪判決。恩赦で禁錮2年に→57

7日　バイデン米政権が北京冬季五輪の「外交ボイコット」を表明。24日岸田首相も閣僚や政府高官を派遣しない方針を表明

8日　ドイツでショルツ新首相のもと3党連立政権がスタート→49

9日　米国主催の初の「民主主義サミット」が開幕。中ロの「専制主義」に対抗。招待国の選別をめぐって批判も

11日　米中部で大規模な竜巻が発生。ケンタッキー州知事「州史上、最も深刻な被害」

13日　子どもへの10万円給付で、岸田首相が全額現金給付も無条件で認める考えを表明

14日　トヨタ自動車が電気自動車（EV）の世界販売目標を引き上げ。「2030年に350万台」→96

17日　新型コロナウイルスの変異株オミクロン株に備え、岸田首相が高齢者など3100万人の3回目のワクチン接種の前倒しを表明

18日　東日本大震災の「復興道路」として整備された三陸沿岸道路が全線で開通

全線開通前に三陸沿岸道路を見学するイベント参加者たち＝岩手県野田村

19日　香港立法会（議会）選挙の投開票。親中派が議席をほぼ独占し、「中国化」が進む→59

20日　新型コロナワクチンの接種証明書をアプリで入手できるサービスが開始。利用にはマイナンバーカードが必須→25

22日　新型コロナの変異株オミクロン株の市中感染を国内で初確認→122

23日　自動運転や電動キックボードに関する道路交通法の改正原案を警察庁が発表

24日　政府が22年度当初予算案を閣議決定。歳出は107兆円で、10年連続で過去最大に

28日　農産品の21年1～11月の輸出額が初めて1兆円を突破した→100

28日　文化審議会が世界文化遺産登録をめざす国内の候補として佐渡金山遺跡を答申→190

30日　日経平均株価の終値は2万8791円。大納会としては32年ぶりの高値に

31日　ウクライナ国境付近に10万人規模のロシア軍が集結している問題をめぐり、米ロ首脳が電話協議。対立は解消されず→38

2022年 1月

3日 米英仏中ロの5カ国が核保有国間の戦争回避と核軍縮の重要性を確認する共同声明を発表→46

4日 岸田首相、オミクロン株感染者の「全員入院」方針を見直し。医療逼迫防止へ、自宅療養を活用→122

5日 北朝鮮が日本海に向けて短距離弾道ミサイルとみられる飛翔体1発を発射

7日 政府が「まん延防止等重点措置」の沖縄、山口、広島の3県への適用を決定。**27日** 適用が全国の7割超の34都道府県に拡大

9日 ラグビーの大学選手権決勝で帝京大が明治大を下し、4季ぶり10度目の優勝

10日 各地で成人式。新型コロナ対策で分散開催や式典の短縮が相次ぐ

11日 ミニシアターの先駆けとされる「岩波ホール」（東京）が7月29日での閉館を発表

11日 東京証券取引所が市場再編で移行先公表。1部上場の約8割の1841社が最上位プライムに。4月開始へ→98

13日 岸田首相が日本学術会議の会長と初面会。菅前政権が拒否した6人の任命に否定的な考えを伝達

15日 大学入学共通テストが全国で一斉に始まる。2回目となる今回は53万人が出願

17日 岸田首相が就任後初の通常国会で施政方針演説。「コロナ最優先」を強調

18日 名古屋地裁が、無罪確定した原告のDNA型データなどの抹消を国に命じる判決

21日 岸田首相がバイデン米大統領と初会談。オンライン形式で日米同盟強化を確認

23日 沖縄県名護市の市長選で、政権が支援する辺野古移設「黙認」の現職の渡具知武豊氏が再選を果たす

当選を確実にし、花束を受け取る渡具知武豊氏（右）＝名護市

23日 米国務省、ロシアによる侵攻の恐れを理由に在ウクライナ大使館員の家族に退避命令→38

25日 ガソリンや灯油などの価格上昇を抑えるため、石油元売り各社への補助金の支出を政府が正式決定→76

26日 米連邦準備制度理事会（FRB）が3月に利上げする方針を決定。新型コロナ対策の大規模金融緩和を終了。インフレ抑制へ→74

28日 19年の参院選をめぐる河井克行元法相らによる買収事件で、現金を受領した地元議員ら35人について、東京第六検察審査会が「起訴相当」と議決

31日 全国の公立校で21年春、2065人の教員不足が生じていたと文部科学省が発表→182

重要ニュース月表

2022年 2月

2日 新型コロナ感染者と濃厚接触した同居家族の待機期間の短縮を厚生労働省が発表。10日間から7日間へ

2日 1月27日の補助金開始後初の価格調査公表で、レギュラーガソリンが1L＝170.9円に上昇→76

4日 熊本市の慈恵病院が国内初の内密出産に踏み切る意向を表明→116

4日 北京冬季五輪が開幕。北京は史上初めて夏冬の両五輪を開催する都市に。**20日** 閉幕。日本は冬季五輪で最多となる18個のメダルを獲得→214

6日 エリザベス女王が英国の君主として初の在位70年→48

7日 岸田首相が新型コロナのワクチン3回目接種について、月末までに「1日100万回」と表明。接種加速へ

8日 台湾が東京電力福島第一原発事故から約11年続けた福島、茨城など5県産の食品禁輸について、大半を解除すると発表→101

10日 ロシア軍がベラルーシ軍との合同演習を本格開始。ウクライナ情勢さらに緊張→38

12日 バイデン米政権が外交安全保障・経済政策を包括的に示した初の「インド太平洋戦略」発表。中国に対抗する姿勢を明示→45

12日 将棋王将戦で、藤井聡太竜王が渡辺明王将に勝ち、史上4人目の五冠。10代での五冠達成は初めて

16日 自動車大手の労働組合が春闘の要求書を経営側に一斉に提出。労使交

史上最年少で五冠を達成した藤井聡太竜王＝東京都立川市

渉が本格化

18日 日本医学会が胎児のダウン症などを調べる出生前検査で妊婦の年齢制限撤廃を決定→128

19日 バイデン大統領が、ロシアがウクライナ侵攻を「決断したと確信する」と発言→38

22日 旧優生保護法下の強制不妊手術で、大阪高裁が国に賠償を命じる初の判決

24日 ロシア軍がウクライナ各地の軍事施設を空爆するなど、全面的な侵攻を開始→38

24日 ロシアのウクライナ侵攻を受けて、原油価格の指標となる米国産WTI先物価格が約7年半ぶりに100ドルを突破。小麦なども高騰→76

26日 米欧がロシアのプーチン大統領に制裁を科す方針。国家の首脳への制裁は異例

26日 バイデン大統領、連邦最高裁の新しい判事に初の黒人女性を指名

27日 米欧が国際決済システムSWIFTからロシアを締め出し。国際金融や貿易から排除で制裁を強化。日本も参加→38

2022年 **3月**

1日 新型コロナワクチンの5〜11歳向け接種が全国で本格的にスタート

4日 福島第一原発事故で避難した住民らが国と東電に賠償を求めた3訴訟で、国の基準を超える賠償を命じた判決が確定。最高裁

4日 北京パラリンピックが開幕。ロシアとベラルーシを除く46カ国・地域が参加

5日 中国の国会にあたる全国人民代表大会が開幕。22年の成長目標を5.5%前後に設定。ゼロコロナ政策などを受け、前年から目標引き下げ

8日 懲役刑と禁錮刑を一本化した「拘禁刑」を新設する刑法改正案を閣議決定→110

10日 韓国の新大統領に保守系最大野党「国民の力」の尹錫悦（ユンソンニョル）前検事総長が当選。5月に就任へ→62

11日 東日本大震災の発生から11年。各地で追悼の祈りが捧げられた

14日 トヨタ系の車部品大手、デンソーがランサムウェア（身代金ウイルス）によるサイバー攻撃を再び受けたと正式に発表→158

14日 19年の参院選で河井元法相らから現金を受け取った地元議員ら34人を起訴。東京、広島両地検

15日 政府が日本に避難中のウクライナ人に国内で就労できる在留資格を認める→112

16日 ウクライナのゼレンスキー大統領が米議会でオンライン演説。支援を訴える。**23日** 日本でもリモートで国会演説。ロシアへの制裁継続を呼びかけ→23

16日 福島県沖を震源とする地震が発生。宮城・福島両県で震度6強を観測。東北新幹線が脱線した

脱線した東北新幹線の車両＝宮城県白石市

17日 FRBがゼロ金利政策を終了。利上げで金融引き締めへ転換。**18日** 日本銀行は大規模金融緩和を維持→74

21日 政府が初の電力需給逼迫警報。東京電力管内で節電を呼びかけ→78

24日 サッカー日本代表、オーストラリアに勝利し、7大会連続7回目のワールドカップ（W杯）出場決定→220

25日 諫早湾干拓（長崎）をめぐる差し戻し審。福岡高裁が事実上「開門せず」の判断→147

28日 中国各地で新型コロナ感染が急拡大。上海市も事実上の都市封鎖（ロックダウン）へ

28日 第94回米アカデミー賞で「ドライブ・マイ・カー」が国際長編映画賞（旧外国語映画賞）を受賞。日本作品の同賞受賞は2作目→194

31日 選抜高校野球大会で大阪桐蔭が4年ぶり4度目の優勝。近江（滋賀）を下す

重要ニュース月表

2022年 4月

2日 サッカーW杯カタール大会で、日本はスペインやドイツと同じE組に入った→220

2日 ウクライナ当局が首都キーウ周辺のキーウ州全域を解放したと発表

4日 東証が5市場を「プライム」など3市場に再編し、取引を開始→98

市場区分が新しくなり、東京証券取引所内のボードには3市場の表示が出た

6日 香港政府トップの行政長官選に警察出身で強硬派の李家超（ジョン・リー）氏が立候補を表明→59

9日 米企業アクシオムスペースが国際宇宙ステーション（ISS）への旅行を開始。民間企業だけでは初→150

10日 プロ野球ロッテの佐々木朗希がオリックス戦で完全試合を達成。28年ぶり16人目の快挙→218

12日 3月の国内企業物価指数が前年同月より9.5％上昇。資源価格の高騰などが全体を押し上げ。日銀が発表

13日 円相場が一時、約19年11カ月ぶり円安水準の1ドル＝126円台に下落→74

14日 米電気自動車テスラのイーロ

ン・マスク最高経営責任者（CEO）が米ツイッター社への買収提案を表明。

26日 ツイッターが買収受け入れで合意したと発表→160

15日 国会議員に月100万円支給の文書通信交通滞在費で使途拡大、日割り支給を可能にする改正法が成立。名称も調査研究広報滞在費に改称→22

18日 森友学園理事長の籠池泰典被告と妻の諄子被告に、大阪高裁が実刑判決。補助金めぐる詐欺罪などで

19日 岸田政権が重要政策に掲げる「こども家庭庁」設置関連法案の国会審議始まる→204

20日 和歌山県議会がIR（カジノを含む統合型リゾート）の整備計画案を否決

21日 自民党安全保障調査会が「反撃能力」（敵基地攻撃能力）保有の政府提言案をまとめる。防衛費の大幅増も盛り込む→29

23日 北海道・知床沖で26人が乗る観光船が行方不明に。**29日** 観光船を水深120mの海底で発見→104

25日 フランス大統領選の決選投票で、エマニュエル・マクロン氏が再選を果たした→50

26日 物価高騰に対する6兆2千億円の緊急対策を岸田首相が発表

27日 厚労省分科会がコロナワクチン4回目接種の対象を60歳以上などに絞る案を了承。全員接種から転換

29日 グテーレス国連事務総長がウクライナでゼレンスキー大統領と会談。同国への人道支援強化も、停戦の見通し立たず→38

2022年 **5月**

4日 欧州連合（EU）が、追加制裁としてロシア産石油の輸入を年内に禁止する方針を発表→38

5日 FRBが、22年ぶりとなる0.5％の大幅利上げを決定。インフレ抑え込みを最優先→74

7日 アフガニスタンのタリバンが女性に対し、全身を覆う服の着用を義務づけ。旧政権時代の女性の社会進出の制限の復活へ→52

8日 香港政府トップの行政長官選で強硬派の李家超氏が選任。統制強化で「警察都市」化を危ぶむ声も→59

10日 韓国大統領に前検事総長の尹錫悦氏が就任。保守政権へ5年ぶりの政権交代→62

11日 医薬品や半導体など重要物資の供給網を強化する経済安全保障推進法が成立→26

12日 フィンランドが北大西洋条約機構（NATO）に加盟申請する方針を表明。**16日** スウェーデンも加盟申請方針を表明→40

NATOへ加盟申請する方針を決定したことを明らかにしたフィンランドのマリン首相（左）とニーニスト大統領

15日 沖縄の日本復帰50年を迎えた。記念式典が沖縄と東京をオンラインで結んで開催

18日 原子力規制委員会が福島第一原発の処理水放出計画を了承→140

20日 4月の消費者物価指数（生鮮食品を除く）は前年同月比で2.1％上昇。8カ月連続の上昇に→72

21日 オーストラリアの総選挙で野党・労働党が勝利。9年ぶりに政権を奪還→64

22日 バイデン氏が米大統領就任後初の来日。安保と経済でアジアへの関与重視を打ち出す。**23日** 日米首脳会談。岸田首相は防衛費増額を表明→28

23日 岸田首相が23年の主要7カ国首脳会議（G7サミット）を広島市で開くと表明

24日 東京で日米豪印4カ国（QUAD）首脳会合。中国への対抗を念頭に、約6.3兆円のインフラ支援で一致

25日 最高裁が、最高裁裁判官の国民審査で、海外の日本人が投票できないのは違憲とする判決を下した→114

26日 岸田首相が6月10日から訪日観光客の受け入れ再開を明らかに。解禁は約2年ぶり。ツアー客念頭に→82

27日 知床半島沖で沈没した観光船が引き揚げられ、網走港に入港。海上保安庁が調査へ→104

30日 スーパーコンピューター「富岳」が、計算速度ランキングで米国のスパコンに抜かれ、首位陥落

31日 岸田政権初の「骨太の方針」の原案公表。財政健全化の目標年限「25年度」を明記せず→20

2022年 6月

1日 中国・上海市が新型コロナ対策のため約2カ月間続けていた都市封鎖を解除

2日 コロナ給付金をめぐり警視庁が東京国税局職員を詐欺容疑で逮捕したと発表

3日 21年に生まれた日本人の子どもは81万1604人（速報値）で、1899年以降で最少を更新→208

4日 中国の民主化を求めた学生らが軍に武力弾圧された天安門事件から33年。香港では、警察が例年、追悼集会が開かれていた会場を封鎖

5日 北朝鮮が4カ所から日本海に向け、短距離弾道ミサイル8発を相次いで発射

6日 岸田政権の「骨太の方針」を、自民党が3回目の政務調査会の全体会議でようやく了承→21

9日 日本が国連安保理の非常任理事国に選ばれた。23年1月から。12回目は全加盟国中で最多

13日 懲役と禁錮をなくして拘禁刑を創設するほか、侮辱罪を厳罰化する改正刑法成立→110

15日 23年春新設の「こども家庭庁」設置関連法と、AV出演被害防止・救済法が成立。通常国会が閉会。政府提出法案がすべて成立したのは、橋本政権以来26年ぶり→119、204

16日 衆院議員選挙区画定審議会が衆院小選挙区の区割り案勧告。25都道府県の140選挙区で線引き見直し→14

17日 福島第一原発事故の避難者訴訟で、最高裁が国の責任を認めない判決→121

19日 石川県の能登地方を震源とする地震が発生。同県珠洲市で震度6弱を観測

20日 大阪地裁、同性婚を認めない法律を「合憲」とする判決。同性カップルの訴えを棄却。21年3月の札幌地裁判決と判断分かれる

21日 核兵器禁止条約の初の締約国会議がオーストリアのウィーンで開幕。日本は不参加→47

核兵器禁止条約の第1回締約国会議について案内する看板＝ウィーン

22日 参院選が公示。女性候補の割合が戦後の国政選挙で初の3割超え

25日 各地で記録的な猛暑。群馬・伊勢崎で40.2度を観測。6月の40度超えは初めて→142

26日 政府が翌日の東京電力管内に初の電力需給逼迫注意報→78

27日 気象庁が、関東甲信や東海、九州南部が梅雨明けと発表。いずれも梅雨の期間が史上最短だったが、9月の確定値で「7月下旬」に修正→142

29日 NATOがフィンランドとスウェーデンの加盟に合意→40

1日 日本企業も出資するサハリン2をロシア側へ譲渡するよう命令する大統領令にプーチン氏が署名。日本への対抗措置か

2日 携帯電話大手KDDIで、全国的に大規模な通信障害が発生。約3915万回線に影響。**29日** KDDIが3655万人に200円を返金すると発表→156

4日 ロシア軍がウクライナ東部ルハンスク州のほぼ全域を制圧→38

5日 21年度の国の一般会計の税収は67兆379億円で、2年連続で過去最高だったと、財務省が発表。前年度を約6兆円上回る

7日 ジョンソン英首相が辞任表明。度重なる不祥事への不誠実な対応に批判を受けて→48

7日 東京都の新型コロナ感染状況について専門家会議が「第7波」の可能性を指摘→122

8日 奈良市で街頭演説中の安倍晋三元首相が狙撃され、亡くなった。逮捕された無職の男は、「宗教団体に恨み

銃撃された現場の近くに設置された献花台。多くの人が訪れ、手を合わせていた＝奈良市

があった」と供述。**11日** 「世界平和統一家庭連合」（旧統一教会）が会見。安倍元首相殺害の容疑者の母は会員だと認める→16、18

9日 米テスラのイーロン・マスクCEOが米ツイッターの買収撤回を表明。「合意内容に違反」と主張。**12日** ツイッター社がマスク氏を提訴→160

10日 参院選投開票。自民党が今回の参院選で争われた125議席の過半数を単独で確保→10

13日 福島第一原発事故の株主代表訴訟で、東京地裁が東電の旧経営陣に約13兆円の賠償命令→120

14日 岸田首相が、安倍元首相の国葬を秋に行うと表明。**22日** 9月27日に日本武道館で行うことを閣議決定→16

15日 中国の4〜6月期の実質成長率は前年同期比0.4％。減速が鮮明に

19日 フィギュアスケート男子五輪連覇の羽生結弦が競技の一線から退くことを表明→215

21日 欧州中央銀行（ECB）が11年ぶりに政策金利の引き上げを決定。物価高騰を抑制へ→73

23日 世界保健機関（WHO）が感染症「サル痘」の相次ぐ確認を受けて、緊急事態を宣言。**25日** 国内で初の感染者を確認

25日 安倍元首相殺害事件の容疑者を奈良地検が鑑定留置→16

26日 東京地検特捜部が五輪組織委員会の元理事宅と電通本社を捜索。受託収賄容疑で→106

28日 FRBが0.75％幅の利上げを決定。前回に続く大幅引き上げに→74

重要ニュース月表

2022年 8月

1日 最低賃金（時給）の目安が全国加重平均961円に。過去最大となる31円の引き上げに→172

2日 ヤクルト・村上宗隆が日本史上初の5打席連続本塁打を達成→219

3日 ペロシ米下院議長が訪問先の台湾で蔡英文（ツァイインウェン）総統と会談。**4日** 中国が対抗措置として軍事演習を実施。弾道ミサイル5発が日本の排他的経済水域（EEZ）内に落下→44

4日 東北・北陸地方などで記録的な大雨。多数の河川が氾濫（はんらん）→142

6日 第104回全国高校野球選手権大会が開幕。3年ぶりに一般の観客が入場。**22日** 仙台育英（宮城）が東北勢として初の全国制覇→216

開会式は、新型コロナ感染拡大予防のため、主将のみが参加する形で実施された

9日 東京圏の日本人の人口が1975年の調査開始以降、初めて減少したと総務省が発表→35

10日 エンゼルス・大谷翔平が1シーズンで2桁勝利2桁本塁打達成。ベーブ・ルース以来、104年ぶり→223

10日 第2次岸田改造内閣が発足。自民党役員人事とあわせ、政権の骨格は維持

17日 囲碁の関西棋院が、大阪の藤田怜央さんを9月1日付でプロ採用すると発表。世界最年少の9歳4カ月で囲碁棋士に

17日 東京地検特捜部が東京五輪組織委の元理事を逮捕。大会めぐり受託収賄容疑→106

21日 岸田首相が新型コロナに感染。アフリカ外遊は中止に

24日 岸田首相が原発新増設を検討すると表明。原則40年の運転期間の延長も検討→138

26日 文部科学省が生徒指導に関する手引書の改訂案で、理不尽な校則の見直しを促す→186

27日 日本維新の会の新代表に、馬場伸幸氏を選出。松井一郎氏の後任→13

27日 ニューヨークで開かれていた核不拡散条約（NPT）の再検討会議が最終文書を採択できず再び決裂→46

28日 第8回アフリカ開発会議（TICAD8）がチュニス宣言を採択して閉幕→66

29日 霊感商法の被害防止策や救済策を話し合う消費者庁の有識者検討会が初会合→18、108

29日 人類を再び月面着陸させる米主導の「アルテミス計画」。予定していた新型ロケットの不具合で、発射が延期に。9月にも2度延期→152

30日 21年の人口10万人あたりの結核の新規患者数を示す罹患率が初めて10人を切り、日本がWHO分類の低蔓延国に→129

2022年 **9月**

2日 新型コロナ患者の全数把握の簡略化が4県でスタート。「ウィズコロナ」の一環。**26日** 全国で開始。軽症者は自己管理が原則に

5日 英国の与党・保守党の党首選で、トラス外相が勝利。3人目の女性首相に→48

6日 安倍元首相の国葬費用の総額は約16億6千万円と政府が公表→16

7日 政府が新型コロナの水際対策を緩和。1日の入国者数の上限を2万人から5万人に→82

8日 自民党が所属国会議員179人に、旧統一教会と接点があったと公表→18

8日 英国のエリザベス女王が96歳で死去(現地時間)。**10日** 長男のチャールズ皇太子が、正式に国王となることを宣言。**19日** 国葬。天皇、皇后両陛下ら各国の要人や王族が出席→48

ロンドン市中心部を進むエリザベス女王のひつぎ(中央)=代表撮影

9日 政府、低所得世帯への給付金やガソリン補助金延長などの物価高対策を決定→72、76

11日 沖縄県知事選。「オール沖縄」が支える玉城デニー氏が再選→32

13日 ヤクルト・村上が王貞治氏らに並ぶ歴代2位の55号本塁打→219

20日 8月の消費者物価指数(生鮮食品をのぞく)は前年同月比2.8%上昇。30年11カ月ぶりの高水準→72

20日 基準地価が3年ぶりに上昇。在宅勤務が広がり、住宅地は31年ぶりに上がった

21日 ロシアのプーチン大統領が「部分的な動員令」を発動。予備兵30万人を招集へ→38

22日 政府・日銀がドルを売って円を買う為替介入を24年ぶりに実施→74

22日 岸田首相がニューヨークで韓国の尹大統領と懇談。健全な関係に戻す必要性を共有→62

23日 西九州新幹線(武雄温泉-長崎)が開業→103

23日 ウクライナのロシアの占領地で「ロシアへの編入」を問う住民投票が始まる。**30日** プーチン大統領が併合を一方的に宣言→38

25日 プロ野球セ・リーグで、ヤクルトが2年連続9度目のリーグ優勝

26日 イタリアで総選挙。右翼政党「イタリアの同胞」が第1党に。初の女性首相誕生へ→51

27日 安倍元首相の国葬。首相経験者の国葬は吉田茂氏以来戦後2人目。国内外から約4200人が参列→17

28日 緊急時に携帯通信網を融通するローミングの導入議論開始。大手4社は賛同→156

29日 日中国交正常化から50周年。両首脳がメッセージを交換

重要ニュース月表

2022年 10月

2日 プロ野球パ・リーグは、オリックスが2年連続14度目の優勝

3日 臨時国会が召集。岸田首相は所信表明演説で経済再生最優先と訴え

3日 ヤクルト・村上が史上最年少で三冠王獲得。56号本塁打も放つ→219

3日 TポイントとVポイントの2年後の統合が発表される。会員数は国内最大規模に→92

6日 エンゼルス・大谷が規定投球回数と規定打席数に到達。2リーグ制以降では史上初めて→223

7日 ベラルーシ、ロシア、ウクライナの人権活動家や団体の計3者にノーベル平和賞

8日 ロシアが実効支配するクリミア半島とロシア本土をつなぐ「クリミア橋」で爆発。**10日** ロシア軍が、首都キーウに報復攻撃→38

11日 新型コロナの水際対策が大幅緩和。政府が国内旅行の代金を補助する全国旅行支援も始まる→80

12日 宇宙航空研究開発機構（JAXA）の小型固体燃料ロケット「イプシロン」6号機の打ち上げが失敗

13日 政府が現行の健康保険証を24年秋で廃止し、「マイナ保険証」としてマイナンバーカードに統一する方針を表明→90

14日 大阪高裁、一票の格差が最大3.03倍となった7月の参院選は「違憲状態」と判決

16日 中国共産党大会が開幕。**23日** 新指導部が発足。習近平総書記の3期目は「1強体制」に→60

20日 東京外国為替市場で円相場が一時、1ドル＝150円台まで下落。32年ぶりの円安水準に→74

20日 英トラス首相が辞任表明。減税策撤回など迷走。就任44日で辞意表明となり、史上最短の任期に。**25日** スナク元財務相が首相就任。英国初のアジア系首相に→48

21日 9月の消費者物価指数が前年同月より3.0％上昇。3％台は約31年ぶり→72

27日 バイデン米政権が、核政策の指針となる「核戦略見直し」を公表。核兵器の役割縮小をめざすと明記する一方、使用条件の厳格化には踏み込まず

29日 韓国・ソウルの繁華街で、ハロウィーンを前に集まった大勢の人が倒れ心肺停止に。死者は150人超

30日 ブラジル大統領選の決選投票で、左派のルラ氏が現職を破って当選（現地時間）→69

30日 プロ野球のオリックスが26年ぶりの日本一。日本シリーズでヤクルトを下す

日本シリーズ最高殊勲選手（MVP）に選ばれ喜ぶオリックスの杉本裕太郎＝代表撮影

2022年 **11月**

3日 FRBが0.75%幅の利上げを決定。通常の3倍となる大幅利上げは4会合連続→74

4日 次の感染症危機に備える感染症法などの改正案が衆院厚生労働委員会で可決。地域の中核を担う病院に病床確保、発熱外来設置などを義務付け

9日 ロシア国防相がウクライナ南部ヘルソン市からの軍の撤退を表明。政権に打撃→38

11日 死刑執行を命じる役職を「地味」と発言した葉梨康弘法相が辞任。首相が続投方針を一転し、事実上更迭。**20日** 政治資金問題などが相次いでいた寺田稔総務相を事実上、更迭。1カ月足らずで3人の閣僚が辞任する事態に

13日 米中間選挙で、バイデン政権の民主党が連邦議会の上院の多数派維持を確実に。**17日** 下院は4年ぶりに共和党が過半数獲得を確実に→42

14日 米国のバイデン大統領と中国の習国家主席が会談。台湾問題では平行線→44

15日 世界の総人口が、国連推計で80億人に到達。30年には85億人の見通し

16日 トランプ前米大統領が、24年の次期大統領選への立候補を正式に表明。求心力の維持が課題→42

17日 岸田首相が中国の習国家主席と会談。日中首脳会談は3年ぶり

18日 10月の消費者物価指数が前年同月比3.6%上昇。40年ぶりの高水準に→72

19日 北朝鮮が米本土を射程に収める新型の大陸間弾道ミサイル（ICBM）「火星17」を試射したと発表→28

20日 エジプトで開かれていた国連気候変動枠組み条約締約国会議（COP27）で、温暖化の被害を救済する基金創設で合意→135

21日 中東初開催となるサッカーW杯カタール大会が開幕。**23日** 日本が強豪のドイツを2-1で破る。**27日** 日本がコスタリカに0-1で敗れ、1勝1敗に→220

22日 文科省が旧統一教会に質問権を行使。オウム事件を機にできた権限の行使は初→18、109

28日 岸田首相が、防衛費など関連経費を27年度にGDP比2%にするよう指示→28

29日 10月の有効求人倍率（季節調整値）は1.35倍。前月比で10カ月連続で上昇

30日 自民、公明両党が「敵基地攻撃能力」の保有について実質合意→29

30日 盆踊りなど、24都府県（41件）で伝わる「風流踊」、ユネスコ無形文化遺産への登録が決まった→191

登録された風流踊の一つ、「鬼剣舞」。岩手県を代表する民俗芸能の一つで、鬼のような面をつけて踊る

重要ニュース月表

●索引

［索引］

索引

286

デスク：佐藤聖一
編集スタッフ：森田圭祐、植村美香、米倉昭仁
DTP：朝日新聞総合サービス（服部記子）
校閲：朝日新聞総合サービス　出版校閲部
　　　（藤井広基、大橋美和、小倉亜紀、畝佳子、志保井杏奈、山田欽一、川浪史雄）
図版・イラスト：報図企
写真：朝日新聞社データベース事業センター
装幀＋本文レイアウト：神田昇和

朝日キーワード 2024

2023年1月30日　第1刷発行

編　者　朝日新聞出版
発行者　三宮博信
発行所　朝日新聞出版
　　　　〒104-8011 東京都中央区築地5-3-2
　　　　電話　03-5541-8832（編集）
　　　　　　　03-5540-7793（販売）
印刷所　大日本印刷株式会社
©2023 The Asahi Shimbun Company, Asahi Shimbun Publications Inc.
Published in Japan by Asahi Shimbun Publications Inc.
ISBN978-4-02-227654-4